金涛声 著
DUFUSHIZHUAN

杜甫诗传

巴蜀书社

图书在版编目(CIP)数据

杜甫诗传/金涛声著.—成都:巴蜀书社,2020.11(重印)
ISBN 978－7－5531－1083－7

Ⅰ.①杜… Ⅱ.①金… Ⅲ.①杜甫(712—770)—传记 Ⅳ.①K825.6

中国版本图书馆 CIP 数据核字(2018)第 268145 号

杜甫诗传

金涛声 著

责任编辑	康丽华
封面设计	冀帅吉
出　　版	巴蜀书社
	成都市槐树街2号　邮编:610031
	总编室电话:(028)86259397
网　　址	www.bsbook.com
发　　行	巴蜀书社
	发行科电话:(028)86259422　86259423
经　　销	新华书店
印　　刷	三河市同力彩印有限公司
	电话:(0316)3531288
版　　次	2019 年 1 月第 1 版
印　　次	2020 年 11 月第 3 次印刷
成品尺寸	210mm×148mm
印　　张	8
字　　数	200 千
书　　号	ISBN 978－7－5531－1083－7
定　　价	38.00 元

本书若有印装质量问题,请与工厂联系调换

目 录

一、生逢开元盛世 ……………………………	1
二、少小多病好学 ……………………………	8
三、漫游吴越齐赵 ……………………………	12
四、首阳山下怀祖 ……………………………	19
五、与高李辈偕游 ……………………………	25
六、求仕旅食京华 ……………………………	32
七、始忧家国民生 ……………………………	42
八、安史乱起流亡 ……………………………	51
九、身陷囹圄哀歌 ……………………………	58
十、拾遗履职廷诤 ……………………………	68
十一、北归鄜州羌村 …………………………	76
十二、贬谪华州前后 …………………………	85
十三、往返洛阳纪行 …………………………	95
十四、弃官西行陇蜀 …………………………	108
十五、憩迹成都草堂 …………………………	127
十六、流落梓阆天地 …………………………	139
十七、入幕府授郎职 …………………………	157

十八、归朝病滞云安 ······ 168
十九、夔府情系故国 ······ 176
二十、孤舟漂泊荆湘 ······ 197
二十一、仁爱铸就诗魂 ······ 211
二十二、诗史写照时代 ······ 219
二十三、诗圣集成启后 ······ 232
参考书目 ······ 246
后　记 ······ 250

一、生逢开元盛世

唐睿宗太极元年（712），杜甫诞生于河南道河南府巩县东二里的瑶湾（今河南巩义市南瑶湾村）。

就在杜甫诞生这年八月，睿宗李旦传位于太子李隆基，是为玄宗。玄宗通过诛杀太平公主的斗争得以巩固帝位。开元元年（713）十月，玄宗任用姚崇为宰相，开始了励精图治的历程。在姚崇和继任宰相宋璟、张九龄等人大力辅佐之下，玄宗锐意进取，实施一系列兴利除弊的改革，终于在唐帝国百年发展的基础上，开创了开元（713—741）盛世。杜甫就是在开元盛世的背景之下长大成人的。

开元盛世是一个国家富强、经济繁荣、社会安定的时代。杜甫在晚年写的《忆昔二首》一诗中描写了开元盛世的景况：

> 忆昔开元全盛日，小邑犹藏万家室。稻米流脂粟米白，公私仓廪俱丰实。九州道路无豺虎，远行不劳吉日出。齐纨鲁缟车班班，男耕女桑不相失。宫中圣人奏云门，天下朋友皆胶漆。百余年间未灾变，叔孙礼乐萧何律。

开元全盛时期，经济发展达到极盛，人口剧增。武则天时期，全国只有3700多万人，到天宝元年（742），人口达到4890万，天宝末更是达到5288万。杜甫记得小城犹有万户人家，是不错的。

当时全国各地粮食富足，社会治安状况良好，人人安居乐业，相互和谐相处。据《新唐书》卷五一《食货志》记载：开元、天宝年间，"是时，海内富实，米斗之价钱十三，青、齐间斗才三钱，绢一匹钱二百。道路列肆，俱酒食以待行人，店有驿驴，行千里不持尺兵"。作为开元、天宝盛世目击者的元结写道："开元天宝之中，耕者益力，四海之内，高山绝壑，耒耜亦满，人家粮储，皆及数岁，太仓委积，陈腐不可较量。"（《全唐文》卷三〇八《问进士第三》）可见当时社会的富足、繁荣、安乐的状况。

开元盛世为杜甫读书、漫游提供了良好的物质条件，也为他身心健康成长提供了良好的社会环境。

唐代是一个可以有梦的时代，即使寒门弟子也有机会通过个人努力进入仕途，以至布衣可成卿相。开元时期，继承前朝优良传统，广开才路，选拔人才。张九龄就是广东韶州的一个寒门子弟，通过科举考试进入仕途，官至宰相高位。升明的政治环境和人才政策，对广大庶族士子的功名意识和进取精神有着很大的召唤力。朝气蓬勃、清明开放的社会环境，孕育了杜甫的政治理想和人生追求，激发了他积极进取的精神。他"自谓颇挺出，立登要路津。致君尧舜上，再使风俗淳"（《奉赠韦左丞丈二十二韵》)，颇为自负，立志要做高官，辅君济世，将皇帝辅佐成像尧舜一样的圣君，使社会风俗重现上古淳朴的风气。他还说过："许身一何愚，窃比稷和契。"（《自京赴奉先县咏怀五百字》）稷是尧时的贤臣，契是舜时的贤臣。可见辅弼王化、报效国家、安社稷、济苍生，是他矢志不移的追求。

唐代的思想学术较为开放，儒、道、佛三家并行，可以自由传播。唐玄宗即位之后，就着手整顿儒学，亲自注释《孝经》，又制定了《大唐开元礼》，儒学的教育系统不仅得以恢复，而且有所发展。后来唐玄宗笃信道教，采取了一系列崇道措施，有名的道士常常可以得到召见和厚待，因而社会上崇道之风鼎盛。然而传统的儒学经典和儒家的处世哲学、伦理纲常，依然是学子教育的基本内容，发挥着潜移默化的育人作用。佛教引入中国后经历数百年的传播，形成了一些中国本土化的教派，又经过武则天时期的大力推进，大肆造佛建寺，把主张人人都能修行成佛的禅宗，选拔为国教并加以推广，佛教的影响力进一步扩大，并且得以长期延续。开元时期，儒、道、佛三教有传播的自由，人们也完全有信奉和出入的自由。这种三教并行，思想学术自由开放的状况，有利于学林士子扩大眼界，开拓思路，促进文化艺术的百花齐放、争奇斗艳。杜甫从小在这种宽松的思想学术氛围中成长。他一生也曾出入于儒、道、佛三家，年轻时曾漫游各地求仙学道，中年以后确立了以儒学为基础的积极入世的人生观，不得志时也会有出世与入世的思想矛盾，甚至乐于与佛教徒亲密交往。纵观其一生，儒学始终是安身立命的基石，他一直以儒士自居，尽管他有时也说"儒冠多误身"，有时甚至嘲讽自己是"腐儒"，但并没有改变他儒士的夙志。他孜孜不倦地身体力行将儒学付诸行动，在诗歌创作中把儒学的仁爱思想发挥得淋漓尽致，精彩动人，不愧为唐代儒学复兴的一名先驱者。

　　唐代是文化高度繁荣的时代。开元时期，伴随社会经济繁荣、人们生活富足，到处花天酒地，歌舞升平，各种文化艺术都竭力呈巧献技，满足人们日益增长的精神文化需求，从而蔚成盛唐文化百花争艳的鼎盛局面。"内中玄宗开元间四十年太平，正孕育出中国艺术史上黄金时代。"（梁启超《情圣杜甫》）音乐、舞蹈，由于唐玄宗的亲自倡导，异常发达。大量引进的西域歌舞，与内地的里巷之曲"燕乐"，相互融合，推陈出新，交响于宫廷内外。书法、绘画也大有发展，名家辈出，如张旭的草书，颜真卿的楷书，吴道子的人物画，李思训、李昭道父子的金碧山水画，王维的水墨山水画，曹霸、韩干画马，等等，都享誉于时。杜甫就是在这种丰富多彩的盛唐文化艺术的熏陶之下茁壮成长起来的。幼年时他在郾城观看过著名舞蹈家公孙大娘剑器浑脱舞，动人的表演使他到晚年还记忆犹新："昔有佳人公孙氏，一舞剑器动四方。观者如山色沮丧，天地为之久低昂。㸌如羿射九日落，矫如群帝骖龙翔。来如雷霆收震怒，罢如江海凝青光。"(《观公孙大娘弟子舞剑器行并序》)青年时他在洛阳经常出入岐王宅和崔久堂，欣赏著名音乐家李龟年的演唱："岐王宅里寻常见，崔久堂前几度闻。正是江南好风景，落花时节又逢君。"(《江南逢李龟年》)晚年在潭州碰到落魄江南的李龟年，他回首往事，不禁产生今昔盛衰之感。杜甫从小好习书法："九岁书大字，有作成一囊。"(《壮游》)年轻时曾对书法家张旭十分崇拜，热情颂扬："张旭三杯草圣传，脱帽露顶王公前，挥毫落纸如云烟。"(《饮中八仙歌》)他也称道李潮的篆书，专门写了《李潮八分小篆歌》。他与不少画家有交往，为许多画作写了题画诗，还专门为画家曹霸写了《丹青引赠曹将军霸》，评论其画人物和画马方面的艺术成就，诗中还兼及韩干画马的特点，都显示出诗人很高的艺术修养。

　　文学方面，唐代科举以诗赋取士，社会上习诗、唱诗、用诗的风气盛行，杜甫祖父杜审言是著名诗人，家庭有诗学传统，因此他从小受到诗艺的熏陶，开始学习写诗："七龄思即壮，开口咏凤凰。"(《壮游》)少年时即参加洛阳当地文人聚会："往者十四五，出游翰墨场。斯文崔魏徒，以我似班扬。"(《壮游》)他与文坛前辈很早就有交往："李邕求识面，王翰愿卜邻。"(《奉赠韦左丞丈二十二韵》)青年时期还曾陪李邕宴游齐州（今济南）历下亭。他对先

一、生逢开元盛世

辈诗人心怀崇敬，认真学习他们的长处，对初唐四杰、陈子昂都做过公正的评价，称赞四杰："王杨卢骆当时体……不废江河万古流"（《戏为六绝句》），称颂陈子昂："有才继屈宋，哲匠不比肩"（《陈拾遗故宅》），肯定他们的诗作具有不可磨灭的价值。正是在初唐四杰、陈子昂等先辈的努力下，唐诗走上了健康发展的通衢大道，开元、天宝时期的诗坛呈现出百花齐放、异彩纷呈的繁荣局面，盛唐之音响彻神州大地。优美的田园诗、壮丽的边塞诗，佳作迭现，名家辈出。李白诗歌更是飘然特立，一枝独秀。杜甫步入诗坛后，与岑参、高适、李白等众多名家过从甚密，唱和、赠答很多。他转益多师，取长补短，奋力开拓创新，终于成为集大成的人物。盛唐诗歌拥有的宏伟壮丽、气象万千的审美理想，也为杜甫攀登诗歌艺术高峰提供了充沛的动力。

开元盛世培育杜甫成长，激发了他崇高的政治理想和人生追求，却没有为他提供实现人生理想的条件。因为社会现实形势在不断地发生消长变化。

就在唐王朝开元盛世局面向前推进的时候，朝廷上下的腐朽势力也在逐渐发展，各种社会矛盾日益激化，危机四伏。曾经励精图治、颇有作为的唐玄宗，到后期也贪图享乐，自天宝四载（745）册立杨贵妃之后，便深居后宫，沉迷于声色，懈怠于朝政，而让奸相李林甫、杨国忠把持朝政，任其胡作非为，专权祸国。他还宠信藩将安禄山，放纵军权，养虎遗患，竟让安禄山掌管三大军区，拥有王朝百分之四十左右的兵力。安禄山手握重兵，不以保境安民为己任，而是苦心经营独立王国，图谋篡夺朝政大权。天宝十四载（755）十一月，爆发了安史之乱，唐王朝从此走上衰落的道路。延续八年之久的安史之乱是一场空前的浩劫，使开元盛世的富庶繁华荡然无存。杜甫目睹唐王朝的盛衰之变，经历了颠沛流离的战乱生涯，备受各种艰难困苦。在这个过程中，他经常会情不自禁地抚今忆昔，想起开元盛世。开元盛世，成了他批判黑暗现实的一件武器；开元盛世，也成了他追求理想社会的一盏明灯。

历历开元事，分明在眼前。无端盗贼起，忽已岁时迁。

——《历历》（节录）

开元盛世给诗人留下难以忘怀的美好记忆，虽然已经时过境迁，他仍然经常思念昔日的昌盛，种种美好的景象历历在目。

山行落日下绝壁，西望千山万山赤。树枝有鸟乱鸣时，暝色无人独归客。马惊不忧深谷坠，草动只怕长弓射。安得更似开元中，道路即今多拥隔。

——《光禄坂行》

诗人在蜀中因为逃避徐知道叛乱，流落梓州、阆州一带，一个人在山路上行走，不担心坠马深谷，只害怕盗贼的暗箭。在乱世征途，他提心吊胆，能不抚今忆昔：安得更似开元中，"九州道路无豺虎"？

壮心久零落，白首寄人间。天下兵常斗，江东客未还。穷猿号雨雪，老马泣关山。武德开元际，苍生岂重攀？

——《有叹》

开元盛世是诗人心目中太平盛世的模板。他晚年因病流落夔州，只见内忧外患，天下兵斗不息，不禁声泪俱下地大声疾呼：何时才能重现武德、开元之治，使苍生过上太平的日子？"对于杜甫来说，开元盛世就是他理想中的太平时代，或者是接近他的理想时代。正由于他曾亲身经历过开元盛世，看到过人民安居乐业的景象，所以他对儒家的政治理想深信不疑，总是希望那样的社会能够再度降临人间。也正由于他亲身经历过开元盛世，所以他对破坏那个盛世的乱臣贼子怀有极其深刻的仇恨，痛恨他们破坏了人民的正常生活。"（莫砺锋《杜甫评传》，第44页）恢复君明臣良、国泰民安的开元盛世，也就成了他后半生梦寐以求的心愿。

　　杜甫的诗歌创作虽然在安史之乱期间才进入产生精品力作的高潮期，而开元盛世的经历为他攀登诗歌艺术高峰准备了必要条件。没有安史之乱，成就不了诗圣杜甫；没有开元盛世，也产生不了诗圣杜甫。诚如有的学者所说："盛世的熏陶和战乱的体验形成强烈的反差，而这巨大的反差却造就了伟大的诗人。"（张忠纲选注《杜甫诗：杜甫的文学成就》）

二、少小多病好学

少小多病,贫穷好学。

——《进封西岳赋表》(节录)

这是杜甫在天宝十三载给皇上的表文中,对自己小时候身体、家境和个人爱好状态的概述。杜甫的父亲杜闲虽然是一个朝廷命官,但只是一个七八品的地方小官,收入比较低微,家境并不很好。杜甫的生母崔氏在他不记事的幼年就去世了,父亲在外地做官,家里无人照看,只好将杜甫寄养在洛阳建春门仁风里二姑家里。他的姑母杜氏是一个善良无私、知书识礼的女人,持家有方,孝顺公婆,善于教育子弟,对于失去生母、体弱有病的侄儿更是悉心照料,倍加爱护。

甫昔卧病于我诸姑,姑之子又病,间女巫至曰:"处楹之东南隅者吉。"姑遂易子之地以安我。我是用存,而姑之子卒,后乃知之于走使。甫尝有说于人,客将出涕,感者久之,相与定谥曰义。君子以为鲁义姑者,遇暴客于郊,抱其所携,弃其所抱,以割私爱,县君有焉。是以举兹一隅,昭彼百行。

——《唐故万年县君京兆杜氏墓志》(节录)

杜甫二姑万年县君(二姑的封号)去世时,杜甫特地为她服丧,并且亲自撰写了墓志。墓志深情地记叙了二姑弃子救侄的感人往事:有一年杜甫和二姑的亲子都染上时疫。一个女巫来对二姑说:"靠屋柱的东南方睡,比较吉利。"二姑就把睡在东南方的亲子与他换了床位,把他安排在吉利安全的地方。结果他平安活了下来,而表兄弟却死去了。杜甫后来从家仆那里得知此事后,令他终生难忘。他曾将此事告诉友人,大家都十分感动,把二姑比作历史上弃子救侄的"鲁义姑",称赞她为"唐义姑"。

杜甫小时候长期生活在洛阳的二姑家中,在二姑的悉心抚养下成长。二姑实际上担当了杜甫母亲的职责,是杜甫人生道路上的第一位牵手前行的领路人。她知书识礼的修养、善良无私的品行,都对杜甫有着刻骨铭心的影响。杜甫同情弱小、推重仁义思想性格的形成,与二姑的影响是分不开的。

杜甫小时候还有一件令他难忘的事,就是六岁随亲人到离洛阳不远的郾城时,看到过公孙大娘演出剑器浑脱舞。

开元五载,余尚童稚,记于郾城观公孙氏舞《剑器浑脱》,浏漓顿挫,独出冠时。

昔有佳人公孙氏,一舞剑器动四方。观者如山色沮丧,天地为之久低昂。㸌如羿射九日落,矫如群帝骖龙翔。来如雷霆收震怒,罢如江海凝清光。

——《观公孙大娘弟子舞剑器行并序》(节录)

这是杜甫在五十年后,观看公孙大娘弟子李十二娘舞剑器勾起儿时观公孙大娘舞剑器浑脱的回忆。当年的情景,历历在目:公孙大娘一舞动剑器,其气势立刻轰动四方。观众如山,都为之震惊失色,天地也为之起伏失常。流光闪耀好似后羿射落九日,矫健灵动犹如群仙驾龙飞翔。向前来时如同雷霆骤然收敛震怒,舞罢收剑好似江海凝结清光。公孙大娘精彩绝伦、惊心动魄的剑器舞,给儿时的杜甫留下难以磨灭的印象。"剑器""浑脱"是从西域传进来的两种健舞，不同于南朝流传下来的柔歌曼舞，风格刚健雄壮，令人耳目一新。公孙大娘的雄装打扮、动人表演，对于六岁的杜甫来说都是十分新奇的，使他眼界顿开，在他幼小的心田上播下了壮美艺术的种子。

杜甫儿童少年时代是在洛阳度过的。洛阳是唐王朝的东都，唐玄宗一再"行幸"洛阳，皇室和朝廷大臣中的许多人都在这里建有邸宅，也经常在这里居住。这里的经济比长安还要富庶，文化也很兴盛，是众多文人雅士集聚的地方。杜甫从小受到洛阳文化的熏陶。

杜甫少年时代聪慧好学，性情豪爽：

> 往者十四五，出游翰墨场。斯文崔魏徒，以我似班扬。七龄思即壮，开口咏凤凰。九龄书大字，有作成一囊。性豪业嗜酒，嫉恶怀刚肠。脱落小时辈，结交皆老苍。饮酣视八极，俗物都茫茫。
>
> ——《壮游》（节录）

杜甫七岁时文思已经壮浪不凡，一开口就作吟咏凤凰的诗。凤凰是象征国家昌盛的祥瑞之鸟，可见杜甫一开始写诗就抱负不凡。从此而后，他勤勉写诗，越写越多。三十九岁那年，他在《进雕赋表》中说："臣自七岁所缀诗笔，向四十载矣，约千有余篇。"可惜这些早年诗作留存下来的不多。杜甫小时候也注重练习书法，远师唐初书法家虞世南，到九岁时，所写大字已经装满了一个锦囊。

杜甫从小勤奋读书，博览经史子集各种书籍，精读《文选》，提高写作技能。到了十四五岁，学业初有所成，就开始出入洛阳文坛，与一些名流交往。杜甫初露头角，他的文才就得到了崔尚、魏启心等文坛前辈的肯定和鼓励，夸奖他像汉代的班固、扬雄。据史书记载，崔尚在久视二年（701）中进士，魏启心在神龙三年（707）及第，二人都比杜甫大二三十岁。他们居然乐意与一个少年打交道，可见他们对杜甫的文才是十分欣赏的。

少年时代的杜甫，性情豪爽喜欢饮酒，疾恶如仇心怀刚肠，壮志凌云藐视流俗。大概因为早熟的缘故，他不大愿意与同辈少年交往，而喜欢结交年长朋友。他所结交的年长朋友，除了上面提到的崔尚、魏启心之外，见之记载的还有岐王李范和秘书监崔涤：

> 岐王宅里寻常见，崔九堂前几度闻。正是江南好风景，落花时节又逢君。

——《江南逢李龟年》

大历五年（770）暮春，杜甫在潭州遇见流落江南的著名梨园歌手李龟年，引起他对往昔的回忆和无限的感慨。岐王宅在东都洛阳尚善坊，杜甫当年常在造访岐王宅时见到李龟年。崔涤亦有宅在东都洛阳遵化里，杜甫少时亦常出入其宅，在那里几次听过李龟年的歌唱。杜甫少年时期即结交文学艺术界人士和各种社会名流，无疑有利于他增长见识，提高自身的修养。

在姑母的悉心抚养下，杜甫的身体也健康成长起来。少年时代，他已经是一个生龙活虎、活泼好动的孩子：

> 忆年十五心尚孩，健如黄犊走复来。庭前八月梨枣熟，一日上树能千回。

——《百忧集行》（节录）

杜甫出入洛阳文坛时显得少年老成，而在家庭生活中，仍然是一个童心未泯、活泼好动的孩子。在八月庭前梨枣挂满树枝的季节，他一天会多次上树攀枝摘果，品尝时鲜。

他就这样怀抱着学有所成的自信，充满生机活力地一步步走向自己的青年时代。

三、漫游吴越齐赵

唐朝文人漫游之风盛行,许多文人学士都有过漫游南北各地、名山大川的经历。

杜甫二十岁,即开元十九年(731)开始漫游。前一年,他曾远行到郇瑕(今山西临猗县)。据有的学者研究,那是为了躲避洛阳地区的水灾。真正的漫游是从二十岁开始的,他在《进三大礼赋表》中说,臣"浪迹于陛下丰草茂林,实自弱冠之年矣"。古人二十岁行冠礼,因体格未壮,故称弱冠。

杜甫漫游的首选之地是吴越。吴越地区,山川绮丽秀美,文物古迹很多,六朝以来就是文人雅士云集的地方,当然也是年轻杜甫向往之地。他有一个姑父杜扬在常熟(今江苏常熟)当主簿,还有一个叔父杜登在武康(浙江德清县西武康镇,旧县治所在地)当县尉。到吴越去,他可以顺便探访这些亲戚,取得他们经济上的支援。因为他没有李白初游吴越时可以一掷千金的条件。

东下姑苏台,已具浮海航。到今有遗恨,不得穷扶桑。王谢风流远,阖庐丘墓荒。剑池石壁仄,长洲荷芰香。嵯峨阊门北,清庙映回塘。每趋吴太伯,抚事泪浪浪。枕戈忆勾践,渡浙想秦皇。蒸鱼闻匕首,除道哂要章。越女天下白,鉴湖五月凉。剡溪蕴秀异，欲罢不能忘。归帆拂天姥，中岁贡旧乡。
——《壮游》（节录）

　　杜甫在晚年写的《壮游》一诗中，回顾了自己青年时代吴越之游的始末。

　　杜甫这次旅行的线路是，由河南洛阳出发，先到江宁（今南京市）、苏州一带。江宁原是六朝古都，东晋风流一时的两大名士王导、谢安的第宅都在那里。苏州是春秋时吴国的首都，有吴王阖闾修筑的姑苏台，有苏州城北虎丘的阖闾墓。杜甫来到这里，昔日的风流人物早已逝去，踪影难寻，吴王阖闾的宫馆、丘坟，如今都已冷落、荒芜。"王谢风流远，阖庐丘墓荒"，可说是诗人游江宁、苏州之后感到失望的叹喟。苏州的一些自然景观，倒给诗人留下难忘的印象：剑池岸边石壁峻峭，长洲苑里荷花芬芳。雄壮的阊门北方，太伯庙倒映在回塘之中清晰可见。在太伯庙前，吴太伯的事迹，令诗人无比感慨。太（一作泰）伯是周太王古公亶父的长子，因为其父有意立其弟季历，他和另外一个弟弟仲雍就出走到勾吴，当了吴国国王。这样周王朝的君王就传给了季历，再传给昌，实现了其父的愿望。从吴太伯的事迹，诗人想到"泰伯让而世好争"（《杜臆》卷之八），感慨万千，不禁热泪纵横。面对吴王阖闾的遗迹，诗人又想到了"蒸鱼闻匕首"的故事：阖闾当公子时，设酒宴请吴王僚，指使刺客专诸把匕首藏在蒸熟的鱼腹中，借献食之机刺杀吴王僚，自立当上了国王。这种行径与吴太伯礼让天下的高尚品行形成了鲜明的对照。诗人在阊门外死亭湾，想到了"除道哂要章"的故事：汉朝吴人朱买臣家贫，以打柴卖薪为生。妻子以其贫贱离婚另嫁。后来朱买臣当了太守，穿着原来的衣服，怀着印绶，走回郡邸，官吏们瞧也不瞧他。他稍为露了露腰上系着的印绶，官吏们见是会稽太守章，立刻排队在中庭拜谒，又发动民夫清扫道路。朱买臣乘传车入吴，见前妻和她的丈夫在修路，就把他们带到官舍住着，好生加以招待。前妻在官舍住了一个月，感到羞愧而自缢。死亭湾就是朱买臣前妻自缢之地。杜甫每到一处，就会想起相关的历史人物和历史故事，引经据典，寄寓自己的感慨。可见他早年熟读史籍，已有相当好的文史修养。

杜甫在《壮游》诗中涉及江宁（南京）的笔墨很少，但我们从其他诗中还可以看到他在江宁的交游与活动。当年他和许八（名登）、旻上人过从甚密。乾元元年（758），杜甫任左拾遗时，同僚许八拾遗回江宁省亲，送别时杜甫写了两首诗，诗中有着对青年时代江宁旧游的怀念。

《送许八拾遗归江宁觐省，甫昔时尝客游此县，于许生处乞瓦棺寺维摩图样，志诸篇末》："淮阴清夜驿，京口渡江航。春隔鸡人昼，秋期燕子凉。赐书夸父老，寿酒乐城隍。（此四句一作：竹引趋庭曙，山添扇枕凉。十年过父老，几日赛城隍。）看画曾饥渴，追踪恨森茫。虎头金粟影，神妙独难忘。"诗的前六句遥想许八南归沿途所见及归家后情事，实际上是作者当年南下亲身经历的记述。"淮阴清夜驿，京口渡江航"，还有城隍庙赛神的热闹情景，无不留下清晰的印象。后四句记当年在瓦棺寺观看壁画的情景，更是记忆犹新。江宁秦淮河北岸，有晋武帝时建造的瓦棺寺，寺内墙壁上有东晋著名画家顾恺之（小字虎头）所画的价值连城的维摩诘画像。杜甫同许八、旻上人前往观赏时，如饥似渴，浮想连翩。顾恺之的维摩诘（号金粟如来）画像，真是神妙无比，令人难忘。观之不足，他还向许八求得一幅顾画维摩诘图样留作纪念，可见他对这幅名画欣赏之至。

《因许八奉寄江宁旻上人》："不见旻公三十年，封书寄与泪潺湲。旧来好事今能否？老去新诗谁为传？棋局动随幽涧竹，袈裟忆上泛湖船。闻君话我为官在，头白昏昏只醉眠。"旻上人是江宁一位高僧，善吟好弈，其所居地有临涧对竹之亭，环境清幽，当年杜甫常在此与之对弈。有时两人还泛舟湖上，把盏吟诗。三十年后诗人题书封寄，思念故人，回想旧来好事，不禁潸然泪下。可见两人情谊之深厚。

杜甫离开吴地，沿着秦始皇东巡的路线渡过钱塘江，到达越中。途中他想到吴越争霸时期卧薪尝胆、枕戈待旦的越王勾践，想到战国时期完成统一中国大业的秦始皇，油然产生敬仰之情。在游览绍兴鉴湖时，他看见越女洁白如雪非常可爱。五月鉴湖的天气也很凉爽宜人。到了剡溪，秀美奇异的景色让人流连忘返，难以忘怀。来到新昌天姥山，只见"天姥连天向天横，势拔五岳掩赤城"，气势非凡，引人入胜。他在《奉先刘少衬新画山水障歌》中说："悄然坐我天姥下，耳边已是闻清猿。……若耶溪，云门寺。吾独何为在泥滓？青鞋布袜从此始！"这虽是一首题画诗，杜甫却借机抒写越中壮游的印象。到了浙东沿海，诗人本想乘舟渡海，到传说中的太阳升起之地扶桑看看。遗憾的是，这个愿望无法实现。

杜甫在吴越一带漫游了四年。至开元二十三年（735），为了参加"乡贡"，他只得"归帆拂天姥"，乘船返回故乡巩县。四年的吴越之游让杜甫开阔了眼界，使他看到了与中原不同的另一番天地。江南地区的山水风光、民情风俗都别具风格，秀美动人。这里不仅自然景色优美，而且是人文荟萃之地，名胜古迹很多，文化积淀丰厚。"青年杜甫来此游历，感受深刻，收获丰富，增长了阅历，提高了美学修养，这无疑有助于他诗歌艺术的成熟。"（阵贻焮《杜甫评传》上册，第53页）

通过乡里保荐、州县甄选，杜甫在开元二十四年（736）以贡生资格到东都洛阳参加进士考试。因为此时玄宗在东都，这年进士科考试就在东都举行,主持考试的是考功员外郎孙逖。"气劘屈贾垒,目短曹刘墙。"(《壮游》)杜甫年轻气盛,自视甚高,连屈原、贾谊、曹植、刘桢这些古代文学家都不放在眼里。他以为通过这次考试就可以一遂壮志、直上青云了。然而事与愿违,这一年录取的二十七进士中,却没有杜甫的名字。对于这次意外落第,他虽然很失望,但也没有过于在意。"忤下考功第,独辞京尹堂。"(《壮游》)第二年(737),他又离开洛阳,到齐赵漫游去了。

> 放荡齐赵间,裘马颇清狂。春歌丛台上,冬猎青丘旁。呼鹰皂枥林,逐兽云雪冈。射飞曾纵鞚,引臂落鹙鸧。苏侯据鞍喜,忽如携葛强。
>
> ——《壮游》(节录)

古代齐赵之地,指今之山东省东部、西北部,河北省之南部及河南省之东部。杜甫到齐赵地区漫游,由于父亲杜闲当时正在做兖州(今山东兖州)司马,因而在这附近地区活动,生活条件就比较优裕。他轻裘肥马,放纵无羁,在这一带到处旅游行乐。他春天到邯郸,登上战国时赵武灵王所建的丛台放声高歌;冬天到青州,与朋友一起游猎青邱。游猎时呼鹰逐兽,飞箭落鸧,极其快意。当时同游的朋友苏预(即苏源明)看到这种场景,跨坐马鞍上在一旁哈哈大笑。两个人得意地自比为晋朝坐镇襄阳的山简和山简的爱将葛强。直到晚年,他对自己当年的狩猎本领还颇为自豪:"歘思红颜日,霜露冻阶闼。胡骑挟雕弓,鸣弦不虚发。长铍逐狡兔,突羽当满月。"(《七月三日亭午已后,校热退,晚加小凉,稳睡有诗,因论壮年乐事,戏呈元二十一曹长》)骑胡马、挟雕弓,进秋野猎场,敢教鸣弦不虚发。逐狡兔、射飞禽,显男儿身手,会挽雕弓如满月,好一派雄姿英发、志在必得的气势。这时候诗人生活无忧无虑,浪漫不羁,思想情绪并没有受到应试落第的影响,依然对人生充满信心。

他到兖州省亲,登上兖州城楼,写下一首律诗:

> 东郡趋庭日,南楼纵目初。浮云连海岱,平野入青徐。孤嶂秦碑在,荒城鲁殿余。从来多古意,临眺独踌躇。
>
> ——《登兖州城楼》

诗人刚来兖州省亲之时,即登上兖州南楼,纵目眺望,可见浮云连着渤海和泰山,平野伸展到青州和徐州。境内名胜古迹,峄山秦始皇的颂德石碑尚在,鲁共王在曲阜所建的灵光殿犹存。向来登高远眺多生怀古之意,而诗人却独自踌躇,别有所思。诗人在思考人生,思考前途。

诗人来到泰安,写下《望岳》一诗,抒写了自己的凌云之志。

> 岱宗夫如何?齐鲁青未了。造化钟神秀,阴阳割昏晓。荡胸生层云,决眦入归鸟。会当凌绝顶,一览众山小。
>
> ——《望岳》

泰山,是我国五岳之一,坐落在齐鲁平原,在今山东省中部,总面积426平方公里,其主峰玉皇顶在泰安市城北,海拔1530多米,山势雄伟壮观。《孟子·尽心上》说:"孔子登东山而小鲁,登泰山而小天下。"战国时一些儒生认为五岳中泰山最高,帝王应到泰山祭祀,举行封禅大典。秦始皇、汉武帝、光武帝、唐高宗、唐玄宗都曾登封泰山。历史文化名人孔子、司马迁、司马相如等都到过泰山,张衡、陆机、谢灵运等都曾题咏泰山。因此杜甫早就对泰山怀有一种敬仰之心、企慕之情。如今他身临其境,不由得发出礼赞,倾诉自己的心志。

全诗写诗人望泰山的所见所感,既描绘了泰山雄伟高大的形象,又呈现出青年诗人自身的心胸和志气。诗的首联写泰山的宏大:它横跨齐、鲁两地,望不尽那一片青苍的山色。颔联写泰山的秀美高峻：它的秀美，集中了天地间的神奇；它的高峻，分割了山北山南的昏晓。颈联写诗人凝望：山上层云起伏，心胸随之豁然开朗；飞鸟投林归山，眼眶几乎为之睁裂。尾联写诗人直抒胸臆：我一定要攀登上岱岳顶峰，俯视天下星罗棋布的点点群山。

  这是一幅泰山形势图，也是诗人自画像。二者有机统一在一个画面中，题名为"杜甫望岳图"。作品以巍峨泰山为背景，突出地表现了青年诗人的开阔胸怀和远大抱负。面对巍峨的泰山，诗人神情激荡，泰山的层层云气仿佛从诗人的胸中升腾，又似乎诗人将云天浩气纳入胸怀。仰望归鸟投林入山，诗人目光专注，仿佛归鸟所向之处，就是诗人所要登临的泰山极顶。在这种情景交融的境界中，"会当凌绝顶，一览众山小"的抒怀就水到渠成，雄心勃发的诗人形象也就巍然屹立在我们面前了。

  诗人志在必得，说到做到。随后，他果然登上了泰山之巅。他在晚年写的《又上后园山脚》一诗中追叙了自己当年登上泰山的情景："昔我游山东，忆戏东岳阳。穷秋立日观，矫首望八荒。朱崖着毫发，碧海吹衣裳。"这种登临日观峰而放眼八荒四海的豪迈气概，更具体地再现了青年诗人心怀天下、壮志凌云的形象。

  望岳雄心勃发，登岳壮志凌云，这就是青年时代的杜甫。这也是盛唐气象的一个投影。

四、首阳山下怀祖

开元二十九年（741），杜甫三十岁，从齐赵回洛阳，来到洛阳东北的偃师（今河南偃师县）首阳山下一个叫"土娄庄"，杜诗中也称"陆浑庄"（即今杜楼村）的地方。这里有他家的祖业庄园和祖先坟茔，他的远祖杜预和祖父杜审言都安葬在这里。他大概准备结婚成家，就在首阳山下修筑了几间土室（相当于今天的窑洞）。他生活在这里，怀念先祖功德，思考自己应走的人生道路。

在杜氏的列祖列宗之中，最让杜甫怀念并引以为骄傲的是十三世祖杜预。

当年的寒食节，首阳山下新居落成，杜甫写了《祭远祖当阳君文》。祭文颂扬了杜预一生的文治武功，诗人表明自己立志要承继先人之志，力争在人生道路上有所作为。

杜预，是西晋名将，又是史学家。他曾任镇南大将军、都督荆州诸军事，镇襄阳；曾出任平吴主将，与王濬等分道出击，攻克江陵，招降南方诸郡，一举灭吴，统一中国，论功封当阳县侯；后还襄阳，讲武修文，兴修水利，造福一方。他博通政治、经济、法律、天文、算学、工程诸学，晚年潜心经籍，癖好《左传》，著有《春秋左氏经传集解》传世。杜预一生以天下为怀，以大禹、后稷为榜样，勤勉世事，立功立言，均有卓著成就。《晋书·杜预传》记载："预博学多通，明于兴废之道，常言：'德不可企及，立功立言，可庶几也。'""预公家之事，知无不为。凡所兴造，必考度始终，鲜有败事。或讥其意碎者，预曰：'禹稷之功，期于济世，所庶几也。'"杜甫对远祖杜预的文武功业和济世品行，非常仰慕，决心以之为楷模。他在祭文中说"小子筑室首阳之下，不敢忘本，不敢违仁"，表明自己要继承先祖伟业，立志像先人一样济世仁民，立功立言。

其实杜氏家族历代都奉儒守官，是一个有悠久传统的封建官僚世家。杜甫在《唐故万年县君京兆杜氏墓志》中说："其先系统于伊祁，分姓于唐杜，吾祖也，我知之。远自周室，迄于圣代，传之以仁义礼知信，列之以公侯伯子男。"他在《进雕赋表》中说："自先君恕、预以降，奉官守儒，未坠素业矣。"前者追溯到周代，后者追溯到十四祖杜恕（魏太和中散骑黄门侍郎，后任幽州刺史）和十三祖杜预。虽然官职有大有小，但恪守儒术，传承仁义礼智信，一直是这个家族仕进的传统信条。

在杜氏家族的历史上，儒家倡导的仁义礼智信，不仅是仕进为官的信条，也是为人处世的准则。杜甫的六世祖杜叔毗，官止北周硖州刺史，因其兄杜君锡为曹策害死，他白天手持利刃在京城杀死仇人，然后从容自首就刑。杜甫的叔父、杜审言的次子杜并也是有名的孝童。圣历年间，杜审言被贬为吉州司户参军，司马周季童与员外司户郭若讷共构审言罪状，把他逮捕入狱，将因事杀之。十六岁的杜并身怀利刃为父报仇，将周季童杀死，而自己亦当场被人鞭挞而死。武后闻之叹异，召见杜审言，授著作佐郎。士友都称赞杜并孝烈，苏颋为撰墓志，刘允济为写祭文。杜甫二姑母弃子救侄，被杜甫称为"唐义姑"，已如前述。

四、首阳山下怀祖

杜甫从小生活在这样一个家族中,自然耳濡目染。如今已到而立之年,他来到首阳山下祖业、祖茔所在地,思考自己的人生道路,更感到传承先祖传统的责任担当。他认定奉官守儒、文武双全的先祖杜预,是自己人生前行的方向。《祭远祖当阳君文》是杜甫缅怀祖德的祭文,也是自己立志成才的誓辞。

在杜氏的列祖列宗当中,另一位令杜甫怀念并引以为榜样的,是祖父杜审言。如果说远祖杜预激发了青年杜甫的功名事业心,那么祖父杜审言可以说是他走上诗坛的先导者。

杜审言(约646—708),字必简,高宗咸亨元年(670)登进士第,授隰城尉,历任洛阳丞、吉州司户参军、著作佐郎、膳部员外郎、国子监主簿等职,卒后赠著作郎。审言以诗见重于武后,时与李峤、崔融、苏味道齐名,为文章四友,世号"崔、李、苏、杜",后以诗文"含绝世之音","有重名于天下"(陈子昂《送吉州杜司户审言序》),晚年与沈佺期、宋之问唱和。他大力创作律诗,以五言律诗数量最多(28首,占现存诗十分之六以上),成就最高。《和晋陵陆丞早春游望》《登襄阳城》等篇,思致工巧,句律严整,音韵协调,对五律的规范、定型颇有影响。七言律诗《春日京中有怀》《守岁侍宴应制》等,皆工密有致,在初唐亦属首倡。他是唐代近体诗的奠基人之一。

杜甫对祖父杜审言十分推崇。他在《进雕赋表》中说:"亡祖故尚书膳部员外郎先臣审言,修文于中宗之朝,高视于藏书之府,故天下学士到于今而师之。"他在《唐故万年县君京兆杜氏墓志》中说:"考某,修文馆学士、尚书膳部员外郎,天下之人,谓之才子。"他夸耀"吾祖诗冠古"(《赠蜀僧闾丘师兄》),把诗歌写作视为自己的家庭传统,告诉其子,"诗是吾家事"(《宗武生日》)。他自己毕生从事诗歌写作,为继承和发展诗艺传统鞠躬尽瘁,死而后已。

杜甫的诗歌众体兼备，诸体皆善，而对律诗写作用力尤勤，数量最多，质量也最精。他曾说自己"为人性僻耽佳句，语不惊人死不休"（《江上值水如海势，聊短述》），"晚节渐于诗律细"（《遣闷戏呈路十九曹长》）；称赞友人"思飘云物外，律中鬼神惊。毫发无遗恨，波澜独老成"（《敬赠郑谏议十韵》）。由此可见他对于律诗写作的严格追求。在五律、七律和排律的创作方面，杜甫与祖父一脉相承，又大有发展。明人胡应麟指出："初唐无七言律，五言亦未超然。二体之妙，杜审言实为首倡。五言，则'行止皆无地，独有宦游人'。排律，则'六位乾坤动，北地寒应苦'。七言，则'季冬除夜''毗陵震泽'，皆极高华雄整。少陵继起，百代模楷，有自来矣。""初唐四十韵，惟杜审言，如《送李大夫作》，实自少陵家法。杜《八哀·李北海》云：'次及吾家诗，慷慨嗣真作'是也。"（《诗薮》卷四）

在土娄庄土室，他与司农少卿杨怡的女儿结婚。他与夫人杨氏感情深厚，一直相伴到老。

他在这里居住交游活动不多，参观过诗人宋之问的旧宅陆浑别业，参加过左氏庄的夜宴，造访过巳上人茅斋，都留下了诗作。

天宝元年（742），二姑母万年县君去世，他就去了洛阳。为了便于交游，谋求发展，他在洛阳客居下来。客居期间，他与显贵人士如秘书监李令问、驸马郑潜曜等都有交往，也曾出游龙门奉先寺。

天宝三年（744）四月，在洛阳杜甫与被玄宗"赐金放还"的李白相遇。这时李白四十四岁，比杜甫大十一岁，但两人意气相投，一见如故，结为莫逆之交。他在《赠李白》中诉说了自己在洛阳的境遇：

四、首阳山下怀祖

二年客东都,所历厌机巧。野人对膻腥,蔬食常不饱。岂无青精饭,使我颜色好。苦乏大药资,山林迹如扫。李侯金闺彦,脱身事幽讨。亦有梁宋游,方期拾瑶草。

他告诉李白,自己这两年客居东都洛阳,亲身经历了上层社会令人厌恶的尔虞我诈。眼看着达官贵人过着吃鱼吃肉的生活,自己却连素菜淡饭也吃不饱。这时候因为父亲杜闲已经去世,二姑母也已不在,杜甫一时得不到亲友的接济,生活陷入了困顿不堪的境地,对上层社会的世态炎凉也有了初步的认识。他对李白睥睨权贵、退隐山林的高蹈人格十分倾慕,于是就想随李白一起去寻道访友。

杜甫这几年所写的诗歌中,《房兵曹胡马》《画鹰》二诗,咏物言志,托物寄情,反映了他这时期英姿勃发、壮志凌云的书生意气。

胡马大宛名,锋棱瘦骨成。竹批双耳峻,风入四蹄轻。所向无空阔,真堪托死生。骁腾有如此,万里可横行。

——《房兵曹胡马》

诗的前半首描写大宛胡马骨相瘦劲的形象:它的瘦骨像刀棱般锋利,双耳如刀削般尖锐,奔驰起来四蹄轻快,犹如风驰电掣一般,活现出骏马的精锐之气。诗的后半首赞颂大宛胡马的才德:它奔向广漠一往无前,值得骑行主人以生死相托。如此骁勇之良马,可以奔腾万里横行于天下,突出了骏马的优异品质。诗人托物言志,赞美房兵曹胡马锐气冲天,所向无惧,横行万里,堪托死生,实际上寄托了自己横行万里的雄心壮志和目空一切的豪迈气概。

素练风霜起,苍鹰画作殊。㧐身思狡兔,侧目似愁胡。绦镟光堪擿,轩楹势可呼。何当击凡鸟,毛血洒平芜。

——《画鹰》

这是一首题画诗。开头两句写画鹰如挟风带霜而起,栩栩如生。接着就亦画亦真,写苍鹰的神态:它耸起身子的样子,仿佛想要捕获草地上的狡兔;侧着碧绿闪亮的眼睛,好像是满怀愁恨的胡人。虽说它系着闪亮的铜环,但只要一声呼唤就可以冲破束缚,展翅高飞。诗人最后直抒胸臆:何不让它奋飞碧霄去搏击凡鸟,将它们的毛血洒落荒郊草地。这样,就把诗人"乘风思奋之心,疾恶如仇之志,一齐揭出"(浦起龙《读杜心解》卷三之一)。

横行万里的骏马,搏击长空的雄鹰,是年轻气盛、壮志凌云诗人的自我写照,从中不难窥见杜甫决心承继先人之志、渴望有所作为的勃勃雄心。"这些都表现了一个二十多岁、身处盛唐的青年对前途的充分乐观和自信。"(袁行霈等《盛唐诗坛研究》,第214页)

五、与高李辈偕游

杜甫与李白在洛阳相会以后，就回家去了。天宝三载（744）五月五日，他的继祖母范阳太君卢氏卒于陈留私宅。八月，归葬于偃师首阳山下祖茔所在地，他亲自撰写《唐故范阳太君卢氏墓志》。事毕之后，他才回到洛阳，开始与李白相约的梁宋之游。为了寻求仙草神丹，他们首先同渡黄河，到道家圣地王屋山去寻访道人华盖君：

忆昔北寻小有洞，洪河怒涛过轻舸。辛勤不见华盖君，艮岑青辉惨么麼。千崖无人万壑静，三步回头五步坐。秋山眼冷魂未归，仙赏心违泪交堕。

——《忆昔行》（节录）

华盖君道院在王屋山小有青虚洞天。李杜二人乘坐小船渡过波涛汹涌的黄河，跋涉艰险难行的山路，到了洞宫跟前，才知道华盖君已经去世。一心求仙访道，结果事与愿违，二人不禁流下眼泪，只好失望而归。

杜甫与李白回到梁宋（今河南开封、商丘一带），在宋中遇到了高适。诗人高适虽然写过《燕歌行》等一些边塞诗，但仕途不得志，这时期正在梁宋一带浪游。过去杜甫游齐赵时，在汶水之滨曾与高适相识。如今重逢，十分高兴。于是三个诗人一起就在梁宋一带登高怀古，射猎游宴，赋诗论文，度过一个浪漫惬意、令人难忘的秋天。杜甫晚年曾反复回忆这一段生活：

> 昔我游宋中，唯梁孝王都。名今陈留亚，剧则贝魏俱。邑中九万家，高栋照通衢。舟车半天下，主客多欢娱。白刃仇不义，黄金倾有无。杀人红尘里，报答在斯须。忆与高李辈，论交入酒垆。两公壮藻思，得我色敷腴。气酣登吹台，怀古视平芜。芒砀云一去，雁鹜空相呼。

——《遣怀》（节录）

在宋中，他们游览这个汉代梁孝王的古都，只见高楼林立，道路四通八达，来往舟船车辆之多，几占天下舟车之半；人口众多，本地主户和外来客商都能安居乐业。街市上人们挥金如土，到处可见豪侠仗义之士。他们三人闹中取静，在酒楼上举杯饮酒，吟诗论文。杜甫感觉到，李白、高适是文思壮美的诗人，见到他都喜形于色，彼此情投意合，十分高兴。

酒席间，他们也抒发怀才不遇之感，谈论天下大事，批评时政得失：

> 先帝正好武，寰海未凋枯。猛将收西域，长戟破林胡。百万攻一城，献捷不云输。组练弃如泥，尺土负百夫。拓境功未已，元和辞大炉。

——同上

他们评说帝王好武开边，边将贪功邀赏。如王忠嗣、哥舒翰等攻吐蕃，安禄山、张守珪等打契丹，都是驱万百之众以取一城，对朝廷只是报捷而掩盖败绩。他们为争得寸土而牺牲百人，浪费物力，草菅人命，实在得不偿失。诗人们担心这样穷兵黩武，开边不止，有一天会引起天下大乱。

五、与高李辈俱游

三人在酒楼上畅饮畅谈之后,又开始外出览胜。他们登上梁孝王所筑的吹台,慷慨怀古。这一带是汉高祖隐居过的地方。《汉书·高祖本纪》说:"高祖隐于芒砀山泽间,所居上常有云气。"可是如今面对芒山、砀山,平野上的云气已经不见,只见几只大雁和野鸭在那儿飞鸣。

他们三人还曾登临琴台,然后到孟诸野去游猎。

　　昔者与高李,晚登单父台。寒芜际碣石,万里风云来。桑柘叶如雨,飞藿共徘徊。清霜大泽冻,禽兽有余哀。

——《昔游》(节录)

杜甫在此诗中追忆的是他们在傍晚时分登临单父台远眺的情景:无边原野直接碣石,万里风云扑面而来;桑柘落叶纷纷如雨,树叶豆叶随风飞舞;清霜降落大泽初冻,草野间只听见禽兽声声哀鸣。杜甫面对的大泽就是孟诸泽,在宋州东北直至单父(今山东单县)之间,这一大片草泽地,是古时的游猎场所。

琴台,指单父城宓子贱琴堂,杜诗中称为单父台。宓子贱是孔子的一个弟子,为单父宰。《说苑·政理》记载:"宓子贱治单父,弹鸣琴,身不下堂而单父治。"杜甫对于宓子贱心存仁爱、以德化民的事迹早有所闻,就约同李白、高适一起登览琴台。高适有《同群公秋登琴台》诗记其事:

　　古迹使人感,琴台空寂寥。静然顾遗尘,千载如昨朝。临眺自兹始,群贤久相邀。德与形神高,孰知天地遥。

三人登览琴台之后,就奔赴孟诸泽游猎。李白当时写有一首诗详细记述了这一次游猎的始末:

　　骏发跨名驹,雕弓控鸣弦。鹰豪鲁草白,狐兔多肥鲜。邀遮相驰逐,遂出城东田。一扫四野空,喧呼鞍马前。归来献所获,炮炙宜霜天。出舞两美人,飘摇若云仙。留欢不知疲,清晓方来旋。

——《秋猎孟诸野夜归置酒单父东楼观妓》

在孟诸野广漠的草泽地上,三个诗人呼鹰牵狗,纵马行猎。他们跨马飞驰,拉弓鸣镝,箭声响处,猎物一一倒地。收获既多,于是欢呼而归,各献所得。然后三人到附近单父东楼割鲜烤肥,炮制野味,一边置酒品鲜,一边观赏美人歌舞,纵情欢乐,不知疲倦,以至通宵达旦。

杜甫与李白、高适在梁宋一带游览流连了几个月,高适要南游入楚,李白要前往安陵(今属河北)访道造真箓,三人便分手了。

天宝四载(745)夏天,杜甫前往齐州(今山东济南)拜访北海太守李邕。

李邕是一个名满天下的大家,文章、书法都享有盛名,时任北海郡(即青州,治所在今山东益都县)太守。他的从孙李之芳在齐州任职,便从北海来齐州。杜甫拜见了这位年近七旬的长辈。陪同他一起游览历下亭和新亭,写了《陪李北海宴历下亭》《同李太守登历下古城员外新亭》等诗,留下了"海右此亭古,济南名士多"的名句。在登览之际,他们重叙别情,赋诗论文,令杜甫永难忘怀。杜甫后来在《八哀诗·赠秘书监江夏李公邕》中,追记了当年谈论的内容:

伊昔临淄亭,酒酣托末契。重叙东都别,朝阴改轩砌。论文到崔苏,指尽流水逝。近伏盈川雄(杨炯),未甘特进丽(李峤)。是非张相国(燕公说),相拒一危脆。争名古岂然,关键欻不闭。例及吾家诗,旷怀扫氛翳。慷慨嗣真作(和李大夫),咨嗟玉山桂。钟律俨高悬,鲲鲸喷迢递。

杜甫和李邕在历下亭酒席上重叙洛阳别后的情形,不觉日影在亭前移动。李邕谈论几十年来诗坛的创作,从初唐诗人一直谈到崔

五、与高李辈俱游

融和苏味道，一一予以评论。他称赞杨炯的诗文写得雄壮，而不满意李峤的华丽。他对张说作了有失公允的尖刻批评。谈到杜审言的诗作，李邕大力赞赏他豁达的胸怀，说《和李大夫嗣真奉使存抚河东》是一篇难得的佳作，秀拔如玉山之桂，声律和雅有度，气势雄壮不凡。

这年秋天，杜甫到鲁郡瑕丘城（今山东兖州）看望在这里定居的李白，阔别又重逢，十分高兴。

两人一同奔赴东蒙山访道，拜访元丹丘和董炼师。一路上携手同行，醉眠共被，亲如弟兄。杜甫在《昔游》中说："东蒙赴旧隐，尚忆同志乐。伏事董先生，于今独萧索。"他这是再次造访东蒙山，向董奉先炼师学道，因此自称"东蒙客"。

回到瑕丘城之后，他们曾一起去城北访问隐士范十。李白、杜甫都有诗记其事：

雁度秋色远，日静无云时。客心不自得，浩漫将何之？忽忆范野人，闲园养幽姿。茫然起逸兴，但恐行来迟。城壕失往路，马首迷荒陂。不惜翠云裘，遂为苍耳欺。入门且一笑，把臂君为谁。酒客爱秋蔬，山盘荐霜梨。他筵不下箸，此席忘朝饥。酸枣垂北郭，寒瓜蔓东篱。还倾四五酌，自咏猛虎词。近作十日欢，远为千载期。风流自簸荡，谑浪偏相宜。酣来上马去，却笑高阳池。

——李白《寻鲁城北范居士失道落苍耳中见范置酒摘苍耳作》

李侯有佳句，往往似阴铿。余亦东蒙客，怜君如弟兄。醉眠秋共被，携手日同行。更想幽期处，还寻北郭生。入门高兴发，侍立小童清。落景闻寒杵，屯云对古城。向来吟《橘颂》，谁欲讨莼羹。不愿论簪笏，悠悠沧海情。

——杜甫《与李十二同寻范十隐居》

两位诗人的这两首诗，共同记叙了一次难忘的城郊访友活动。李白诗侧重记述活动的始末：秋高气爽，为陪客人散心，就一同去城北访问范居士。中途迷了路，走进苍耳丛里，苍耳沾满衣裳，好一副狼狈相。到达主人家后，受到热情接待。于是三人开怀痛饮，席间相互戏谑，十分风流自在。酒酣兴浓，自咏《猛虎词》以抒怀抱。杜甫诗以赞扬太白诗歌佳句似阴铿（南朝诗人）领起，抒写与太白醉眠共被、携手同行的兄弟情谊。席间吟咏屈原的《桔颂》，抒发自己不论仕禄、寄情江海的高洁志趣。

杜甫和李白两人经历过"醉舞梁园夜，行歌泗水春"（《寄李十二白二十韵》）的两度同游，情谊日进，彼此了解也日深。杜甫感到太白受到"赐金放还"的打击之后，情绪消极，有些自暴自弃的样子，作为朋友应该规劝一下。将别之时，杜甫写了《赠李白》一诗：

秋来相顾尚飘蓬，未就丹砂愧葛洪。痛饮狂歌空度日，飞扬跋扈为谁雄？

杜甫推心置腹地说：我们奔波了一个秋天，彼此还是像飘蓬一样无着无落，求仙访道也未能炼成丹砂，有愧于道教先师葛洪。天天纵酒狂歌，虚度时光，一意自我放纵，跋扈飞扬，又有谁欣赏这样的雄迈呢？我们还是应该考虑考虑自己的出路，一味狂放不羁是不能解决问题的。这是杜甫对太白诚心诚意的规劝，也含有自警自励的意思。杜甫这时候也在思考自己下一步的人生道路，认识到不能再这样逍遥度日了。

临别时，李白在鲁郡东石门设宴为杜甫饯行，写诗送别：

醉别复几日，登临遍池台。何时石门路，重有金樽开？秋波落泗水，海色明徂徕。飞蓬各自远，且尽酒中杯。

——李白《鲁郡东石门送杜二甫》

五、与高李辈偕游

太白首先回顾与杜甫两人同游,遍登池台的美好时日,如今要分别,心里充满依恋之情:不知何时再来石门相聚,重开金樽开怀畅饮?这种刚要分别就企盼何时重逢的心情,反映了两位诗人彼此感情的深笃。可惜他们从此一别,再也没有重逢。杜甫只有不断写诗寄托自己对李白的思念和关切。

六、求仕旅食京华

快意八九年，西归到咸阳。

——《壮游》（节录）

杜甫经历了八九年南北漫游的生活以后，于天宝五载（746）来到长安，为实现人生理想寻求出路。杜甫的人生理想是"致君尧舜上，再使风俗淳"（《奉赠韦左丞丈二十二韵》）。他雄心勃勃要辅佐君主成为尧舜一样的圣君，然后使社会风俗重现上古淳厚的风气。要实现这个扶君济世的理想，他就必须和传统儒家士人一样，千方百计进入权力核心，参与"治国平天下"的系统，成为臣服于君王的官僚群体的一员，做一个立足于现实政治、追求政治功业的"大夫"。杜甫旅居长安十年，应诏制举，干谒求荐，投匦献赋，都是为了这样一个目的而执着奋斗。

杜甫初到长安时，对前途满怀希望，也颇为自负："读书破万卷，下笔如有神。……自谓颇挺出，立登要路津。"（《奉赠韦左丞丈二十二韵》）他似乎很有把握可以青云直上，而现实的求仕之路却比他所想象的要艰难得多。这时候朝政已经腐败，玄宗自天宝四载（745）册立杨贵妃之后，便在后宫深居简出，每日沉迷声色，热衷斗鸡走马，无心打理朝政。朝廷由宰相李林甫独揽权柄，任意胡作非为，排斥、打击贤能之士。

> 主上顷见征，欻然欲求伸。青冥却垂翅，蹭蹬无纵鳞。
> ——《奉赠韦左丞丈二十二韵》

天宝六年（747），杜甫参加了一场由皇帝直接选拔人才的"制举"考试。君主征召天下之士，机会难得，杜甫多么希望能一展自己的才学。考试的结果却使他大失所望，他说自己像折翅的鸟儿不得上天高飞，像困顿的鱼儿不能纵身远游。这是怎么回事呢？与他一同参加这次考试的诗人元结在《谕友》一文中揭露了事情的真相：

> 天宝丁亥中，诏征天下士有一艺者，皆得诣京师就选。晋公林甫以草野之士猥多，恐泄漏当时之机，议于朝廷曰："举人多卑贱愚聩，不识礼度，恐有俚言，污浊圣听。"于是奏待制者悉令尚书长官考试，御史中丞监之，试如常例。（原注：如吏部试诗、赋、论、策。）已而布衣之士，无有第者，送表贺人主，以为野无遗贤。

当时宰相李林甫嫉贤妒能，他以举人不识礼度，恐污浊圣听之名，先经各级地方长官选拔，再由朝廷主管部门按常例考试，最后才能参加君王主持的考试。层层考核的结果是无一人合格，还向君王送表祝贺，说"野无遗贤"。意思是天下英才都已经为君王所用，民间已经没有遗留的贤能之士。

杜甫这次参加制举落第，十分伤心，但当时敢怒不敢言。到天宝十一载（752）李林甫去世，他在《奉赠鲜于京兆二十韵》一诗中终于吐露了一腔怨愤：

> 破胆遭前政，阴谋独秉钧。微生沾忌刻，万事益酸辛！

前政、秉钧，就是指李林甫执掌国政，玩弄欺下瞒上的阴谋诡计。他说自己在应诏制举中遭其阴谋算计，受到忌刻，没有出头之日，令人无比辛酸悲痛。可见这次应诏制举的遭遇，对当时急欲施展人生抱负的杜甫是一个多么沉重的打击。通过这一次打击，他对权奸专权的政治开始有了认识。

唐人入仕的途径除了科举、制举之外，还有荐举一门。所谓荐举，就是通过有社会地位的人士举荐，无须经过正式考试而直接授官。荐举在唐代是一种取士选官制度，随之也就引发了干谒风气的盛行。求仕者要取得荐举援引，就要去拜谒有社会地位的人，干求他们能够荐举自己。杜甫到长安之后，为了干求进取，一直积极与贵族显宦交往，赠诗投文，祈求得到他们的揄扬和引荐，以便进入仕途。从现存杜集的诗歌看，杜甫曾先后向汝阳王李琎、尚书左丞韦济、翰林学士张垍、谏议大夫郑审、京兆尹鲜于仲通、河西节度使哥舒翰、左相韦见素等人投诗求荐。这些人中有正人才士，也有品质低劣者，或后来变节者。后人对杜甫投赠非人曾有非议，但要求一个在野求仕者明察在朝高官的是非善恶，以致预见其人未来行迹，那是一种不切实际的苛求。从这些投赠诗中，我们倒可以考察杜甫当年的生活与思想状况，认识杜甫其人的品质。

韦济是诗人的老相识，任河南尹时曾多次到偃师首阳山下土娄庄访问过杜甫，杜甫曾作《奉寄河南韦尹丈人》表示感谢。天宝九载（750），韦济升迁到朝廷任尚书左丞之后，杜甫先后写了两首投赠诗：

左辖频虚位，今年得旧儒。相门韦氏在，经术汉臣须。时议归前烈，天伦恨莫俱。鸰原荒宿草，凤沼接亨衢。有客虽安命，衰容岂壮夫。家人忧几杖，甲子混泥途。不谓矜余力，还来谒大巫。岁寒仍顾遇，日暮且踟蹰。老骥思千里，饥鹰待一呼。君能微感激，亦足慰榛芜。

——《赠韦左丞丈济》

六、求仕旅食京华

纨绔不饿死，儒冠多误身。丈人试静听，贱子请具陈。甫昔少年日，早充观国宾。读书破万卷，下笔如有神。赋料扬雄敌，诗看子建亲。李邕求识面，王翰愿卜邻。自谓颇挺出，立登要路津。致君尧舜上，再使风俗淳。此意竟萧条，行歌非隐沦。骑驴十三载，旅食京华春。朝扣富儿门，暮随肥马尘。残杯与冷炙，到处潜悲辛。主上顷见征，欻然欲求伸。青冥却垂翅，蹭蹬无纵鳞。甚愧丈人厚，甚知丈人真。每于百僚上，猥诵佳句新。窃效贡公喜，难甘原宪贫。焉能心怏怏，只是走踆踆。今欲东入海，即将西去秦。尚怜终南山，回首清渭滨。常拟报一饭，况怀辞大臣。白鸥没浩荡，万里谁能驯？

——《奉赠韦左丞丈二十二韵》

前人对这两首诗有很切要的评论："公于韦左丞凡两赠诗，初则冀其有所汲引而作，终则见其无荐达之意辞之而作。吁！大臣职在荐贤而不荐，是蔽贤也，故公辞之是矣。且于此，足以见公之抱负，而豪气英发，读之令人感慨不能自己，闻者足戒。"（单复《读杜诗愚得》卷一）

前诗作于天宝九载（750）冬，韦济上任尚书左丞之初，杜甫赠诗给他，除了表示祝贺之意外，主要是希望他能汲引自己，说自己虽然处境穷困，容颜衰老，但壮志犹存，锐气不减（"老骥思千里，饥鹰待一呼"），急切需要得到丈人的帮助，而后才能奋发有所作为。丈人若能感动激发，自己就不至于埋没于荆榛芜草之间。诗人干谒权贵，祈求荐引，并非为个人荣华富贵，而是希望实现平生壮志，有所作为。

这首诗投赠之后，不知是韦济没有荐达之意，还是荐而不力未见什么成效，等了一年多时间，音讯全无，杜甫心中难免一腔怨愤。天宝十一载（752）春，他借暂归东都洛阳与韦济告别之机，写了《奉赠韦左丞丈二十二韵》一诗，直抒胸臆，不亢不卑地抒写了自己求仕不得、壮志难酬的激愤不平之情。诗开头两句"纨绔不饿死，儒冠多误身"劈空而起，以强烈的不平之鸣，抨击了贤愚倒置的不合理现实：那些不学无术、游手好闲的纨绔子弟偏偏衣食无忧，不会饿死，而正直儒雅、满腹经纶的读书人却穷困潦倒，自误前程。接着诗人以个人的人生经历具体说明"儒冠多误身"的现实。他说自己年少之时就参加了科举考试，见过大世面，读书万卷，下笔有神，辞赋水平不逊扬雄，诗歌可同曹植比肩。乍露头角，就博得李邕赏识，王翰认同。自以为才华出众，很快会登上仕途，取得要职，实现辅佐君王、治理天下的理想，不料竟遭受冷落，如今只有流落长安，"朝扣富儿门，暮随肥马尘"，在权贵们的残杯冷炙中乞讨生活，处境令人无比辛酸。杜甫这一番倾诉，与其说在求荐，倒不如说在控诉，控诉一个有才有志之士所遭受的不公平待遇。因此他在诗末表示，若不能得志，自己就要远走高飞，退隐江海："白鸥没浩荡，万里谁能驯？"诗人以碧海展翅的英锋俊彩，显示了自己桀骜不驯的品格。

投匦献赋，也是唐人求仕的一条捷径。匦，朝廷接受臣民投书的匣子，是一种御设的信息通道，从武则天当权时开始设置，其主要目的是为了大开言路和广收才俊。其中东面的延恩匦，专供求仕进者投献赋颂。求仕进者直接向延恩匦投献赋颂，以干圣上，是一种有望平步青云的干谒方式。杜甫为了实现自己"致君尧舜上"的理想，曾经多次投匦献赋。

天宝六载（747），杜甫看到骊山兽坊中，御马院在最下，天狗院在最上，见天狗猛健无比，而"恨其与凡兽相近"，壮而赋之，并将这篇《天狗赋》投入了延恩匦。杜甫赋天狗，实为自喻。赋中托物抒怀，吐露了自己怀才不遇、欲进无门的苦闷。此次献赋，结

六、求仕旅食京华

果如石沉大海。

天宝十载（751），玄宗要举行三大盛典：在太清宫祭祀玄元皇帝（老子）、祭祀太庙（李唐王室宗庙），在南郊祭祀天地。杜甫听到这个消息，认为大好时机来到，不觉手舞足蹈，精心撰写了《朝献太清宫赋》《朝享太庙赋》《有事于南郊赋》，并写了《进三大礼赋表》，于天宝九载（750）冬投入延恩匦。杜甫此次献赋，由于时机把握得好，赋的内容又迎合玄宗胃口，果然收到了效果："帝奇之，使待制集贤院，命宰相试文章。"（《新唐书·杜甫传》）这事在当时是很风光的，他晚年在《莫相疑行》中写道："忆献三赋蓬莱宫，自怪一日声辉赫。集贤学士如堵墙，观我落笔中书堂。往时文彩动人主，此日饥寒趋路傍。"后来问题又出在宰相试文章上。当时的宰相仍然是嫉贤妒能的李林甫，考试的结果，"送隶有司，参列选序"（《进封西岳赋表》），只给了杜甫一个准许参加候缺选官的资格。从他所作的《奉留赠集贤院崔于二学士》一诗看，他这次考试又遭到蓄意刁难而失利：

昭代将垂白，途穷乃叫阍。气冲星象表，词感帝王尊。天老书题目，春官验讨论。倚风遗鹖路，随水到龙门。竟与蛟螭杂，空闻燕雀喧。青冥犹契阔，陵厉不飞翻。儒术诚难起，家声庶已存。故山多药物，胜概忆桃源。欲整还乡旆，长怀禁掖垣。谬称三赋在，难述二公恩。

他在奉赠集贤院崔辅国、于休烈两位学士的诗中，陈述了这次投匦献赋到召试不遇的全过程。他说这次投匦献赋，完全是万不得已，身处明世，而自己年事日高，求仕无门，日暮途穷，只有拼此一搏，惊动天子门隶。三赋幸得通天，为君主所赏识。而后宰相出题考试，礼部学官参与评判。结果如鹖鸟飞翔遇逆风而退，鲤鱼随流到龙门而止，未能飞跃过。只因所作诗文遭小人信口非议，终于不得青云直上，飞黄腾达。对这样的遭遇，诗人一腔怨愤。他说不能奋起入朝，只好还乡采药。

还乡采药之类，自然只是诗人的一时激愤之语，他并没有放弃在求仕路上孜孜不倦的追求。天宝十三载（754），他又写了《封西岳赋》，希望玄宗封禅西岳华山，在赋中预先展述封禅之礼的盛大隆重情景，企图以此来打动玄宗。他在投甄献赋的同时，又给管理甄事的献纳使田澄赠诗，请求帮忙："扬雄更有《河东赋》，唯待吹嘘送上天。"（《赠献纳使起居田舍人澄》）他还在《进封西岳赋表》中伤感地诉说自己的落魄窘境，并说了一些违心之谀词。结果仍然是竹篮打水一场空。

同年秋天，杜甫又献《雕赋》。其《进雕赋表》曰：

  臣甫言：臣之近代陵夷，公侯之贵磨灭，鼎铭之勋不复照曜于明时。自先君恕、预以降，奉儒守官，未坠素业矣。亡祖故尚书膳部员外郎先臣审言，修文于中宗之朝，高视于藏书之府，故天下学士到于今而师之。

  臣幸赖先臣绪业，自七岁所缀诗笔，向四十载矣，约千有余篇。今贾马之徒，得排金门、上玉堂者甚众矣。唯臣衣不盖体，常寄食于人，奔走不暇，只恐转死沟壑，安敢望仕进乎？伏惟天子哀怜之，明主傥使执先祖之故事，拔泥涂之久辱，则臣之述作，虽不足以鼓吹六经，先鸣数子，至于沉郁顿挫，随时敏捷，而扬雄、枚皋之流，庶可跂及也。有臣如此，陛下其舍诸？伏惟明主哀怜之，无令役役，便至于衰老也。臣甫诚惶诚恐，顿首顿首，死罪死罪。

  臣以为雕者，鸷鸟之殊特，搏击而不可当，岂但壮观于旌门，发狂于原隰。引以为类，是大臣正色立朝之义也。臣窃重其有英雄之姿，故作此赋，实望以此达于圣聪矣。不揆芜浅，

六、求仕旅食京华

谨投延恩匦,进表献赋以闻,谨言。

这篇表章,很好地反映了诗人当时的思想状况和真实心态。文章开篇先历数远祖杜恕、杜预和先祖杜审言的功业,强调有"奉儒守官"的家族传统。第二段陈述自己的文学天赋和才能,但如今境遇穷困潦倒,企求明主拔擢。并自称若得如先祖供职于朝廷,虽不如先秦诸子,也差可与扬雄、枚皋之辈比肩,作赋"沉郁顿挫",飞书敏捷而就。篇末阐明献《雕赋》的宗旨,作赋赞颂皂雕威猛刚毅的英雄之姿,意在引以为类,推重"大臣正色立朝之义"。实际上,诗人是以雕自况,寄寓自己入朝为臣所追求的形象。

经历十年的奔波,多方努力,久久期待,天宝十四载(755)十月,杜甫终于被朝廷任命为河西县(今陕西合阴县东南夏阳)尉,他毫不犹豫地辞职不赴。后被改派右卫率府胄曹参军,他勉强就职了。《官定后戏赠》一诗,反映了他赴任前后的想法:

不作河西尉,凄凉为折腰。老夫怕趋走,率府且逍遥。耽酒须微禄,狂歌托圣朝。故山归兴尽,回首向风飙。

诗人不愿做河西县尉,是因为县尉这个官职不符合他致君泽民的从政愿望,不愿意"为五斗米折腰"。高适做封丘县尉时曾说:"迎拜长官心欲碎,鞭挞黎庶令人悲。"(《封丘作》)这种奉上欺下的痛苦心情,正是杜甫感到"凄凉"的地方。而右卫率府胄曹参军,一个在太子卫戍、仪仗部队看守兵甲器仗,管理门禁锁钥的从八品下小官职,虽然也不是杜甫想做的,但因生计所迫,只好不得已而为之了。"耽酒须微禄,狂歌托圣朝。"足见其心情是十分苦涩的。他在长安奋斗十年,换来的竟是这样一个可怜的结果。

在率府任职不久,他感到这样一个职位离自己的理想实在太远,这种官场也不是自己的久留之地,即写了《去矣行》一诗,抒写心中一腔的牢骚和怨愤:

>君不见鞲上鹰,一饱即飞掣。焉能作堂上燕,衔泥附炎热。野人旷荡无腼颜,岂可久在王侯间?未试囊中餐玉法,明朝且入蓝田山。

诗人不愿俯仰依人,低三下四地生活在王侯中间。他以鹰自喻,意欲展翅高飞,不愿做堂上燕,依附于权贵之门,做趋炎附势之辈。"野人旷荡无腼颜,岂可久留王侯间?"他明确表白了对污浊官场的厌恶和归隐山林的意愿。

同年十一月初的一个严冬之夜,杜甫告假离开长安,到奉先县探亲,写下了《自京赴奉先县咏怀五百字》。这首诗开头一大段,坦陈自己的生平志向以及遭遇种种挫折后内心思想的矛盾,表明坚持自己既定人生道路的决心:

>杜陵有布衣,老大意转拙。许身一何愚,窃比稷与契。居然成濩落,白首甘契阔。盖棺事则已,此志常觊豁。穷年忧黎元,叹息肠内热。取笑同学翁,浩歌弥激烈。非无江海志,潇洒送日月。生逢尧舜君,不忍便永诀。当今廊庙具,构厦岂云缺?葵藿倾太阳,物性固莫夺。顾惟蝼蚁辈,但自求其穴。胡为慕大鲸,辄拟偃溟渤?以兹悟生理,独耻事干谒。兀兀遂至今,忍为尘埃没。终愧巢与由,未能易其节。沉饮聊自遣,放歌颇愁绝。

诗人许身远大,立志要做稷与契那样的辅佐明君的贤臣。他说虽然自己志向过于高远难以实现,至今一事无成,但甘心情愿坚守这个理想,只要一息尚存,决不言弃。他一年到头都在为黎民百姓而担忧,内心非常痛苦,难以平静。诗人这种"穷年忧黎元,叹息肠内热"的情怀,坚定了他济世拯民的伟大抱负,而在当时往往不为众人理解,受到同学辈的取笑,但他仍矢志不移,壮怀激烈。他回应说:我并非没有江海之志来潇洒度日,只是生逢尧舜之君,不

六、求仕旅食京华

甘于隐退出世。虽然当今朝廷不缺少栋梁之材，只因为自己如同葵藿向阳，天性不能移易。这说明诗人在遭遇种种挫折后思想上也有过独善与兼济的矛盾，但能在痛苦的自省中得以解决，坚定了济世拯民的信念。他又说：那些蝼蚁之辈只顾自营其穴，而巨鲸却有着游息大海的远大志向。自己执着于人生大道，又羞于干谒求官，以致一直穷困潦倒，埋没于尘世。即使如此，也不能改变自己的志向，像巢父、许由那样归隐山林。诗人在这一大片倾诉中，思绪千回百折，反复变化，从不同角度层层推覆，无非是表明自己矢志不移的决心。这说明经过长安十年的历练，诗人济世拯民的人生观已经确立了。"穷年忧黎元"成了他终身践行的信条。从此以后，对民生的利弊，也就成为他判断是非善恶的基准。

　　杜甫在这首咏怀诗一开头称自己为"杜陵布衣"，固然由于他的远祖杜预为京兆杜陵（今陕西西安东南）人，同时也表明他乐于亲近平民百姓的思想意愿。在长安期间，他因生活窘困曾一度搬到南郊少陵附近种地，与农民相邻共处，干脆自称"少陵野老"，乐于与当地村野民众为伍。杜甫这种甘为平民的意识，也得到人们的认可，世人就称他为杜少陵。

七、始忧家国民生

杜甫旅食京华、艰难求仕的十年，是他忧国忧民思想孕育成熟、初放光辉的十年，也是他诗歌创作直面现实、彰显特色的十年。

"杜甫在长安十年，长期生活在社会下层并奔走于权贵之间，对民间的疾苦和朝廷内部的黑暗及达官权贵的腐朽堕落都有较深刻的了解，对大唐由充满希望到逐渐失望，他也由对盛世的理想主义的向往，逐渐转向了现实主义的观照。"（葛景春《杜甫诗选·前言》）他的诗笔开始直接突入家国民生问题和社会政治现实，忧国忧民的主旋律业已奏响。

杜甫在长安仕途受挫，父亲去世之后，又没有其他经济来源，只好"卖药都市，寄食朋友"（《进三大礼赋表》），有时甚至于饥寒交迫："饥卧动即向一旬，弊裘何啻连百结。"（《投简咸华两县诸子》）在城里实在过不下去了，天宝十三载（754）初春，他就移家到城南十五里的下杜城："自断此生休问天，杜曲幸有桑麻田，故将移住南山边。"（《曲江三章章五句》）在那里结茅而居，与农民相邻共处，依靠耕种土地为生。到秋天，由于遭遇水涝生活困难，又将妻子送往奉先县亲戚处安置："辚轲辞下杜，飘飖陵浊泾。诸生旧短褐，旅泛一浮萍。荒岁儿女瘦，暮途涕泗零。主人念老马，廨宇容秋萤。"(《桥陵诗三十韵因呈县内诸官》)一家人饥寒交迫,向当地官员苦苦求助,其生活状况可想而知。

衣食艰难、穷愁潦倒的诗人,并没有局限于一己的遭遇。沦落下层、备受艰辛的人生体验,使他开始对社会底层人们艰难的生活处境有所理解,以至于产生同病相怜的感情。他常常在自己窘困的时候想到他们的窘困,自己不幸的时候想到更多不幸的人们。

天宝十三载(754)八月,长安一带霖雨六十多天,水涝成灾,秋粮严重歉收,物价暴涨。天宝十一载(752)十一月刚当上宰相的杨国忠(杨贵妃的从祖兄),搞欺下瞒上那一套诡计比李林甫有过之而无不及。他为了隐瞒灾情,拿几穗好谷子给皇上看,说"雨虽多,不害稼",以至于朝廷没有采取任何减租、赈灾的措施。杜甫写了《秋雨叹三首》,不仅叙写自己一家人在霖雨中挣扎的苦况,而且如实反映雨灾所造成的严重后果:

阑风伏雨秋纷纷,四海八荒同一云。去马来牛不复辨,浊泾清渭何当分。禾头生耳黍穗黑,农夫田父无消息。城中斗米换衾裯,相许宁论两相直。(其二)

诗人面对连绵秋雨,眼看满天阴霾,河水泛滥,感叹地里庄稼受灾,禾穗黑腐,收成无望。更令他伤心的是城中粮价暴涨,老百姓被迫拿出被褥来换粮吃。诗人关心民生疾苦,用事实揭穿了杨国忠的谎言。

到了重阳节,雨还下个不停,诗人想去看望岑参,因道路泥泞无法出行,只好写首诗寄给他:

出门复入门,雨脚但如旧,所向泥活活,思君令人瘦。沉吟坐西轩,饮食错昏昼。寸步曲江头,难为一相就。吁嗟乎苍生,稼穑不可救。安得诛云师,畴能补天漏?

——《九日寄岑参》(节录)

诗人在给友人的诗中，同情百姓，关切农事，竟大声疾呼，要诛杀云师，修补天漏。这虽然有点异想天开，却清楚地表达了诗人急切想为民排忧解难的心情。

更为突出地表现诗人推己及人、博大胸怀的一件事，是他回奉先探亲，一进门听到幼子饿死的噩耗，此时此刻他的所思所想：

老妻寄异县，十口隔风雪。谁能久不顾？庶往共饥渴。入门闻号咷，幼子饿已卒。吾宁舍一哀，里巷亦呜咽。所愧为人父，无食致夭折。岂知秋禾登，贫窭有仓卒。生常免租税，名不隶征伐。抚迹犹酸辛，平人固骚屑。默思失业徒，因念远戍卒。忧端齐终南，澒洞不可掇！

——《自京赴奉先县咏怀五百字》（节录）

杜甫听到自己小儿子饿死的消息，感到无限悲痛。在悲痛、自责之余，想到自己家庭享有蠲免租税和征伐的特权，尚且在秋收时节饿死亲子，那些破产失业的人们，远征戍边的士卒，境况更加不堪设想。想到这里，他愁绪万端，忧积如山，简直无从收拾。此时诗人的忧民情怀有了更为真切的同病相怜的内涵。可以说，"正因为是以自己的痛苦为基础，他对人民的苦难才真正有了切肤之感"（章培恒、骆玉明主编《中国文学史新著》中卷，第16页）。

天宝后期，唐玄宗轻信边将，轻启边衅，屡发开边战争。穷兵黩武，连年征战，给人民带来了巨大的灾难。天宝八载（749）玄宗令哥舒翰征吐蕃，攻打石堡城，擒吐蕃四百人，唐军士卒死了几万。天宝十载（751）四月，剑南节度使鲜于仲通讨伐南诏，在泸南大败，死了士卒六万人。杨国忠又在两京及河南北大肆募兵以击南诏。人们听说云南多瘴疠，不肯应募。杨国忠就遣派御史分道捕人，连枷送往军所，父母妻子相送，到处哭声震野。杜甫敢于正面现实，根据耳闻目睹的事实，写下《兵车行》：

七、始忧家国民生

　　车辚辚,马萧萧,行人弓箭各在腰。耶娘妻子走相送,尘埃不见咸阳桥。牵衣顿足拦道哭,哭声直上干云霄!道傍过者问行人,行人但云点行频。或从十五北防河,便至四十西营田。去时里正与裹头,归来头白还戍边!边庭流血成海水,武皇开边意未已!君不闻汉家山东二百州,千村万落生荆杞。纵有健妇把锄犁,禾生陇亩无东西。况复秦兵耐苦战,被驱不异犬与鸡。长者虽有问,役夫敢伸恨?且如今年冬,未休关西卒。县官急索租,租税从何出?信知生男恶,反是生女好;生女犹得嫁比邻,生男埋没随百草!君不见青海头,古来白骨无人收。新鬼烦冤旧鬼哭,天阴雨湿声啾啾!

　　诗一开篇,首先给我们描绘了一幅车动马鸣队伍出征、爹娘、妻子和儿女跑着为被征的亲人送行,牵衣顿足,拦道哭号,哭声直冲云天的悲惨场景,以生离死别的悲惨揭示穷兵黩武给人民带来的痛苦。诗人没有止步于此,他看到了穷兵黩武、连年征战带来更为严重的社会问题。从"道傍过者问行人"开始,诗人通过设问的方式,让被征士卒出来诉说,步步深入地揭露穷兵黩武造成的种种后果:频繁地征兵开边,不仅让万民无辜牺牲,边庭沙场血流成海,而且造成全国田亩荒芜,千村万落荆棘丛生。兵革未止,耕夫出征未归,土地荒芜没有收成,县官还上门催逼租税,重重盘剥,步步进逼,让百姓如何承受?他们在万般无奈的情况下,甚至改变了传统的重男轻女的观念:"生女犹得嫁比邻,生男埋没随百草!"这种社会心态的改变,进一步反映出战争给人们带来心灵上的摧残。此诗对唐王朝穷兵黩武罪恶淋漓尽致的揭露,显示出诗人鲜明的爱憎和深邃的思考。他清楚地看到,穷兵黩武的恶果是最高统治者一手酿成的:"边庭流血成海水,武皇开边意未已!"这是以汉喻唐,指斥皇上不顾百姓死活,恣意开边征战不止。他在《前出塞九首》其一中,借征夫之口,更直白地表达了对君王穷兵黩武政策的不满:"君已富土境,开边一何多。"其思想高度和无畏精神,在当时无人能及。

杜甫长期生活在京城长安,为求仕进奔走于权贵之间,耳闻目睹上层统治者的奢靡腐朽,感受到了盛世背后日益显露的政治危机。他晚年写的《壮游》诗中回顾了自己当年的思想轨迹:"朱门任倾夺,赤族迭罹殃。国马竭粟豆,官鸡输稻粱。举偶见烦费,引古惜兴亡。"他看到朱门权贵只顾争权夺利,忠良之臣遭到灭族之祸。君主玩物丧志,热衷于舞马、斗鸡,朝廷大量养马、喂鸡,把百姓交纳的粮食挥霍殆尽。他从蛛丝马迹看到了君王的昏庸奢靡,引证古史不禁叹惜国家的兴亡。

天宝十一载(752)秋,杜甫与诗人高适、岑参、储光羲、薛据同登慈恩寺塔,各有吟咏。杜甫写下《同诸公登慈恩寺塔》,抒写了自己伤时忧乱的情怀:

> 高标跨苍穹,烈风无时休。自非旷士怀,登兹翻百忧。方知象教力,足可追冥搜。仰穿龙蛇窟,始出枝撑幽。七星在北户,河汉声西流。羲和鞭白日,少昊行清秋。秦山忽破碎,泾渭不可求。俯视但一气,焉能辨皇州。回首叫虞舜,苍梧云正愁。惜哉瑶池饮,日晏昆仑丘。黄鹄去不息,哀鸣何所投。君看随阳雁,各有稻粱谋。

慈恩寺塔,即今西安大雁塔。诗人登高望远,俯视神州,不禁百感交集,忧虑弥深。他登上高耸云霄的塔顶,烈风扑面,无时休止,即给人一种山雨欲来风满楼的飘摇之感。他在塔上远眺,秦山高低起伏,好像切成许多碎块。哪是泾水,哪是渭水,也分不清了;再看皇州(即京城长安),只是朦胧一片,也难以辨认。这种居高临下,不辨山川的视觉印象,寄寓着诗人对时局的观感。山河

七、始忧家国民生

破碎,清浊不分,京都朦胧,政治昏暗,不正是诗人预感动乱将临,百忧交集的原因吗?他回头呼唤缔造贞观盛世的唐太宗,只看见昭陵上一片愁云,仿佛也在为王朝命运发愁。而唐玄宗却与杨贵妃还在骊山寻欢作乐,不懂得即将日暮途穷。面对这样的形势,有志之士无处可以投奔,找不到发挥才能的归宿之地,而那些趋炎附势的小人只顾自我谋生,追逐一己私利。

诗人站在时代高处,观察社会动向,借景抒怀,表达了对时局的关切,对国运的忧虑。与他同时登塔的几位诗人,薛据诗已失传,高适诗抒写个人的怀才不遇,岑参诗体悟佛理的精深,储光羲诗惆怅宇宙之浩瀚,都有一种超然出世之感,唯有杜甫诗忧念国运,预感危机,可见其立足之高,所见之远。

《同诸公登慈恩寺塔》一诗中"惜哉瑶池饮,日晏昆仑丘"两句,借古喻今,特地点出唐玄宗和杨玉环游宴骊山华清池的荒淫事。杨玉环本来是玄宗儿子寿王李瑁的妃子,武惠妃死后,玄宗看到杨玉环长得美丽可爱,就要占为己有。他先度其为女道士,然后封为贵妃,宠逾皇后。于是一人得宠,鸡犬升天。赠其父为兵部尚书,其叔为光禄卿,其从兄杨铦为殿中少监,杨锜为驸马都尉,又封其三个姊姊为韩国夫人、虢国夫人、秦国夫人。杨妃的从祖兄杨钊,因而得以亲近玄宗,赐名杨国忠,身兼多职。天宝十一载(752)十一月,权相李林甫去世,杨国忠继任右丞相,大权在握,不可一世。杨氏家族由于得到皇上特殊恩宠,生活穷奢极欲,挥霍无度。《资治通鉴》卷二一六记载:杨氏诸家"竞开第舍,极其壮丽,一朝之费,动逾千万。既成,见他人有胜己者,辄毁而改为。""时诸贵戚竞以进食相尚,上命宦官姚思芒为检校进食使,水陆珍馐数千盘,一盘费中人十家之产。"

杨氏兄妹的种种情况,杜甫时有所闻,颇为感慨。天宝十二载

(753)三月三日上巳节,他在曲江畔目睹杨家兄妹春游野宴的情景,更是一腔愤懑,立即写下《丽人行》一诗:

> 三月三日天气新,长安水边多丽人。态浓意远淑且真,肌理细腻骨肉匀。绣罗衣裳照暮春,蹙金孔雀银麒麟。头上何所有?翠为匐叶垂鬓唇。背后何所见?珠压腰衱稳称身。就中云幕椒房亲,赐名大国虢与秦。紫驼之峰出翠釜,水精之盘行素鳞。犀箸厌饫久未下,鸾刀缕切空纷纶。黄门飞鞚不动尘,御厨络绎送八珍。箫鼓哀吟感鬼神,宾从杂遝实要津。后来鞍马何逡巡,当轩下马入锦茵。杨花雪落覆白蘋,青鸟飞去衔红巾。炙手可热势绝伦,慎莫近前丞相嗔。

这首诗从形式上看,采用乐府民歌所惯常用的咏叹方式,描述杨家兄妹的一次曲江宴游,实际上绵里藏针,字里行间隐含着对杨氏兄妹骄奢淫逸丑恶行径的深刻揭露和辛辣讽刺,表达了诗人疾恶如仇的鲜明爱憎。诚如清人浦起龙评论此诗所说:"无一刺讥语,描摹处语语刺讥;无一慨叹声,点逗处声声慨叹。"(《读杜心解》)诗首先描写一群曲江游女姿容服饰的非凡华美。她们资质美丽,意态娴雅,肌肉细腻,身材匀称,自然是养尊处优之辈。她们的衣冠服饰也非同一般:绣罗衣裳上用金丝银线绣满了孔雀、麒麟之类的吉祥图案,头上有翡翠花饰压在鬓角上,身上有珍珠宝石垂在衣裾边,无不耀人眼目,令人赞叹。这时作者才点出"就中云幕椒房亲,赐名大国虢与秦"。原来这是一帮皇亲国戚,被皇上赐封为虢国夫人、秦国夫人(当然还有韩国夫人)的杨妃三姊。诗接着描写她们宴饮的阔气和排场:翡翠锅端出紫驼峰,水晶盘传送清蒸鱼。吃腻了这些珍肴,她们还不想拿起犀角筷,鸾刀细切白忙了一阵。宦官飞马跑来没有扬起尘土,御厨还在接连不断送来各种珍贵食品,可见三夫人所受到的特殊宠遇。诗最后写杨国忠出场:在动听

七、始忧家国民生

的音乐和杂沓的仆从中,他的鞍马姗姗来迟,却大模大样地当轩下马直入锦茵,与三夫人欢会。诗人接着借用典故隐曲地揭露了杨氏兄妹乱伦偷情的秽闻,并且告诫人们:最好离他们远点,不要触及禁区,以免遭到势焰正盛的丞相嗔骂。作者揭露和讽刺的矛头直指权相杨国忠,这在当时是十分难能可贵的。

让杜甫更为忧虑的是这些皇亲国戚的后台老板越来越令人失望了。唐玄宗自从宠幸杨贵妃以后,就天天沉醉于歌舞声色之中,懈怠于朝政大事。每年十月就带着杨贵妃到骊山华清池温泉避寒,恣意寻欢作乐,直到次年春天才回长安。天宝十四载(755)十一月初,杜甫从长安到奉先探亲,途经骊山,在《自京赴奉先县咏怀五百字》一诗中,陈述了当时的所见所思:

岁暮百草零,疾风高冈裂。天衢阴峥嵘,客子中夜发。霜严衣带断,指直不得结。凌晨过骊山,御榻在嵽嵲。蚩尤塞寒空,蹴踏崖谷滑。瑶池气郁律,羽林相摩戛。君臣留欢娱,乐动殷胶葛。赐浴皆长缨,与宴非短褐。彤庭所分帛,本自寒女出,鞭挞其夫家,聚敛贡城阙。圣人筐篚恩,实欲邦国活。臣如忽至理,君岂弃此物?多士盈朝廷,仁者宜战栗。况闻内金盘,尽在卫霍室。中堂舞神仙,烟雾蒙玉质。暖客貂鼠裘,悲管逐清瑟。劝客驼蹄羹,霜橙压香橘。朱门酒肉臭,路有冻死骨。荣枯咫尺异,惆怅难再述。

杜甫在一个天寒地冻的夜晚出发回奉先探亲,途经骊山时,正当凌晨时分。骊山华清宫外羽林军林林总总,戒备森严,而宫内热闹非凡,皇上和大臣依然在欢娱作乐。如同瑶池的温汤热气腾腾,恩赐沐浴的都是达官显贵。大厅里宴饮、歌舞还在继续,管弦乐响亮的声音充斥天空。诗人在骊山宫墙外的所见所闻极其有限,而其内心里的所感所思却极其深广。他触景生情,心事浩渺,就君臣关系、外戚特权和社会贫富差异等问题，夹叙夹议地发表了自己的评论，触及了安史之乱前夕大唐王朝的诸多内在矛盾。诗中首先讲到皇上赏赐给大臣丝绸绮罗，都是强行从民间寒女家搜括来的，赏赐的本意是为了让他们尽力治理好国家。大臣们如果忽视这个道理，仍然玩忽职守，这些财物不是等于白白扔掉？在朝堂的众多官员中，如果还有仁义之人的话，他们内心应该非常惭愧。话虽说得委婉，实际上是借指斥人臣来讽刺人君。诗接着说：听说大内的黄金器皿都赏给了外戚。这是指斥唐玄宗对杨氏一家赏赐无度，让他们拥有大量财富和特权。随后，诗就具体描写这班后妃外戚骄奢淫逸的生活：身穿暖衣轻裘，听着优雅音乐，喝着蹄羹美味，吃着珍贵水果。他们对珍馐美味视若平常，酒肉凡品自然只能任其臭腐了。至此诗人不觉大声疾呼"朱门酒肉臭，路有冻死骨"，揭示了贫富巨大差异的严酷现实。"荣枯咫尺异，惆怅难再述。"宫墙内外，只隔咫尺，贫富差异如此之大，社会政治危机在所难免，忧国忧民的诗人心里觉得痛苦不堪，再也无话可说了。

此时此刻，杜甫途经骊山的所思所想，是旅居长安十年生活体验和观察社会的结晶。他对安史之乱爆发前夕的社会危机及其根源有了清晰的认识。《自京赴奉先县咏怀五百字》，也是诗人创作走向成熟，彰显个性风格的标志。"它记载着杜甫思想的转变和成熟，更是杜甫思想和创作的一大飞跃，杜诗思想的主要特点都已形成，他创作的成熟期到来了。"（袁行霈等《盛唐诗坛研究》，第219页）

八、安史乱起流亡

天宝十四载（755）十一月初，杜甫从长安到奉先探亲路过骊山时，已经预感到安禄山势必叛乱，国家政治形势岌岌可危。当时他在骊山温泉东边灵湫会见给事郭纳，写下《奉同郭给事汤东灵湫作》一诗，其中说：

> 坡陁金虾蟆，出见盖有由。至尊顾之笑，王母不遣收。复归虚无底，化作长黄虬。

诗人以金虾蟆出现必有原由，隐喻蠢蠢欲动的安禄山。而至尊不以为怪，反而看着它笑，王母（指杨贵妃）不愿收场，对它一味纵容。这样虾蟆转瞬间就会化为虬龙横行天下。预言安禄山势必乱世。于是诗人在《自京赴奉先县咏怀五百字》中，借景抒情，表达了对国家时势将乱的隐忧：

> 北辕就泾渭，官渡又改辙。群冰从西下，极目高崒兀。疑是崆峒来，恐触天柱折。河梁幸未坼，枝撑声窸窣。行旅相攀援，川广不可越。

这一段写诗人途经渭河的经历，所写景物别具深意。初冬并非冰河开冻、流冰堆积的季节，诗人却在渡口看到河水夹着巨大的冰块，似从崆峒山居高而下，势不可挡，简直要将天柱撞折。诗人这里是借用共工怒触不周山的典故，以意象化的图景，暗示大乱即至、大厦将倾的危机。

诗人在组诗《后出塞五首》中，通过一个士兵的自述，更为具体地揭露安禄山图谋叛乱的迹象：

> 古人重守边，今人重高勋。岂知英雄主，出师亘长云。六合已一家，四夷且孤军。遂使貔虎士，奋身勇所闻。拔剑击大荒，日收胡马群。誓开玄冥北，持以奉吾君。（其三）

> 献凯日继踵，两番静无虞。渔阳豪侠地，击鼓吹笙竽。云帆转辽海，粳稻来东吴。越罗与楚练，照耀舆台躯。主将位益崇，气骄凌上都。边人不敢议，议者死路衢。（其四）

> 我本良家子，出师亦多门。将骄益愁思，身贵不足论。跃马二十年，恐辜明主恩。坐见幽州骑，长驱河洛昏。中夜间道归，故里但空村。恶名幸脱免，穷老无儿孙。（其五）

《杜诗言志》云："此五首处处针对安逆之乱，是固借其事实以描写我意中之一人，非必逆军中果有此一人也。"《后出塞五首》的抒情主人公是诗人刻意塑造的一个士兵形象，借以反映现实，表达自己对时局的观察与判断。组诗通过一个士兵见闻，揭露安禄山以边功邀赏，不断奏捷献俘虚报战功，获宠之后气势更加骄横，企图凌驾朝廷之上，大肆调运南北物资，蓄意图谋叛乱的真相，使之大白于天下。诗中还委婉批评唐玄宗好大喜功，不断开边黩武，一味宠信安禄山，堵塞言路，以致养虎遗患，酿成战乱。这是对安史之乱起因的最早见解，显示了诗人对国家命运的无比关切和深沉思考。组诗最后特意写这个士兵不图身贵，但为国忧，毅然逃离即将起兵叛乱的军队，以激励人们的爱国志气，更突显出诗人是非分明、大义凛然的思想境界。

诗人对时势危机的预感，对安禄山蓄意叛乱的揭露，绝非虚

八、安史乱起流亡

言。其实，当杜甫写作上述作品时，安史之乱已经在范阳爆发了，只是消息还没有传到长安。

天宝十四载（755）十一月九日，安禄山率领部下将士连同奚、契丹等少数民族士兵一共十五万人，号称二十万人，打着奉密旨入朝诛杀杨国忠的名义，从范阳起兵叛乱。随后，叛军向南进发，一路势如破竹，攻占河北诸郡，不到一个月就在灵昌（今河南滑县西南）渡过黄河。

唐玄宗急忙调兵遣将，调安西节度使封常清任范阳、平卢节度使，让他到洛阳募兵抵挡，又让高仙芝以兵马副帅身份带兵五万守陕郡，任命郭子仪为朔方节度使，防守黄河以南。不久，封常清和高仙芝均战败，东都洛阳陷落，二将退守潼关。唐玄宗听信宦官边令诚的谗言，杀了高、封二将，以哥舒翰为兵马副元帅，守卫潼关，进讨安禄山。这期间，在叛军后方河北、河南各地郡守纷纷起兵抗击叛军，使叛军被迫停止进攻潼关。安禄山先过起了皇帝瘾，于天宝十五载（756）正月初一，在洛阳自称"大燕皇帝"，改元"圣武"，建立起叛乱政权。

这时杜甫仍留在奉先，与家人团聚。正月晦日，当时是一个节日，诗人拜访邻里李封、崔戢两家，写有《晦日寻崔戢李封》一诗。此诗记叙朋友节日欢宴之后，不禁面对初春之景而感慨时事：

> 草芽既青出，蜂声亦暖游。思见农器陈，何当甲兵休。上古葛天氏，不贻黄屋忧。至今阮籍等，熟醉为身谋。威凤高其翔，长鲸吞九州。地轴为之翻，百川皆乱流。当歌欲一放，泪下恐莫收。浊醪有妙理，庶用慰沉浮。

诗人面对初春景物、开春农事，立即想到如今的兵戈之乱不知如何收场。上古圣贤治理天下，不会发生天下大乱，让天子车盖蒙尘。如今权奸在位，俊贤之士遁迹，以致长鲸吞噬，九州大乱，弄得天翻地覆。自己面对时事痛哭长歌，涕泪难收。然而自身沉浮俗间，恨无回天之力，只得与崔李辈以酒相慰，举杯消愁。

从现存诗看，这是杜甫对安史之乱的第一个反应。清人吴瞻泰评论说："明是一首太平欢宴诗矣，而后段一变为鲸波怒浪，将家国兵民一齐驱入腕下，使人动魄惊心，莫知其笔之所底。"（《杜诗提要》卷二）面对安史之乱的严峻形势，诗人怎能欢宴过节？

此时哥舒翰以二十万兵力扼守潼关。潼关是长安的门户，杜甫相信哥舒翰可以守住潼关，就于二月间从奉先回到长安任职。由于敌情严重，奉先县受到叛军威胁，初夏五月，杜甫请假离开长安，到奉先携带家属向北转移，到白水县投靠时任白水县尉的舅父崔顼，寄居在舅父家的高斋。这里地处高敞，山林环境优美，主人招待也很好，但诗人心系战事，心情依然难以平静：

　　兵气涨林峦，川光杂锋镝。知是相公军，铁马云雾积。玉筯淡无味，胡羯岂强敌。长歌激屋梁，泪下流衽席。

　　——《白水县崔少府十九翁高斋三十韵》（节录）

诗人坐在高斋，似乎看到山林间有兵气弥漫，河水里闪烁着刀光剑影。他希望尚书左仆射哥舒翰的军队，能以金戈铁马守住潼关。他举杯难以消愁，激愤长歌，涕泪纵横：难道胡羯（指安史叛兵）是不可战胜的强敌？此时诗人对唐王朝军队的作战能力还满怀自信。

然而事实并不是诗人所期望的那样。虽然哥舒翰准备固守潼关护卫长安，但唐玄宗、杨国忠见他按兵不动，怀疑他别有阴谋，命令他立即出关迎战。哥舒翰明知出关作战必败，而军令不可违抗，捶胸大哭。六月初，哥舒翰奉命引兵出关，与叛军会战于灵宝西原，结果遭受惨败，几乎全军覆没，哥舒翰本人也被俘送往洛阳。

叛军攻破潼关，白水受敌。杜甫在兵荒马乱中携家出逃，重表侄王砅一家同行。诗人晚年在给王砅的一首赠诗中，曾回忆这次逃

八、安史乱起流亡

难途中一段难忘的经历：

> 往者胡作逆，乾坤沸嗷嗷。吾客左冯翊，尔家同遁逃。争夺至徒步，块独委蓬蒿。逗留热尔肠，十里却呼号。自下所骑马，右持腰间刀。左牵紫游韁，飞走使我高。苟活到如今，寸心铭佩牢。
>
> ——《送重表侄王砅评事使海南》（节录）

在逃难途中，诗人徒步行走，精疲力竭累倒在野草丛中。王砅已经骑马前行了十来里路，忽然发现不见杜甫跟上来，立即驱马返回，呼喊寻找。找到杜甫后，把自己乘用的马让给杜甫骑，右手拿着佩刀，左手拉着马韁，保护杜甫脱离了险境。十几年后，诗人在潭州遇到王砅，回想起这一段经历，还感激万分。

杜甫脱险后与家人继续北行，走出白水六十多里，经过彭衙故城，穿越荒山野岭，历尽千辛万苦、风雨饥寒，到了同家洼，才得暂时歇脚于友人孙宰家里。一年以后，诗人将这一段经历写进《彭衙行》一诗里：

> 忆昔避贼初，北走经险艰。夜深彭衙道，月照白水山。尽室久徒步，逢人多厚颜。参差谷鸟吟，不见游子还。痴女饥咬我，啼畏虎狼闻。怀中掩其口，反侧声愈嗔。小儿强解事，故索苦李餐。一旬半雷雨，泥泞相牵攀。既无御雨备，径滑衣又寒。有时经契阔，竟日数里间。野果充糇粮，卑枝成屋椽。早行石上水，暮宿天边烟。少住同家洼，欲出芦子关。故人有孙宰，高义薄层云。延客已曛黑，张灯启重门。暖汤濯我足，剪纸招我魂。从此出妻孥，相视涕阑干。众雏烂漫睡，唤起沾盘餐。誓将与夫子，永结为弟昆。遂空所坐堂，安居奉我欢。谁肯艰难际，豁达露心肝。别来岁月周，胡羯仍构患。何当有翅翎，飞去堕尔前。

杜甫一家人徒步逃难，深夜还在彭衙道上跋涉，月照荒山，谷鸟啼鸣，一路荒凉，少见行人，逢人难免厚颜乞食。小女儿饿得直咬人，大人怕哭声被山里虎狼听到，在怀里捂住她的嘴巴，她挣扎着反而哭得更加大声。男孩子强作懂事，去采苦李子来充饥。紧接着又遇到雷雨天气，十天有五天下雨，道路泥泞难行。既没有遮雨的工具，又缺乏御寒的衣服。有时候劳累跋涉一天，也走不了几里路。一路上都是以野果当粮充饥，以树枝当屋橡借以安身。早起踏着泥水上路，傍晚寻找云烟投宿。诗人经历这样艰难困苦的逃难生活，到同家洼受到孙宰的热情款待，怎能不感激涕零，永志难忘？也正是这样的逃难生活，使诗人一步步走近饥寒交迫的劳苦大众，更加能够设身处地体察民生疾苦。

杜甫在同家洼休息几天之后，又携家往鄘州方向赶路，经过华原县，到三原县时，遇到特大洪水。由于天气连续大雨，三川（华池水、黑水、洛水）暴涨，淹没大片土地。诗人面对滔天大水，作《三川观水涨二十韵》纪实抒怀：

我经华原来，不复见平陆。北上唯土山，连天走穷谷。火云无时出，飞电常在目。自多穷岫雨，行潦相豗蹙。蓊匒川气黄，群流会空曲。清晨望高浪，忽谓阴崖踣。恐泥窜蛟龙，登危聚麋鹿。枯查卷拔树，礧磈共充塞。声吹鬼神下，势阅人代速。不有万穴归，何以尊四渎。及观泉源涨，反惧江海覆。漂沙坼岸去，漱壑松柏秃。乘陵破山门，回斡裂地轴。交洛赴洪河，及关岂信宿。应沉数州没，如听万室哭。秽浊殊未清，风涛怒犹蓄。何时通舟车？阴气不黪黩。浮生有荡汩，吾道正羁束。人寰难容身，石壁滑侧足。云雷屯不已，艰险路更跼。普天无川梁，欲济愿水缩。因悲中林士，未脱众鱼腹。举头向苍天，安得骑鸿鹄？

八、安史乱起流亡

　　身处乱离途中的诗人，面对三川洪水汹涌暴涨的情势，自然而然联想到当下来势汹汹的安史之乱，天灾、人祸交织于心，因而诉之笔墨往往语意双关。前人指出："时禄山作乱，神州有板荡之象，篇中云'声吹鬼神下'，阴长阳消也；'势阅人代速'，世事沧桑也；'何以尊四渎'，无复朝宗也；'反惧江海覆'，中原沉陆也；'云电屯未已'，建侯不宁也；'普天无川梁'，拯挽无人也，语意显然。"（卢元昌《杜诗阐》卷四）事实上，此诗是诗人借景抒怀之作。他面对水声冲激，如泣鬼神，水势变迁，忽移人世，担忧江海倒流，山门冲破，地轴也会开裂。他想到洪水会淹没数州大地，耳边好像响起了万户哭声，甚至担忧林中之士也难免鱼腹之患。他举头祈祷苍天，期望人们能骑上鸿鹄高飞远举，脱离险境。诗人描写洪水暴涨的种种情景，借以抒发忧国忧民的焦虑情怀，情真意切，感人肺腑。

　　杜甫携家沿着山路艰难前行，好不容易过了洪水泛滥的三川地区，来到鄜州，一家人就在城西北的羌村住了下来。

九、身陷囹圄哀歌

当杜甫在流亡路上奔波的时候,唐玄宗正向西蜀逃跑。天宝十五载(756)六月九日潼关失守后,长安危在旦夕。十二日黎明,唐玄宗带着杨贵妃姊妹、杨国忠、太子和亲王、王孙及贴身的宦官、禁军,出延秋门仓皇出逃,奔向西蜀。第二天中午走到马嵬坡(陕西兴平县西二十五里),禁卫军将士又累又饿,再也不肯前进了。禁卫军统帅陈玄礼毅然发动兵谏,杀了杨国忠,并且杀了杨贵妃的姐姐,然后逼迫玄宗下令赐死杨贵妃。玄宗无可奈何,只好让高力士把杨贵妃叫到佛堂,用白绢将她缢死,陈尸于驿站庭中,让陈玄礼等人验明正身,以平息众怒。马嵬坡事变后,唐玄宗继续向蜀中行进,留太子李亨东向讨贼。次月十三日,李亨在朔方留守官的拥戴下于灵武接位,改元至德。

在羌村避难的杜甫,听到肃宗在灵武继位的消息,就把复兴的希望寄托在肃宗身上。

> 避地岁时晚,窜身筋骨劳。诗书遂墙壁,奴仆且旌旄。行在仅闻信,此生随所遭。神尧旧天下,会见出腥臊。
> ——《避地》

诗人经历流亡奔波,尽管感到筋骨疲劳,但当他听到肃宗在灵

九、身陷囹圄哀歌

武即位的消息,还是很兴奋,以为依靠新主,朝廷有希望光复旧业,百姓可以摆脱安史叛军的统治。于是他决意投奔灵武。他离开羌村,只身北向延州(今延安),在城南七里铺暂住,准备伺机出芦子关投奔灵武。他在延州赴灵武途中,不料被叛军捉住,押送到沦陷的长安。幸亏当时杜甫地位不高、名气不大,没有成为叛军的重点监管对象,还有一定的行动自由。

安史叛军七月二十日攻陷长安之后,大力搜罗宫廷的百官、宫女及珍宝财物运往洛阳,大肆屠杀皇室家族及相关人员。据《资治通鉴》记载:安禄山"命搜捕百官、宦官、宫女等,每获数百人,辄以兵卫送洛阳。王、侯、将、相扈从车驾、家留长安者,诛及婴孩"。"安禄山使孙孝哲杀霍国长公主及王妃、驸马等于崇仁坊,刳其心,以祭安庆宗(被玄宗所杀的安禄山之子)。凡杨国忠、高力士之党及禄山所素恶者皆杀之,凡八十三人,或以铁棓揭其脑盖,流血满街。己巳,又杀皇孙及郡、县主二十余人。"(卷二一八)

杜甫被羁押回到长安,看到安史叛军烧杀抢掠,无恶不作,京城的悲惨情景令他刻骨铭心,终生难忘。

> 往在西京时,胡来满彤宫。中宵焚九庙,云汉为之红。解瓦飞十里,繐帷纷曾空。疚心惜木主,一一灰悲风。合昏排铁骑,清旭散锦幪。贼臣表逆节,相贺以成功。是时妃嫔戮,连为粪土丛。当宁陷玉座,白间剥画虫。不知二圣处,私泣百岁翁。

——《往在》(节录)

这是诗人晚年回忆他在长安看到的真实情景:叛军占领朝廷宫殿,焚烧帝王祖庙,火势冲天,碎瓦飞于十里,裂帷卷上层云,神主化成了灰烬。禄山称帝,旌表逆节之臣,竟然相互庆贺,自谓成功。王室妃嫔惨遭杀戮,昔日玉体顿时聚为粪土。眼看帝座为叛军盘踞，宫禁被叛军残毁，天子蒙尘出奔，长安父老无不私下伤心流泪。

诗人面对这种种情景，忧心如焚。他在街头看到皇室成员的一些幸存者狼狈落难的情况，也哀叹不已：

> 长安城头头白乌，夜飞延秋门上呼。又向人家啄大屋，屋底达官走避胡。金鞭断折九马死，骨肉不得同驰驱。腰下宝玦青珊瑚，可怜王孙泣路隅。问之不肯道姓名，但道困苦乞为奴。已经百日窜荆棘，身上无有完肌肤。高帝子孙尽高准，龙种自与常人殊。豺狼在邑龙在野，王孙善保千金躯。不敢长语临交衢，且为王孙立斯须。昨夜东风吹血腥，东来橐驼满旧都。朔方健儿好身手，昔何勇锐今何愚。窃闻太子已传位，圣德北服南单于。花门剺面请雪耻，慎勿出口他人狙。哀哉王孙慎勿疏，五陵佳气无时无。
>
> ——《哀王孙》

杜甫到了长安，就到处听到皇室成员惨遭杀害，令人毛骨悚然的情况。当他在路边看到一些幸存者沦落街头、体无完肤的情景，不能不产生怜悯之心，为他们唱出哀歌。此时此刻诗人的心情比较复杂，他哀叹唐玄宗从延秋门仓皇出逃，连亲骨肉也来不及带走。更同情落难王孙悲泣路隅、乞恳为奴的不堪。他谴责安禄山对皇室有关人员的血腥屠杀，抢掠财物用骆驼运往洛阳的罪行。对朔方健儿哥舒翰错失潼关也表示不满。但诗人并没有对国家前途丧失信心，他站出来宽慰落难王孙，向他通报天子已经传位，回纥援军将至，告诫他慎勿失望怀疑，唐王朝气运未衰，复兴依然有望，表现出一个爱国者的自觉和责任。

诗人困居长安，仍时刻关心前方的战事。当他听到陈陶斜战败、青坂战败的消息传来，沉痛地写下《悲陈陶》《悲青坂》两诗。

九、身陷囹圄哀歌

　　孟冬十郡良家子，血作陈陶泽中水。野旷天清无战声，四万义军同日死。群胡归来血洗箭，仍唱胡歌饮都市。都人回面向北啼，日夜更望官军至。

——《悲陈陶》

　　我军青坂在东门，天寒饮马太白窟。黄头奚儿日向西，数骑弯弓敢驰突。山雪河冰野萧飒，青是烽烟白人骨。焉得附书与我军，忍待明年莫仓卒。

——《悲青坂》

　　至德元年（756）十月，宰相房琯自请带兵讨伐叛军，收复京都，分三路进军，他率领的北军、中军于二十一日在陈陶斜与叛军接战。房琯采用春秋车战之法应敌，以骑兵步兵夹牛车二千乘进攻，被敌人纵火焚烧，几乎全军覆没，死伤四万余人。陈陶斜战败之后，房琯率余部与叛军对垒，不欲急进，以待时机。由于监军宦官邢延恩催促再战，二十三日率南军出战于青坂，结果又遭大败。

　　杜甫听到官军在陈陶斜惨败的消息，看到叛军战胜归来骄横得意的样子，悲愤不已。他悲痛官军轻敌遂致大败，四万义军同日战死，十郡良家子弟的鲜血一下子就成了陈陶泽中的流水。"都人回面向北啼，日夜更望官军至"，既传达了长安市民的心情和愿望，也表达了诗人自己的心情和愿望。

　　两天之后，杜甫又听到青坂之战失败的消息，挥毫写诗，诗中既对官军的再次失败表示惋惜和悲痛，同时还建议军中主帅不要急于出兵，要等待有利时机，再作反攻。诗人在悲痛之中保持了对局势的冷静分析。

　　诗人对平叛局势的冷静分析和建言献策，还表现在《塞芦子》一诗中：

　　五城何迢迢？迢迢隔河水。边兵尽东征，城内空荆杞。思明割怀卫，秀岩西未已。回略大荒来，崤函盖虚尔。延州秦北户，关防犹可倚。焉得一万人，疾驱塞芦子。岐有薛大夫，旁制山贼起。近闻昆戎徒，为退三百里。芦关扼两寇，深意实在此。谁能叫帝阍，胡行速如鬼。

芦子关，唐时属延州，是由太原向陕、甘西进所经的重要关口。至德二载（757）春，当时官军全力东征安禄山，诗人担心叛军史思明、高秀岩趁北方兵力薄弱之机合兵攻太原，向西挺进，威胁唐肃宗驻地彭原、凤翔一带的安全，因而主张分兵扼守芦子关，阻止叛军西进。他急切希望有人能去报告朝廷，说明叛军行动诡秘迅速，应该赶快派兵扼守芦子关，以防不虞。这首诗不仅表现了诗人关切时局、心忧天下的爱国精神，而且显示了诗人运筹帷幄、献策御敌的军事卓识。

杜甫身陷长安，孤独无亲，隆冬时节，更是贫寒交困，而他依然身怀家国之愁：

战哭多新鬼，愁吟独老翁。乱云低薄暮，急雪舞回风。瓢弃樽无绿，炉存火似红。数州消息断，愁坐正书空。

——《对雪》

诗人愁吟独坐，最令他伤痛的是前方战事多舛，陈陶、青坂之战接连败绩，军士伤亡惨重，战场又添万千号哭的新鬼；眼看天上乱云低垂，门前急雪回风，更觉凄然不堪；在苦寒中竟然难觅杯酒消愁，打酒的葫芦早已丢弃，杯子里空空如也；身边的炉子仍在，心想总会有红火再燃的一天；只是近来前方消息全无，亲人音信隔绝，令人焦愁无奈，只好效仿殷浩咄咄书空，聊以自遣。诗人当时的处境和心境，可想而知。

冬天好容易过去，春天终于来临。诗人偷偷来到曲江边，面对眼前景象，抚今追昔，不禁感慨万千：

九、身陷囹圄哀歌

> 少陵野老吞声哭,春日潜行曲江曲。江头宫殿锁千门,细柳新蒲为谁绿?忆昔霓旌下南苑,苑中万物生颜色。昭阳殿里第一人,同辇随君侍君侧。辇前才人带弓箭,白马嚼啮黄金勒。翻身向天仰射云,一笑正坠双飞翼。明眸皓齿今何在?血污游魂归不得。清渭东流剑阁深,去住彼此无消息!人生有情泪沾臆,江水江花岂终极?黄昏胡骑尘满城,欲往城南忘南北!
>
> ——《哀江头》

曲江原是长安著名的游览胜地,可今天诗人偷偷行走在曲江之滨,却情不自禁地吞声哭泣。他怅望江岸的宫殿千门锁闭,柳丝和水蒲虽生出新绿却无人观赏,江山易主,昔日的繁华不复存在,不禁悲从中来。他回忆起安史之乱以前看到的曲江繁华景象:君王出游,彩旗招展,佳人如云,万物生辉。后宫的第一美人杨贵妃随侍君侧,车前才人为博得贵妃一笑,在马上翻身向天一箭射落一双飞鸟。可贵妃的明眸皓齿如今何在?带血的游魂已经不会回来。贵妃与君王各自东西,死去生留彼此难通消息。君王与宠妃骄奢淫逸,乐极生悲,弄得国破家亡,自身难保,真是叫人悲恨交加。世事沧桑,令人感慨万千,唯有自然界花自开谢,水自东流,永远无有尽期。正当诗人沉浸在抚今追昔的思绪之中,又见胡骑四处驰骋,搅得满城尘土飞扬,国破家亡的哀痛使诗人更加心烦意乱,神伤目迷。他本想回到城南的住处,却反而走向了城北。

诗人春日哀叹江头,他为京城长安的破败沦落而哀,为大唐盛世的一落千丈而哀,为唐明皇与杨贵妃的乐极生悲而哀,为铁蹄横行国破家亡而哀!此时此刻,诗人心里交织着复杂的家国情仇。诚如有的学者所说:"与《哀王孙》等作品相比,此时作者更多地陷入沉思,陷入自己始终理不清的对这个王朝、对'圣君'及其周围

人物既爱又恨、痛心疾首的感情纠结之中,不禁动情落泪,乃至神伤意迷。"(谢思炜评注《杜甫诗选》,第77页)

　　杜甫围坐愁城之中,苦无脱身之计,其时战乱烽火不止,家中消息全无,忧国思家,心情十分苦闷。面对国破家亡的时势,放眼四望荒芜的长安,诗人写下自己的一段内心独白:

　　　　国破山河在,城春草木深。感时花溅泪,恨别鸟惊心。烽火连三月,家书抵万金。白头搔更短,浑欲不胜簪。
　　　　　　　　　　　　　　　　——《春望》

　　国家残破唯有山河依旧,京城春天只见草木丛生,昔日的繁华景象如今已烟消云散。感伤时局丧乱,看见花开也会伤心落泪;怨恨生离死别,听见鸟啼也觉肉跳心惊。烽火连绵已过两个"三月",家书难得,一纸价值万金。如今妻儿弟妹天各一方,鸿雁何时穿越烽烟报个平安信息?国恨家愁令人百般忧伤,日日夜夜总是坐卧不宁,头上白发已经越搔越短,简直没法别住簪子挽个发髻。

　　诗人独自沉吟,诉说自己忧国伤怀、思家心切的一腔愁情,却道出了沦陷区人民的共同心声。因而这首《春望》成了最能反映家国之恨的代表作,千百年来一直为人们传诵不绝。

　　诗人身陷长安,家人阻隔异县,对亲人的牵挂使他难以释怀,写下几首思念妻儿的诗作。

　　　　今夜鄜州月,闺中只独看,遥怜小儿女,未解忆长安。香雾云鬟湿,清辉玉臂寒。何时倚虚幌,双照泪痕干。
　　　　　　　　　　　　　　　　——《月夜》

　　　　无家对寒食,有泪如金波。斫却月中桂,清光应更多。仳离放红蕊,想像嚬青蛾。牛女漫愁思,秋期犹渡河。
　　　　　　　　　　　　　　——《一百五日夜对月》

　　每逢佳节倍思亲,诗人这两首思念妻子的诗,前一首写于中秋夜，后一首写于寒食节。两诗都写诗人在乱离中对月思家，孤独流泪，期盼早日平定叛乱，实现亲人团聚。前一首写独自望月思内，别开生面从对面着笔，不言诗人在长安思念家人，却说家人在鄜州思念自己，并且着力描写想象中妻子独自望月相思的形象：雾湿云鬟，月寒玉臂，可见伫望之久，忘情之至。诗中处处为对方着想，实际上是处处写自己在痴情思念对方，所以最后用"何时倚虚幌，双照泪痕干"两句，结出双方都盼望早日团圆的愿望。而"何时"二字又暗示团圆之日不知何时能够到来，透露出对平叛前途的几分担忧。这种期盼早日团圆又担心难以团圆的心态，反映了战乱年代人们的典型心理。后一首诗在思亲中透露出更多对战乱现实的怨愤之情。他抱怨说，牛郎织女犹能在七夕渡河相会，而自己却不能，是战乱使离人有家难归。因此，他提出"斫却月中桂，清光应更多"，隐喻只有铲除叛乱，扫除阴霾，才能让明月清光普照大地，天下离人得以团聚。

骥子春犹隔，莺歌暖正繁。别离惊节换，聪慧与谁论。涧水空山道，柴门老树村。忆渠愁只睡，炙背俯晴轩。

——《忆幼子》

骥子好男儿，前年学语时。问知人客姓，诵得老夫诗。世乱怜渠小，家贫仰母慈。鹿门携不遂，雁足系难期。天地军麾满，山河战角悲。傥归免相失，见日敢辞迟。

——《遣兴》

诗人忆念子女，《月夜》中说"遥怜小儿女，未解忆长安"，只是思念妻子时顺带说及。这两首诗是专写思念骥子（宗武）的。前诗说去年离家，又到了春深莺老的时节，仍然没法回去与子欢聚。思子不见，心驰神往仿佛回到羌村。愁思无奈，只有在昏昏欲睡中度日。后诗称赞骥子自幼聪慧不凡，可恰逢世乱，自己没有尽到为父之责，家境贫寒，只有依仗慈母悉心照顾。诗人想如庞德公一样携家归隐鹿门山不能如愿，想如陷敌的苏武托鸿雁传书恐也无法到家。当今天地之间满眼军旗招展，山河之间到处战角悲鸣。万方多难，有家难归。有朝一日倘能活着回家相见，已是万幸，时间早晚也就不足挂齿。诗人父子情深，却无法享天伦之乐，不能尽为父之责，愁苦、愧疚之中包含着对战乱的怨诉。

诗人也很重视兄弟姐妹的同胞之情，在战乱当中时时怀念各在一方的弟妹。

> 近闻韦氏妹，迎在汉钟离。郎伯殊方镇，京华旧国移。春城回北斗，郢树发南枝。不见朝正使，啼痕满面垂。
> ——《元日》

此诗标题一作《元日寄韦氏妹》。杜甫妹嫁韦氏，故称韦氏妹。这是诗人想念妹妹的一首诗。诗人挂念的妹妹，新近有了消息，原来她现在钟离（今安徽凤阳县东北）。妹夫已据方镇要职成为入京朝贺之官。京都因安史之乱而被迫迁移。如今长安沦陷敌手，无复元日朝贺之礼，不能见妹夫入京朝贺，会见妹妹也就无望了。想到这里，诗人不禁泪痕满面。

杜甫有四个弟弟，他也很关心他们在战乱中的安危。有一天他忽然得到弟弟杜观的消息，不禁又喜又悲：

> 近有平阴信，遥怜舍弟存。侧身千里道，寄食一家村。烽火新酣战，啼垂旧血痕。不知临老日，招得几人魂。（其一）
> 汝懦归无计，吾衰往未期。浪传乌鹊喜，深负鹡鸰诗。生理何颜面，忧端且岁时。两京三十口，虽在命如丝。（其二）
> ——《得舍弟消息二首》

诗人得闻弟弟尚存，避难寄食于穷村，生计艰难，不禁悲喜交集，感慨战乱烽火连绵不断，彼此生死存亡难以卜测。弟弟欲归无

九、身陷图圄哀歌

计,诗人也欲往无期,虽有消息传来,彼此悬隔千里,兄弟之间亦是爱莫能助。诗人想到全家三十口离散两京各地,在这战乱年代都是命如丝发,危在旦夕,忧心忡忡,难以释怀。

俞犀月曰:"杜公至性人,每于忧国思家,各见衷语。"(《杜诗集评》卷七)杜甫虽身陷叛军铁蹄下的长安,而忧国心切,思亲情深,唱出一系列忧国思家的哀歌,不愧是一位至性至情的诗人。

十、拾遗履职廷诤

至德二载(757)正月,安禄山被其子安庆绪杀死。二月,肃宗朝廷临时驻地由彭原移至凤翔。这两个消息传到两京,引起了一些情势变化:凡被叛军俘虏在洛阳的官吏,陆续潜回长安,而陷在长安者,则又设法逃往凤翔。原本一心想投奔肃宗的杜甫,此时更蠢蠢欲动,寻求时机,探寻出路。久雨初晴,他"出郭眺西郊"(《喜晴》),为出逃探看了一条可行的出路。四月中某一天,他从外郭城西面的金光门,逃出了长安,经历种种艰难困苦,奔赴凤翔。《喜达行在所三首》记叙了自长安逃往凤翔的过程:

西忆歧阳信,无人遂却回。眼穿当落日,心死著寒灰。雾树行相引,连山望忽开。所亲惊老瘦,辛苦贼中来。(其一)

愁思胡笳夕,凄凉汉苑春。生还今日事,间道暂时人。司隶章初睹,南阳气已新。喜心翻倒极,呜咽泪沾巾。(其二)

死去凭谁报,归来始自怜。犹瞻太白雪,喜遇武功天。影静千官里,心苏七校前。今朝汉社稷,新数中兴年。(其三)

杜甫在逃往凤翔之前,先托人捎信给凤翔故旧进行联系,但是望眼欲穿,一直未见回信,感到心灰意冷,非常失望。不过他还是决定冒险逃出长安,前往凤翔。因当时贼将安守忠与李归仁已由河

十、拾遗履职廷诤

东进军至长安的清渠一带,与扼守渭桥的郭子仪相守。杜甫通过两军对峙的防线,不能经过大道,只能趁着大雾,在荒村歧路之间望树而行。他历经艰苦跋涉,穿越连绵群山,直到看见了太白山和武功山,知道凤翔快到了,心里才高兴起来。一路上非常危险,生死难保,到了凤翔回想起来他还有些后怕。诗人一年后离长安赴华州就新职时,再出金光门,还不忘当日冒险逃亡时的惊恐,有诗云:"此道昔归顺,西郊胡正繁,至今残破胆,应有未招魂。"(《至德二载,甫自京金光门出,间道归凤翔。乾元初,从左拾遗移华州掾,与亲故别,因出此门,有悲往事》)可见"生还今日事,间道暂时人"绝非虚言,当时逃归途中确实随时都有丧命的危险,到了凤翔惊魂定,生还希望始成现实。诗人到达凤翔时虽然十分狼狈,又老又瘦,友人见了都感到吃惊,但他看到肃宗朝中文武百官上朝的情景,感到大唐中兴有望,心中还是十分欣喜。

杜甫冒着生死风险投奔凤翔,脚上穿着一双麻鞋,衣衫破烂露着双肘,拜见肃宗,使肃宗很受感动,叫他先好好休息几天。五月十六日,肃宗下敕书授杜甫左拾遗:"襄阳杜甫,尔之才德,朕深知之。今特命为宣义(议)郎,行在左拾遗。授职之后,宜勤是职,勿怠!命中书侍郎张镐赍符告谕。至德二载五月十六日。"杜甫感激涕零接受任命。左拾遗虽只是一个从八品上的官职,但能在君主身边工作,有劝谏君主、举荐贤良的职责,他感到终于有了机会可以实现"致君尧舜上,再使风俗淳"的理想,心里非常激动:"备员窃补衮,忧愤心飞扬。上感九庙焚,下悯万民疮。"(《壮游》)如今王朝宗庙遭叛军焚烧,百姓万民痛苦不堪,在此国难当头之际自己能够充数为官,有机会为君主拾遗补阙,为国忧愤之心也可得以舒展。可见杜甫就职左拾遗的心态,真是想好好履行谏官职责,为国担当,为民分忧,为匡扶国家中兴大业尽一己之力。

杜甫上任左拾遗没有多少天，就遇到了房琯罢相事件。

房琯是玄宗旧臣，在追随玄宗入蜀途中被任命为宰相，曾给玄宗提出让各个皇子分制各地兵力的建议。肃宗即位后，房琯又奉玄宗之命往灵武册立肃宗。从此房琯就留在肃宗身边。肃宗为拉拢房琯为己所用，利用房琯声望聚拢人气，就任用房琯担任宰相。房琯以天下为己任，主动请缨带兵去收复两京，但由于缺乏实际作战经验，在指挥陈陶斜之战与青坂之战中连遭惨败，使唐军遭受重大损失。又有人告发他所器重的门客董庭兰倚仗他的权势贪赃枉法，收受贿赂。肃宗本来对房琯为玄宗谋划的让各个皇子分兵制置的策略心存不满，如今正好有人告他的状，就决定罢免房琯宰相之职，将他贬为太子少师。

杜甫对房琯的为人和才能比较了解，认为他在工作上虽有过错，生活上也存在有失检点之处，但不应该因此罢免其宰相之职。于是他就履行谏官之责，毅然上疏言："琯有才，不宜罢免。"（《旧唐书》本传）他极力为房琯辩护，反对罢相，且言辞比较激烈。肃宗勃然大怒，命令逮捕杜甫，交三司审讯，要惩办他。幸亏新任宰相张镐出面营救，建议肃宗宽宏大量一些，御史大夫韦陟也汇报说尽管杜甫言辞很不谨慎，但他的意图不过是履行职责。这样，肃宗才叫张镐传达口敕，免于给杜甫治罪。

随后，杜甫给肃宗呈上一份谢状：

> 右臣甫，智识浅昧，向所论事，涉近激讦，违忤圣旨，既下有司，具已举劾，甘从自弃，就戮为幸。今日巳时，中书侍郎平章事张镐，奉宣口敕，宜放推问，知臣愚戆，舍臣万死，曲成恩造，再赐骸骨。臣甫诚顽诚蔽，死罪死罪。
>
> 臣以陷身贼庭，愤惋成疾，实从间道，获谒龙颜。猾逆未除，愁痛难过，猥厕衮职，愿少裨补。

十、拾遗履职廷诤

窃见房琯,以宰相子,少自树立,晚为醇儒,有大臣体。时论许琯,必位至公辅,康济元元。陛下果委以枢密,众望甚允。观琯之深念主忧,义形于色,况画一保大,素所蓄积者已。而琯性失于简,酷嗜鼓琴。董庭兰,今之琴工,游琯门下有日,贫病之老,依倚为非,琯之爱惜人情,一至于玷污。

臣不自度量,叹其功名未垂,而志气挫衄,觊望陛下弃细录大,所以冒死称述,何思虑始竟,阙于再三。

陛下贷以仁慈,怜其恳到,不书狂狷之过,复解网罗之急,是古之深容直臣、劝勉来者之意。天下幸甚!天下幸甚!岂小臣独蒙全躯就列,待罪而已。无任先惧后喜之至,谨诣合门,进状奉谢以闻,谨进。

至德二载六月一日,宣议郎、行左拾遗臣杜甫状奏。

——《奉谢口敕放三司推问状》

此文名为谢状,实则是一篇辩白之辞。表面上虽有不少谢罪言辞,但是骨子里依然坚持己见。他首先强调自己动机是好的,论事言辞偏激是由于身陷贼庭,愤恨成疾,见逆贼未除,心中愁痛难过,就任现职,怀有急切报国之心。接着他称道房琯少年学业有建树,终于成为一个堂堂正正的儒者,时论都说他有宰辅之才,陛下委任他为宰相,不负众望。房琯为君主分忧,言行一致,他能够稳定大局,是由于修养有素,胸有成竹。对房琯受琴师董庭兰连累一事,在批评中也有所辩解。最后他申述自己疏救房琯的原因,是因为感叹其功业尚未成功,志气遭受挫折。因此他再次希望陛下原谅其小过,录用其大节,明确坚持自己抗疏时的意见。

这篇谢状,彰显了杜甫不畏危难、坚持正义的风骨,表现了他在疏救房琯问题上的坚定立场。六年之后,广德元年(763)八月房琯在阆中逝世,他写了《祭故相国清河房公文》。

祭文称赞房琯为相，受命于危难之际，匡救时政，忘餐奋发而为，不幸遭谗被贬，虽困益忠。文中追述疏救房琯一事，更可见杜甫鲜明的立场：

> 拾遗补阙，视君所履。公初罢印，人实切齿。甫也备位此官，盖薄劣耳。见时危急，敢爱生死。君何不闻，刑欲加矣。伏奏无成，终身愧耻。

这一段文字，追述了房琯罢相，自己上疏力救的经历。他始终认为自己不惜冒生死风险疏救房琯，完全是为了履行谏官职责，顺应朝野民意，而君王不但不接受他的建议，还要加刑于他。他为疏救房琯没有成功，感到终身羞愧耻辱。可见杜甫在房琯罢相问题上的立场始终如一，坚定不移。

杜甫在疏救房琯问题上遭受挫折之后，并没有懈怠自己身为谏官的职责。廷诤风波刚平息十多天，他就如常投入举荐贤才的工作，六月十二日，与其他几位谏官一起呈上《为遗补荐岑参状》，举荐从安西北庭归来的岑参出任右补阙。他在执笔的状文中还说"今谏诤言路大开"，以称许的口吻对肃宗表达一种期望。

这期间，杜甫一如既往关切国家安危和时局发展。他在给赴各地任职的文臣武将的送别诗中，分析形势，建言献策，勉励行者为国效力，充满了爱国热忱和政治远见。

韦十六评事是杜甫身陷长安时的患难之交，受命赴任同谷郡防御判官。诗人的送别诗中说：

> 銮舆驻凤翔，同谷为咽喉。西扼弱水道，南镇枹罕陬。此邦承平日，剽劫吏所羞。况乃胡未灭，控带莽悠悠。府中韦使君，道足示怀柔。令侄才俊茂，二美又何求？
> ——《送韦十六评事充同谷郡防御判官》（节录）

诗人指出同谷为凤翔的咽喉要地，地方上盗匪横行，名声不

十、拾遗履职廷诤

好,当今安史之乱未平,该地区有引控羌胡的作用,此去防卫与治理任务都很艰巨。他认为防御使韦使君(韦十六之叔)有怀柔之策,其侄防御判官又才能不凡,相信两位美才必能胜任安定一方的使命。可见诗人对同谷郡的地理、政治形势均了如指掌,对治理之策的建言也颇有见地。

御史中丞郭英乂奉命出任陇右节度使,杜甫在送别诗中说:

> 和虏犹怀惠,防边不敢惊。古来于异域,镇静示专征。燕蓟奔封豕,周秦触骇鲸。中原何惨黩,余孽尚纵横。……废邑狐狸语,空村虎豹争。人频坠涂炭,公岂忘精诚。元帅调新律,前军压旧京。安边乃艮从,莫作后功名。
> ——《奉送郭中丞兼太仆卿充陇右节度使三十韵》(节录)

诗人对郭英乂建议,防边之法,不在惊扰,而在和虏。他强调,当今内忧深重,燕蓟安史叛乱,中原余孽纵横,城乡荒芜,生民涂炭。激励郭中丞为收复两京,平定叛乱建功立业。诗人强调内地形势严峻,对调郭英乂出任陇右节度使明显持不同看法。前人已经指出:"中丞才堪靖乱,自当留其戮力旧京,岂容出之陇右?公送以此作,道破留中丞之意,欲使谋国者闻之改图,或中丞感动辞而不去,一片忠赤,照耀纸上。"(汪灏《树人堂读杜诗》卷五)

诗人在《送长孙九侍御赴武威判官》中说:"东郊尚烽火,朝野色枯槁。西极柱亦倾,如何正穹昊!"面对内忧外患,诗人心焦如焚,忧念国家命运,一片赤胆忠心。

诗人忧国亦思家。他从去年八月离开羌村,已近一年,妻子儿女音讯全无,使他十分牵挂,隐隐伤怀,写下《述怀》一诗:

> 去年潼关破,妻子隔绝久。今夏草木长,脱身得西走。麻鞋见天子,衣袖露两肘。朝廷愍生还,亲故伤老丑。涕泪受拾遗,流离主恩厚。柴门虽得去,未忍即开口。寄书问三川,不

知家在否？比闻同罹祸，杀戮到鸡狗。山中漏茅屋，谁复依户牖。摧颓苍松根，地冷骨未朽。几人全性命？尽室岂相偶？嶔岑猛虎场，郁结回我首。自寄一封书，今已十月后。反畏消息来，寸心亦何有。汉运初中兴，平生老耽酒。沉思欢会处，恐作穷独叟。

诗人首先叙述自己在今年初夏逃出长安，奔赴凤翔，蒙受左拾遗一职，惊魂稍定，本可请假回家探亲，只因初受拾遗不忍立即开口。接着就具体描述自己思念家人的种种担心忧虑：寄了封信到鄜州去打听消息，不见回音，不知我的家还在否？近来听说鄜州一带叛军荼毒生灵，已经鸡犬不留。山里那间破漏的茅屋，是否还有人居住？就是家人遭受杀戮埋于树下，尸骨应该还没有腐朽。家里有几人保全了性命，难道全家都成了木偶？眼望叛军盘踞之地如同高山猛虎场，使我愁闷憋气回头叹息；自从上次给家里寄去一封信，至今已有十个月了，现在我反而害怕收到家中消息，只感到自己方寸之心已一无所有；看到唐室命运开始中兴，我嗜酒的毛病亦复发起来。在沉思幻想与家人欢聚之时，恐怕实际上我已是一个孤寡老人。

诗人对家人的担心忧虑，情真意切，沉思入神。他所思所想的种种可怕情景，是战乱年代人们心理状态的如实写照，也是战乱给人们带来灾难的折光反映。

到了初秋时节，杜甫终于收到家信，欣喜地挥笔写下《得家书》一诗：

去凭游客寄，来为附家书。今日知消息，他乡且旧居。熊儿幸无恙，骥子最怜渠。临老羁孤极，伤时会合疏。二毛趋帐殿，一命侍鸾舆。北阙妖氛满，西郊白露初。凉风新过雁，秋雨欲生鱼。农事空山里，眷言终荷锄。

十、拾遗履职廷诤

诗人得家书，知妻儿健在，平安无恙，自然欣慰；只感叹父子烽火相隔，不能会合团聚。自己尽管鬓发斑白，官职卑微，仍需在朝侍驾；如今战局有所转机，正值清秋时节，凉风秋雨，过雁生鱼，物物感人思家；何日得以归去，荷锄以终天年！诗人一则急切思归，一则也宣泄对目前处境的不满。

自从疏救房琯事件之后，肃宗对杜甫一直心存芥蒂，把他视为房琯一党，却又没有正当理由罢免他。于是，肃宗就决定送个顺水人情，放他回家省亲。

闰八月初一，杜甫辞君上路，北归鄜州羌村。临行前，前中书舍人贾至、给事中严武与两院拾遗、补阙诸公为他设宴饯别，座间拈韵赋诗，杜甫得"云"字，作《留别贾严二阁老两院补阙》：

> 田园须暂往，戎马惜离群。去远留诗别，愁多任酒醺。一秋常苦雨，今日始无云。山路时吹角，那堪处处闻。

诗人临别时，难免有离群别友的伤感，而想到战乱未平，鼓角处处悲鸣，归途险阻，官场风云多变，更感到前途渺茫，悲不自胜。

十一、北归鄜州羌村

　　皇帝二载秋,闰八月初吉。杜子将北征,苍茫问家室。维时遭艰虞,朝野少暇日。顾惭恩私被,诏许归蓬荜。拜辞诣阙下,怵惕久未出。虽乏谏诤姿,恐君有遗失。君诚中兴主,经纬固密勿。东胡反未已,臣甫愤所切。挥涕恋行在,道途犹恍惚。乾坤含疮痍,忧虞何时毕?

——《北征》(节录)

　　杜甫于至德二载(757)闰八月初一,动身回鄜州三川县羌村探亲。向肃宗告别时,他的心情比较复杂。他感到当前国家举步维艰,朝廷上下都很忙碌,皇上加恩于他,让他回家探亲,心里十分愧疚,自己虽然是一个不很称职的谏官,但还是应该尽到应尽的职责,恐怕皇上有考虑不周的地方,需要他拾遗补阙。而更使他忧愤的,是安史之乱尚未平息,国家遍地疮伤,人们忧愁不知何时能够了结?他流着眼泪,恋恋不舍地离开朝廷,走在路上还心神恍惚不定。可见杜甫恋阙难舍,挥泪而别,是因为忧念国事,感到自己没法再为国家尽责尽力了。"乾坤含疮痍,忧虞何时毕"是诗人在归途中始终的牵挂,也是《北征》一篇的主旨。

　　杜甫此行的路线是从凤翔出发,经麟游、邠州、宜君到鄜

十一、北归鄜州羌村

州,有六七百里路程。凤翔行在当时的条件比较艰苦,像杜甫这样的近臣也没有备马,上朝下朝都是步行,回家探亲自然也没有马可骑。他想到新近为了收复长安,唐军各地的部队都向凤翔一带集结,其中从鄜州来的李嗣业将军,在旅居长安时期有过交往,听说他有宛马十匹,不知是否可以借用一匹?于是就写了一首诗给他:

> 明公壮年值时危,经济实藉英雄姿。国之社稷今若是,武定祸乱非公谁?凤翔千官且饱饭,衣马不复能轻肥。青袍朝士最困者,白头拾遗徒步归。人生交契无老少,论交何必先同调。妻子山中哭向天,须公枥上追风骠。
>
> ——《徒步归行》

这首诗虽是"借马帖,亦写得慷慨淋漓"(《杜诗镜诠》卷四引蒋弱六语)。诗人先称赞李将军正当壮年而英名早著,担当着戡定叛乱、康济天下的重任。然后说到当前朝廷国用匮乏,侍从百官只得温饱而已,不再有长安时期轻裘肥马的优裕生活条件。而他这个青袍朝士、白发拾遗情况更惨,回家探亲只有徒步行走,没有马骑。他的妻儿在山中痛哭,急切盼他回去,他希望借用您枥下的那匹黄骠快马,以解燃眉之急。诗人明以大义,动以私情,终于从李将军处借到了一匹好马,得以骑行上路回家。

诗人行经麟游县,在九成宫前暂时歇脚,观望这座隋代建筑的宫殿,已经成为亡国遗基,不胜感慨,即刻吟诗一首:

> 苍山入百里,崖断如杵臼。层宫凭风回,岌嶪土囊口。立神扶栋梁,凿翠开户牖。其阳产灵芝,其阴宿牛斗。纷披长松倒,揭嵯怪石走。哀猿啼一声,客泪迸林薮。荒哉隋家帝,制此今颓朽。向使国不亡,焉为巨唐有。虽无新增修,尚置官居守。巡非瑶水远,迹是雕墙后。我行属时危,仰望嗟叹久。天

王守太白，驻马更搔首。

——《九成宫》

　　九成宫坐落在苍山崖谷，楼高宫敞，有谷口回风，可谓风水宝地。如今松倒崖塌，猿啼林薮，一片凄凉景象。面对此情景，诗人不禁发出家国兴亡之叹：荒唐的隋文帝啊，你当初劳民伤财修建的仁寿宫早已倾倒腐朽，要是隋朝不亡，这仁寿宫哪会为大唐所有，改建为九成宫。前朝殿鉴不远，我们岂能因袭旧制、重蹈覆辙？在此国乱时危之际，仰望着曾经沧桑的故宫，想到当今太君奔蜀、新君驻守凤翔，诗人只有驻马搔首，久久嗟叹，心中无限伤感一时难以言表。

　　诗人离开麟游走了几天，来到坊州宜君县，歇脚凤凰谷时，望见贞观年间修建的玉华宫已经颓坏不堪，更是伤感不已：

　　溪回松风长，苍鼠窜古瓦。不知何王殿，遗构绝壁下。阴房鬼火青，坏道哀湍泻。万籁真笙竽，秋色正萧洒。美人为黄土，况乃粉黛假。当时侍金舆，故物独石马。忧来藉草坐，浩歌泪盈把。冉冉征途间，谁是长年者？

——《玉华宫》

　　玉华宫是贞观二十一年（647）唐太宗逝世前三年特为养病而建造的离宫，备设太子宫、百司，苞山络野，规模宏大，耗费了巨资。然而时过百年，却仅存一座荒凉废殿和几匹石马，屋顶苍鼠乱窜，房中鬼火阴森。面对此凄凉情景，诗人"忧来无方，欲浩歌自遣，而不觉泪之盈把也"（何焯语）。诗人为何如此动情？在历史征途中，盛衰变化层见迭出，贞观盛世、开元盛世都成了东流之水，一去不复返，有谁能够保持长盛不衰？可悲、可叹！诗中说"不知何王殿"，不是杜甫真不知道玉华宫为太宗所建，只是诗人"不忍斥言"罢了。

十一、北归鄜州羌村

诗人日出而行,日落而歇,数日走下来,不知不觉已进入鄜州境内,可天已傍晚,一时还到不了三川县,于是口占《晚行口号》一首:

> 三川不可到,归路晚山稠。落雁浮寒水,饥乌集戍楼。市朝今日异,丧乱几时休。远愧梁江总,还家尚黑头。

诗人到了鄜州,急着回到三川县羌村去,可山重水复,天色已晚,一时还到不了。鄜州地经丧乱,荒凉无人,只见落雁浮游于寒冷水面,饥乌聚集于戍楼之上。步入街道,市容已经面目全非。丧乱经年,不知何时可以了结?诗人与梁江总一样经乱离而返家,惭愧的是江总那时还是黑头发而自己已经满头白发。

诗人到了三川县城,又近傍晚,只有投宿就餐,写下《独酌成诗》:

> 灯花何太喜,酒绿正相亲。醉里从为客,诗成觉有神。兵戈犹在眼,儒术岂谋身。苦被微官缚,低头愧野人。

虽到了三川县城,尚未到达家中,灯花何劳报喜?此刻诗人自喜近家,更忧日后生计,正需把酒取醉,缓解客愁,而兴之所至,不觉触口成吟。当今兵戈遍地,叛乱未平,依靠儒家经术岂可谋求自身发展?诗人真苦恼被一个微官头衔束缚,成天俯仰于人,真还不如躬耕田亩者来得自由自在。诗人当了几个月谏官,差一点丢了性命,他不能不忧虑今后的出路。

诗人一路走来,在歇脚饮马、投宿就餐之际,写下几首诗,以抒情为主,或触景生情,抒发家国兴衰的感慨;或即兴抒怀,倾诉人生仕途的苦闷。他回到羌村以后写的《北征》一诗中,也有一大段写路途经历,则以记叙为主,追记沿途的所见所闻和所感:

> 靡靡逾阡陌,人烟眇萧瑟。所遇多被伤,呻吟更流血。回首凤翔县,旌旗晚明灭。前登寒山重,屡得饮马窟。邠郊入地

底，泾水中荡潏。猛虎立我前，苍崖吼时裂。菊垂今秋花，石带古车辙。青云动高兴，幽事亦可悦。山果多琐细，罗生杂橡栗。或红如丹砂，或黑如点漆。雨露之所濡，甘苦齐结实。缅思桃源内，益叹身世拙。坡陀望鄜畤，岩谷互出没。我行已水滨，我仆犹木末。鸱鸟鸣黄桑，野鼠拱乱穴。夜深经战场，寒月照白骨。潼关百万师，往者散何卒！遂令半秦民，残害为异物。

这一段诗，描写从凤翔到鄜州一路上形形色色的山川景物和满目疮痍的人间惨象。一路走来，刚出凤翔就是一片人烟萧瑟的景象，只听到伤者呻吟，看见流血遍地。快到鄜州，夜深经过战场，只听见鸱鸮在桑树上哀鸣，看见月光照着满地白骨，不禁令诗人想起了潼关惨败的情景。这样首尾呼应，以伤者流血呻吟和死者白骨蔽野，概括了战乱给广大地区造成的悲惨后果。诗中也描写了沿途看到的山野景致，有令人恐怖的怪石苍崖，也有令人喜爱的山花山果。看着颜色各异的山果，它们同样得到天赐雨露的滋润，而结出的果实却有苦有甜，诗人联想到人生甘苦和身世浮沉，天地间芸芸众生，每个人的命运也各不相同。那世外桃源自然令人向往，可自己又下不了决心出世逍遥。像诗人这种立身处世愚拙守则的人，也只有感叹自食苦果了。诗人在山野景物的描写中也引申出人生仕途的感喟，委婉地表示宁肯自食苦果也不会改变自己人生的初衷。

诗人历尽艰辛，终于回到羌村，与家人团聚。《羌村三首》记叙了他还家之初的生活情景和思想感情：

峥嵘赤云西，日脚下平地。柴门鸟雀噪，归客千里至。妻孥怪我在，惊定还拭泪。世乱遭飘荡，生还偶然遂。邻人满墙头，感叹亦歔欷。夜阑更秉烛，相对如梦寐。（其一）

晚岁迫偷生，还家少欢趣。娇儿不离膝，畏我复却去。忆

十一、北归鄜州羌村

  昔好追凉,故绕池边树。萧萧北风劲,抚事煎百虑。赖知禾黍收,已觉糟床注。如今足斟酌,且用慰迟暮。(其二)

  群鸡正乱叫,客至鸡斗争。驱鸡上树木,始闻扣柴荆。父老四五人,问我久远行。手中各有携,倾榼浊复清。莫辞酒味薄,黍地无人耕。兵革既未息,儿童尽东征。请为父老歌,艰难愧深情。歌罢仰天叹,四座泪纵横。(其三)

  这三首诗按照还家头几天的生活顺序,从家人、自己和邻里三个侧面,反映了经历战乱之后北方农村的真实生活情景,也展示了诗人自己由悲喜交集到忧愧交并的感情发展过程。

  第一首诗,写诗人刚到家时的惊喜情景。诗人经历长途奔劳,迎着落日回到家门口,听见柴门鸟雀叫声,好像在欢迎自己,顿时感到兴奋不已。踏进家门,妻子见他活着回来,简直不敢相信,惊讶镇定之后还在擦拭眼泪。到了深夜,又端起蜡烛互相对看,恍如在梦中相聚,好像还不敢完全相信梦寐以求的重逢已成事实。诗人的感慨"世乱遭飘荡,生还偶然遂"道出了形成这种反常情态的缘由:在这战乱年代流离在外的人,能活着回来的实在太不容易了。诗人自己近年来不就曾几次遭遇死里逃生的风险。妻子的惊怪,也就不足为奇了。

  第二首诗,写诗人赋闲在家的苦闷心情。诗人觉得在此国家多难之际在家赋闲,无异于苟且偷生,可这一切又是迫不得已的,因此即使回到家里也感到没有多少乐趣。这种缺乏乐趣的情态,连小孩子都有所觉察,他们整天不离诗人膝下,怕诗人再次离去。想到池边树下散步排解苦闷,反而触景生情,家事、国事、天下事都涌上心头,更加伤怀,看来只有期望于借酒浇愁了。诗人这种苦闷,是一种以天下为己任的责任心的煎熬,只会借酒浇愁愁更愁,是无法排遣的。

第三首诗，写与父老乡亲交往的邻里情谊。诗人远行回来，羌村的四五位父老乡亲来家慰问，还专门带来自酿的酒，并且抱歉说：不要嫌酒味淡薄，因为土地荒芜无人耕种，战争尚未结束，孩子们东征打仗还没有回来。在这样艰难的情况下，父老乡亲还携酒来慰问，诗人感到愧领乡亲这份深情，愧疚自己无力救民于兵革灾难之中。为了答谢父老乡亲的盛情，诗人为他们高歌一曲，歌罢仰天长叹，引得在座乡亲个个涕泪纵横。此时此刻，诗人与乡亲们已经休戚与共，心心相印。

在《北征》一诗中，诗人对回家以后家庭生活的状况和自己百感交集的心情有更为详细的描述，对国家命运的关切和挽救时局的见解也有更为充分的表达：

况我堕胡尘，及归尽华发。经年至茅屋，妻子衣百结。恸哭松声回，悲泉共幽咽。平生所娇儿，颜色白胜雪。见耶背面啼，垢腻脚不袜。床前两小女，补绽才过膝。海图拆波涛，旧绣移曲折。天吴及紫凤，颠倒在短褐。老夫情怀恶，呕泄卧数日。那无囊中帛，救汝寒凛慄。粉黛亦解苞，衾裯稍罗列。瘦妻面复光，痴女头自栉。学母无不为，晓妆随手抹。移时施朱铅，狼藉画眉阔。生还对童稚，似欲忘饥渴。问事竞挽须，谁能即嗔喝？翻思在贼愁，甘受杂乱聒。新归且慰意，生理焉得说？

至尊尚蒙尘，几日休练卒？仰看天色改，旁觉妖氛豁。阴风西北来，惨澹随回纥。其王愿助顺，其俗善驰突。送兵五千人，驱马一万匹。此辈少为贵，四方服勇决。所用皆鹰腾，破敌过箭疾。圣心颇虚伫，时议气欲夺。伊洛指掌收，西京不足拔。官军请深入，蓄锐何俱发。此举开青徐，旋瞻略恒碣。昊天积霜露，正气有肃杀。祸转亡胡岁，势成擒胡月。胡命其能

十一、北归鄜州羌村

久？皇纲未宜绝。

忆昨狼狈初，事与古先别。奸臣竟菹醢，同恶随荡析。不闻夏殷衰，中自诛褒妲。周汉获再兴，宣光果明哲。桓桓陈将军，仗钺奋忠烈。微尔人尽非，于今国犹活。凄凉大同殿，寂寞白兽闼。都人望翠华，佳气向金阙。园陵固有神，扫洒数不缺。煌煌太宗业，树立甚宏达。

《北征》这三段诗，诗人谈论家事、国事、天下事，事事关心切肤，彰显了诗人独具的情愫、胸怀和远见卓识。

诗人是一个爱怜家小的普通男子。他回到家里听到家人的恸哭之声，看到他们衣衫褴褛、狼狈不堪的境况，油然产生一种辛酸苦涩之感。身为官宦家庭尚且如此窘困，广大的平民百姓更何以堪？他因此心情不好，"抚事煎百虑"（《羌村三首》其二），卧病数日方起。而当他看到由于自己到来给家庭生活带来一些变化，天真幼女在自己面前耍娇弄痴，又不由得产生一种生还团聚的欣慰之感。诗人在战乱中还家的种种感受，真是酸甜苦辣，五味杂陈。

诗人又是一个心怀天下、忧国忧民的诗人。他最为关切的是平叛局势的发展和大唐中兴的事业。他看到回纥出兵助唐给平叛局势带来一些起色，也对借兵回纥有一些担心。他肯定回纥人骁勇善战，破敌迅猛，也指出这种外力还是少用为贵，过分依赖他们可能会带来新的危险。后来的事实证明杜甫的看法是很有远见的。他分析当时平叛形势，指出两京收复指日可待，只要官军养精蓄锐，伺机深入，打下青州、徐州，就可以直捣叛军老巢。叛军的命数不会太长，大唐的纲纪也不应断绝。

诗人认为只有中兴大唐宏业，天下才能太平，百姓才有幸福。他回顾战乱过程，潼关失守之后，玄宗仓皇奔蜀，发生马嵬坡事变；赞美忠臣除奸，扭转国运的巨大功绩；肯定玄宗诛杨除祸，肃宗复兴唐室的非凡意义。他认为只要朝廷善于总结经验教训，及时纠正错误，取得人心归向，中兴事业就有希望。他劝谏肃宗继承光大太宗伟业，做一个像周宣王、汉光武帝一样的中兴之君，担当起中兴国家的历史使命。

诗人身在羌村茅舍，心谋天下大事，期望大唐中兴，用心何其良苦！

十二、贬谪华州前后

杜甫身居羌村,心里时刻关心平叛战局的形势。至德二载(757)九月,天下兵马元帅广平王李俶率领唐军及回纥、西域之兵二十万人,东向讨贼,至长安西,列阵于香积寺北沣水之东,准备收复长安之决战。杜甫闻讯后,立即写了《喜闻官军已临贼寇二十韵》,表达了胜利在望的喜悦之情:

> 胡虏潜京县,官军拥贼壕。鼎鱼犹假息,穴蚁欲何逃。……喜觉都城动,悲连子女号。家家卖钗钏,只待献春醪。

杜甫认为官军兵临城下,贼众已如釜中之鱼、穴中之蚁,一息尚存,终难逃脱死亡的命运。他仿佛已经置身于长安人民中间,准备酒水欢迎官军。

不数日,决战胜利,斩敌首六万,叛军弃城而逃,官军收复长安。不久,官军又收复东京洛阳。杜甫在羌村闻讯后,喜赋《收京三首》,在欢呼胜利的同时,还考虑到安邦定国的种种问题。如其三说:

> 汗马收官阙,春城铲贼壕。赏应歌《杕杜》,归及荐樱桃。杂虏横戈数,功臣甲第高。万方频送喜,毋乃圣躬劳。

仇兆鳌对此诗有精确的解读："三章，收京而忧事后，亦四句分截。宫阙已收，贼壕可铲，赏功荐庙，即在来春时也。但恐回纥恃功邀赏，诸将僭奢无度，故又为之虑曰：今京师收复，此万方送喜之时，无乃圣躬焦劳之渐乎。公盖忧虏横臣骄，将成蹂躏跋扈之势。厥后边方猾夏，藩镇专权，果如所虑，惜当时不能见及此耳。"（《杜诗详注》卷之五）杜甫提醒肃宗在喜庆胜利之时，有劳圣上慎重考虑论功行赏问题，应该注意内外有别，奖励忧勤。

十一月，肃宗从凤翔回到长安。杜甫也带领妻子儿女从鄜州返回长安，继续担任左拾遗。

杜甫回到朝廷之初，精神振奋，一心想为朝廷中兴效力，早出晚归，勤于职守。

花隐掖垣暮，啾啾栖鸟过。星临万户动，月傍九霄多。不寝听金钥，因风想玉珂。明朝有封事，数问夜如何？

——《春宿左省》

昼刻传呼浅，春旗簇仗齐。退朝花底散，归院柳边迷。楼雪融成湿，宫云去殿低。避人焚谏草，骑马欲鸡栖。

——《晚出左掖》

左省、左掖，均指谏官办公之处。谏官属门下省，门下省在殿庑之左，故称左省，又称左掖。杜甫上班，兢兢业业，恪尽职守。前诗写他在门下省值夜，从日暮到黎明，竟一夜未睡，仰望天上的星月，细听宫内外的动静。因为明朝要上封事，所以屡次讯问夜到几时了，唯恐耽误了上朝。其敬业之精神，可见一斑。后诗写他下班之前，总是认真处理好各种事情，把一些不宜外泄的谏草烧掉，到傍晚才迟迟回家。这种情况，并非偶然一两次。他在《宣政殿退朝晚出左掖》中说："侍臣缓步归青琐，退食从容出每迟。"他作为侍臣到宣政殿上朝之后缓步回到青琐省门，然后从从容容退朝回家就餐,没有哪次不是迟到的。天天早出晚归,虽然辛苦,他却习以为常。

杜甫尽管勤勤恳恳,甚至忘餐废寝工作,却未见有什么效果。也就是说,肃宗根本没有听取、采纳他的建言献策。有拾遗之名难尽拾遗之责,徒违素心,使他很苦闷。他挥笔在门下省的墙壁上题了一首诗:

> 掖垣竹埤梧十寻,洞门对霤常阴阴。落花游丝白日静,鸣鸠乳燕青春深。腐儒衰晚谬通籍,退食迟回违寸心。衮职曾无一字补,许身愧比双南金。
>
> ——《题省中壁》

这首诗表面看好像是在自遣、自警,实际上抒发了诗人身为谏官却无补朝政的无奈之情,也暗含着对肃宗冷落的不满之意。前四句写省中庭院的暮春景色,景中含情,"落花游丝白日静,鸣鸠乳燕青春深",暗中含有白日素餐、虚度年华的感慨。后四句对景抒怀,谓自己一介腐儒,且年事已高,误入仕籍,天天早出晚归希望有补朝政却事与愿违,身为谏官,而于时政无一字之补,真是愧对自己许身报国的宏大抱负。

朝廷内部派系斗争日渐激烈,肃宗大力排斥前朝旧臣,使杜甫感到前景不妙,益增苦闷和忧虑。肃宗回京、坐稳帝位之后,在宦官首领李辅国的挑唆下,将太上皇玄宗软禁在太极宫内,即开始清除玄宗朝的大臣,将他们逐个排挤出权力中心,贬谪到外地去。乾元元年(758)五月,宰相房琯被贬为太子太师,中书舍人贾至出为汝州刺史,严武出贬巴州刺史。杜甫看到这种情况,想到自己受冷落的境遇,感到前景可忧,常在曲江畔借酒浇愁,醉卧江头,以解忧闷。

> 雀啄江头黄柳花,鹓鶒鸂鶒满晴沙。自知白发非春事,且

尽芳樽恋物华。近侍即今难浪迹,此身那得更无家?丈人文力犹强健,岂傍青门学种瓜。

——《曲江陪郑八丈南史饮》

诗人在曲江畔陪郑八丈饮酒,酒席间吐露了自己的境遇和苦闷:看来他这个近侍之臣,如今已很难浪迹于朝间,不如干脆另谋出路了。人生在世,哪能一辈子没有一个安定的家?

一片花飞减却春,风飘万点正愁人。且看欲尽花经眼,莫厌伤多酒入唇。江上小堂巢翡翠,苑边高冢卧麒麟。细推物理须行乐,何用浮名绊此身。(其一)

朝回日日典春衣,每日江头尽醉归。酒债寻常行处有,人生七十古来稀。穿花蛱蝶深深见,点水蜻蜓款款飞。传语风光共流转,暂时相赏莫相违。(其二)

——《曲江二首》

诗人在曲江边饮酒赏景,花飞花落,风飘万点,眼看花将落尽,更添愁绪万端,只有纵酒解愁。曲江旁昔日华堂今巢翡翠,芙蓉苑贵人高冢偃卧石麟,万物兴废本是自然之理,没有永久的功名富贵,人生何必为浮名缠身,还不如及时行乐!

诗人每日下朝就到曲江边典衣买酒,尽醉而归。人生短暂,到处欠着酒债亦不为辞。看那穿花的蝴蝶,点水的蜻蜓,多么自由自在。但愿与春光共盘桓,相互欣赏,不离不弃。

苑外江头坐不归,水精宫殿转霏微。桃花细逐杨花落,黄鸟时兼白鸟飞。纵酒久判人共弃,懒朝真与世相违。吏情更觉沧洲远,老大悲伤未拂衣。

——《曲江对酒》

诗人坐在曲江头久久不归,醉眼看水中宫殿光影迷离。桃花、杨花落英缤纷,白鸟、黄鸟比翼高飞。早不怕被人唾弃何妨纵酒自娱,懒得上朝参谒真也有违世情。此身为微官羁束,未遂遁隐沧洲之愿,至于老大伤悲,不能拂衣而去。

前人对这几首诗所传达的诗人思想感情的发展脉络,有过很好的梳理和解读:"此诗与前同而意转迫,前归以尽醉为度,今则坐竟不归矣;前醉止于江头,今则芙蓉苑、水晶宫无不历矣;前花止于经眼,今则桃花、杨花并落矣;前飞止于蜻蜓、蛱蝶,今则黄鸟、白鸟俱飞矣;前相赏犹望其莫违,今则纵酒而拼为人弃矣;前朝回而后往,今则懒朝而与世违矣;前酒债犹夷然混俗,今则沧洲吏情超然远引矣;前犹以古稀自幸,今则翻然以老大自伤矣;前虽典衣而留,今则直欲拂衣而去矣。盖时愈暮而愈切,事愈违而愈悲,人徒知公之乐,不知乃所以忧其忧也。盖公时有去国之意,故其词之悽惋如此。"(谢杰《杜律詹言》卷上)诗人的情绪越来越不好,因为他感到自己在朝廷的处境越来越不妙。

果然不出所料,是年六月,房琯被贬为汾州刺史,杜甫随之被贬为华州司功参军。

杜甫出金光门离开长安到华州赴任。《至德二载,甫自京金光门出,间道归凤翔。乾元初,从左拾遗移华州掾,与亲故别,因出此门,有悲往事》一诗,记述了他离开京城的复杂心情:

此道昔归顺,西郊胡正繁。至今犹破胆,应有未招魂。近得归京邑,移官岂至尊?无才日衰老,驻马望千门。

诗的前半首回忆当年从长安出逃投奔凤翔归顺行在时的惊险,后半首则抒写此次被贬出京的心情。同出金光门,情况却完全不同,一个是抱着忠臣报国的希望虎口出奔,一个是怀着孤臣去国的失望奉旨出行。他抚今思昔,驻马回首,那宫廷的千门万户不再为他打开,使他感到委屈、绝望,但又不便直言抱怨皇上,只能怨自己才疏年老,不中用了。

华州距离长安一百八十里，管辖郑、华阴、下邽三个县。杜甫途经郑县时，在官道旁西溪亭暂歇，题诗一首：

郑县亭子涧之滨，户牖凭高发兴新。云断岳莲临大路，天晴宫柳暗长春。巢边野雀群欺燕，花底山蜂远趁人。更欲题诗满青竹，晚来幽独恐伤神。

——《题郑县亭子》

诗人登上西溪亭，凭窗纵目远眺，华山莲花峰耸立在云气之后，朝邑长春宫隐没于柳影之中。美好的境地可望而不可即，只见成群野雀欺侮燕子，花底山蜂远追趁人。眼前的景物，触发了诗人在朝廷备受群小欺凌的隐痛，不禁黯然伤神，不能再流连题咏。诗人认为，自己与一些同伴的被贬，是李辅国之类群小挑唆的结果。

仕途的失意，使诗人萌发求仙访道的遐想。西岳华山是著名的道教圣地，诗人在西溪亭就想透过云雾远眺华山。待他继续前行，云消雾散之日，华山高耸于前，更令他神往：

西岳崚嶒竦处尊，诸峰罗立如儿孙。安得仙人九节杖，拄到玉女洗头盆。车箱入谷无归路，箭栝通天有一门。稍待西风凉冷后，高寻白帝问真源。

——《望岳》

诗人眼望华山，巍峨西岳主峰崇高鼎立，众峰如儿孙罗列四周，就幻想何时才能得仙人之助，登临山顶一览仙人之迹？据说车箱谷绝无回旋之路，箭栝峰只有一门通天。如此艰险难行之路，只好等待秋凉之后再去寻访白帝，求仙问道。

浦起龙解读此诗说："从贬斥失意，写望岳之神，兼有两意：一以华顶比帝居，见远不可到；一以华顶作仙府，将邈焉相从，盖寄慨而兼托隐之词也。"（《读杜心解》卷四之一）诗人此时矛盾心境，确实如此。

十二、贬谪华州前后

州司功参军掌管考课、假使、祭祀、礼乐、学校、表疏、书启、禄食、祥异、医药、卜筮、陈设、丧葬等诸多事务。杜甫到任之后,从盛夏到初秋,天气一直很热,而公务繁多,案牍堆积,心烦意燥,就越发感到热得难以忍受。

　　七月六日苦炎蒸,对食暂餐还不能。每愁夜中自足蝎,况乃秋后转多蝇。束带发狂欲大叫,簿书何急来相仍。南望青松架短壑,安得赤脚踏层冰。

　　　　　　　　　　——《早秋苦热堆案相仍》

杜甫在华州生活条件很差。夜里怕蝎子蜇,白天烦苍蝇扰,天气炎热连饭都不想吃。作为州府官吏,还要着袍束带到衙门办公,处理那些堆积如山的公文,这简直逼得人要发疯大叫。显然诗人有满腹不得意情事,心烦意躁,难以安心工作,因此产生弃官南隐的念头。他南望华山上的青松绝壑,向往到那里去过自由自在的清凉生活。

冬天,杜甫在华州城东郊,看见一匹被官军遗弃的战马,不禁产生一种同病相怜的感情,回家立即写了一首《瘦马行》:

　　东郊瘦马使我伤,骨骼硉兀如堵墙。绊之欲动转欹侧,此岂有意仍腾骧?细看六印带官字,众道三军遗路傍。皮干剥落杂泥滓,毛暗萧条连雪霜。去岁奔波逐余寇,骅骝不惯不得将。士卒多骑内厩马,惆怅恐是病乘黄。当时历块误一蹶,委弃非汝能周防。见人惨澹若哀诉,失主错莫无晶光。天寒远放雁为伴,日暮不收乌啄疮。谁家且养愿终惠,更试明年春草长。

诗人开宗明义就表明看到这匹瘦马令他伤心。他之所以伤心,不仅因为它是一匹瘦骨嶙峋、皮毛剥落、落寞无主的病马,而且是一匹来历不凡、立过战功、伤病被弃的战马。这原是一匹御厩马,去年参加追逐叛军战斗时，奋勇飞奔，失足受伤，便被官军遗弃了。诗人觉得这匹马的经历，与自己投奔凤翔，上疏诤谏，遭受贬谪的遭遇很相似，于是就借马抒怀，表达自己忠心尽责反遭贬斥出朝的怨愤不平。诗的结尾说：希望有人能够施惠收养这匹瘦马，待到明年春草茂盛之时再加试用，这匹教养有素的马必有可观之处。这也是借以表达诗人自己期望再受重用、报效国家的良苦用心。前人对这首诗托物抒怀的寓意，也有很好的解读："公疏救房琯，至于一跌不起，故曰'历块误一蹶'、'非汝能周防'。落职之后，从此不复见君，故曰'见人若哀诉'、'失主无晶光'。身经废弃，欲展后效而不可得，故曰'谁家愿终惠'、'更试春草长'。寓意显然。"（仇兆鳌《杜诗详注》卷之六）

杜甫虽对自己被贬斥出朝怀有一腔怨愤，但对平叛时局和国家命运依然十分关心，其忧国忧民的本色丝毫不减。

七月，他在《为华州郭使君进灭残寇形势图状》中，就对河北地区的战局提出自己的建议："今大军尽离河北，逆党意必宽纵，若万一轶略河县，草窃秋成，臣伏请平卢兵马及许叔冀等军，浑州西北渡河，先冲收魏，或近军志避实击虚之义也。"状文委婉批评了朝廷撤走河北大军，宽纵逆党的做法，具体分析战场形势，进献调兵遣将之法，以图剿灭安庆绪余部，显示出杜甫对敌我双方军事动态之明了和对平叛大局的关切。

八九月间，朝廷派朔方节度使郭子仪、镇西北庭节度使李嗣业等十万大军开赴邺城前线，令河东节度使李光弼等出兵配合，共讨安庆绪。当李嗣业的兵马开赴关中路过华州时，杜甫喜而赋诗两首：

四镇富精锐，摧锋皆绝伦。还闻献士卒，足以静风尘。老马夜知道，苍鹰饥著人。临危经久战，用急始如神。（其一）

十二、贬谪华州前后

> 奇兵不在众，万马救中原。谈笑无河北，心肝奉至尊。孤云随杀气，飞鸟避辕门。竟日留欢乐，城池未觉喧。（其二）
> ——《观安西兵过赴关中待命二首》

诗人看到李嗣业率领的安西四镇军队过境前去讨贼，兴奋异常。他热情赞扬四镇军队精锐无比，善于冲锋陷阵，如今受命于朝廷，足以平定祸乱。将帅如老马识途，深知方略，士卒如饥鹰附人，服从指挥。这样的军队临阵久战，必能决胜如神。

诗人看到这支部队过境，军容整肃，纪律严明，因而称赞它是一支万马救中原的奇兵，预祝他们出奇制胜，为朝廷建功立业；谈笑之间，可以气吞河北，而心地所有，唯有尊奉至尊。

平叛军队斗志昂扬的精神风貌，也给诗人以感染和鼓舞。他心中仕途失意的怨愤、心烦意燥的苦恼，也就置之度外了。

关于朝廷借用回纥兵平叛一事，杜甫素来有自己的看法。新近听说肃宗竟同意回纥太子叶护建议，让回纥兵留在沙苑（今陕西省大荔县南），杜甫写了《留花门》一诗，力主花门不可留：

> 花门天骄子，饱肉气勇决。高秋马肥健，挟矢射汉月。自古以为患，诗人厌薄伐。修德使其来，羁縻固不绝。胡为倾国至，出入暗金阙。中原有驱除，隐忍用此物。公主歌黄鹄，君王指白日。连云屯左辅，百里见积雪。长戟鸟休飞，哀笳曙幽咽。田家最恐惧，麦倒桑枝折。沙苑临清渭，泉香草丰洁。渡河不用船，千骑常撇捩。胡尘逾太行，杂种底京室。花门既须留，原野转萧瑟。

"花门"，是唐人惯用的对回纥的代称，以其常驻花门堡而得名。杜甫认为回纥强盛善战，历来是华夏的边患，应该修文德使其归顺，相互保持友好关系，如今却让其举国之兵而来，任其出入京城宫禁。当前出于中原平叛需要，无奈借用回纥兵力，但有些做法，实属过分：以宁国公主，嫁回纥可汗；君王指天发誓，向回纥求援，以至在京辅之地任其大量屯兵，任意抢掠民众庄稼和财物。因此诗人大声疾呼："花门既须留，原野转萧瑟。"他认为留回纥军队于内地，任其骚扰无已，国家前景势必萧条暗淡。诗人关切国家前途，忧深虑远，用诗歌向朝廷建言，虽不在谏官之位，却在尽谏官之责。

十三、往返洛阳纪行

乾元元年（758）冬，杜甫动身回洛阳，目的是想看看收复东都以后的旧地、旧居和亲友。上路以后，他的心情比较兴奋，曾托物咏怀，表达自己喜悦的心情：

洛阳大道时再清，累日喜得俱东行。

——《李鄠县丈人胡马行》（节录）

浦起龙认为"诗当是喜得借骑而作。……'俱东行'，与马俱，非与李俱也"（《读杜心解》卷二之一）。诗人借马而行，说：如今洛阳光复，道路畅通无阻，能够整天伴随胡马东行，心里非常高兴。在前往洛阳途中，他意外地遇见了几位老朋友，受到了热情的款待，也使他很高兴，"今日时清两京道，相逢苦觉人情好"（《赠秦少府短歌》）。

在途中，诗人又看到李嗣业部队开赴邺城作战，写下《观兵》一诗：

北庭送壮士，貔虎数尤多。精锐旧无敌，边隅今若何？妖氛拥白马，元帅待雕戈。莫守邺城下，斩鲸辽海波。

几个月前，诗人在华州看到李嗣业部队开赴关中待命，曾写过《观安西兵过赴关中待命二首》。如今看到这支部队开赴邺城，他除了称赞他们所向无敌之外,更为国家提供谋用之策。诗的"后四句是说,朝廷应授予郭子仪元帅职权,率领众军直捣范阳叛军巢穴,使史思明自顾不暇,则邺城可拔,战乱可平;不当困守邺城,师老馈乏,任其安待援军"(陈贻焮《杜甫评传》上卷,第476页)。在此前后,李光弼也提过类似建议,可是朝廷根本不听。朝廷命九节度围邺城之初,考虑到郭子仪、李光弼同为元勋,谁也不好统帅谁,就不设元帅,只命宦官鱼朝恩监军。这样群龙无首,最终导致乾元二年(759)三月九节度的相州(治邺城,今河南安阳)大溃败。从《观兵》一诗,可见诗人谋划战事的远见卓识。

诗人到洛阳后,先到偃师首阳山下陆浑庄探望老家。这里经历安史叛军占领,早已人烟断绝,亲人离散。诗人回到陆浑庄,家中已经空无一人。此时此刻,他十分思念亲人。

且喜河南定,不问邺城围。百战今谁在?三年望汝归。故园花自发,春日鸟还飞。断绝人烟久,东西消息稀。

——《忆弟二首》其二

诗人回家看到故园花自开,鸟自飞,而人烟断绝,不见亲人,不禁发出"百战今谁在"的惊叹。他想念在千里之外的济州的弟弟,三年来一直盼他归来,如今连个信息都没有,不知近况如何?

他又想到一个从弟:

河间尚征伐,汝骨在空城。从弟人皆有,终身恨不平。数金怜俊迈,总角爱聪明。面上三年土,春风草又生。

——《不归》

诗人得知从弟三年前在战乱之中死于河间,想见空城无人,浮葬其中,一个聪俊之人而今化为黄土,不胜悽恻:从弟人人皆有,不归之痛,唯我终身难平。

诗人在陆浑庄终于得到弟弟消息:

十三、往返洛阳纪行

> 乱后谁归得,他乡胜故乡。直为心厄苦,久念与存亡。汝书犹在壁,汝妾已辞房。旧犬知愁恨,垂头傍我床。
>
> ——《得舍弟消息》

诗人收到弟弟来信,得知他漂泊在外,很想回家,便首先宽慰他:家乡是战乱的重灾区,人事全非,留在未遭战乱的他乡,反而比故乡好一些。然而诗人还是无法抑制自己的凄苦,向他倾诉了真情:我天天惦念亲人的生死存亡,心中一直非常痛苦;你的字仍旧挂在墙上,而弟媳已经离家别去;只有家中的老犬懂得我的愁恨,垂头依傍在我的床边。

杜甫这几首诗,记叙了回老家的见闻感受,以一个家庭变故的亲身经验,从一个侧面反映了安史之乱给千家万户带来的灾难。

诗人没有沉溺于家庭变故的愁苦之中,在洛阳逗留期间依然时时关注着平叛的战局,当他听到郭子仪等九州节度率领的二十万兵马将安庆绪合围在邺城,胜利指日可待的时候,兴奋地写下《洗兵马》一诗:

> 中兴诸将收山东,捷书夕报清昼同。河广传闻一苇过,胡危命在破竹中。只残邺城不日得,独任朔方无限功。京师皆骑汗血马,回纥喂肉蒲萄宫。已喜皇威清海岱,常思仙仗过崆峒。三年笛里关山月,万国兵前草木风。
>
> 成王功大心转小,郭相谋深古来少。司徒清鉴悬明镜,尚书气与秋天杳。二三豪俊为时出,整顿乾坤济时了。东走无复忆鲈鱼,南飞觉有安巢鸟。青春复随冠冕入,紫禁正耐烟花绕。鹤驾通宵凤辇备,鸡鸣问寝龙楼晓。
>
> 攀龙附凤势莫当,天下尽化为侯王。汝等岂知蒙帝力,时来不得夸身强。关中既留萧丞相,幕下复用张子房。张公一生江海客,身长九尺须眉苍。征起适遇风云会,扶颠始知筹策

良。青袍白马更何有？后汉今周喜再昌。

寸地尺天皆入贡，奇祥异瑞争来送。不知何国致白环，复道诸山得银瓮。隐士休歌紫芝曲，词人解撰清河颂。田家望望惜雨干，布谷声声催春种。淇上健儿归莫懒，城南思妇愁多梦。安得壮士挽天河，净洗甲兵长不用！

诗人对官军收复两京以来捷报频传，围攻邺城之战胜利在望，喜不自禁，写下这首展望胜利、讴歌中兴的颂歌。这首诗，诗人歌颂平叛战争节节胜利的大好形势，称赞武将收复失地、整顿乾坤的贡献，表彰文臣运筹帷幄、匡扶颠危的功绩，期盼早日天下太平让人民安居乐业，显示出诗人对国家中兴的向往和民生忧患的关切。同时，诗中蕴含着较为复杂的情思，在欣喜中含有隐忧，在歌颂中寄寓规谏，表现出诗人清醒的头脑和非凡的见识。诗人认为复兴大业与善任将帅关系甚大，"独任朔方无限功"，重点突出朔方节度使郭子仪的独任之功，是要表达一种意愿，希望朝廷授予他元帅之职，率领众军围歼叛贼。他抨击攀龙附凤之辈投机邀赏的行径，批评朝廷封赏过滥的弊端，赞扬已罢宰相张镐和房琯匡扶颠危的功绩，是希望朝廷重新启用这些贤能大臣，开创政治清明的中兴大业。诗人回顾三年来平叛战争的经验，认为善用文臣、武将，是争取早日结束战争、净洗甲兵入库，实现天下太平、人民安居乐业的根本保证。在热情欢呼胜利的时候能有这样的冷静思考，可见诗人沉稳超拔的政治气度。

不幸的是，邺城事态的发展与杜甫的愿望背道而驰。官军九节度使部队围攻邺城，安庆绪坚守不出，城内弹尽粮绝，官军本来胜利在望。但因肃宗决定军中不置元帅，以宦官监军，使各路大军缺乏统一指挥，以致邺城久围而不克。这年二月，史思明降而复叛，从魏州调兵来解邺城之围，与官军摆开阵势大战。交战那天，正在

十三、往返洛阳纪行

胜负未分之际,大风忽起,吹沙拔木,天昏地暗,咫尺不相辨,两军大惊,官军向南溃退,叛军向北溃退,甲仗辎重扔满一路。郭子仪部队退守河阳桥以保东京,损失惨重,战马万匹仅存三千,甲仗十万遗弃殆尽。其他节度使军队也都溃不成军,退归本镇。这场战役的失败,官军六十万兵马溃散,使战局陡然逆转,河南一带又陷入一片混乱之中,洛阳岌岌可危,长安也为之震动。

在邺城大败、兵荒马乱之际,杜甫从洛阳返回华州。一路上他看到官府为补充兵力到处抓丁,看到几年战乱给人民带来的种种苦难,心中一方面为民生疾苦而悲痛,一方面又为拯救国难而焦虑。他觉得,为民生疾苦,应该减轻百姓过重负担;为拯救国难,需要劝勉百姓为国担当。在这种矛盾复杂的心态下,他根据自己沿途耳闻目睹的事实,缘事而发,即事名篇,写下了"三吏""三别"。这一组诗,既是当时战乱现实的真实反映,也是诗人矛盾心理的具体写照。

"三吏"是诗人在途中几处现场采访的实录:

客行新安道,喧呼闻点兵。借问新安吏,县小更无丁?""府帖昨夜下,次选中男行。""中男绝短小,何以守王城?"肥男有母送,瘦男独伶俜。白水暮东流,青山犹哭声!"莫自使眼枯,收汝泪纵横。眼枯即见骨,天地终无情!我军取相州,日夕望其平。岂意贼难料,归军星散营。就粮近故垒,练卒依旧京。掘壕不到水,牧马役亦轻。况乃王师顺,抚养甚分明。送行勿泣血,仆射如父兄。"

——《新安吏》

暮投石壕村,有吏夜捉人。老翁逾墙走,老妇出门看。吏呼一何怒!妇啼一何苦!听妇前致词:"三男邺城戍。一男附书至,二男新战死。存者且偷生,死者长已矣。""室中更无人,唯有乳下孙。有孙母未去,出入无完裙。""老妪力虽衰,请从吏夜归。急应河阳役,犹得备晨炊。"夜久语声绝,如闻泣幽咽。天明登前途,独与老翁别。

——《石壕吏》

士卒何草草,筑城潼关道。大城铁不如,小城万丈余。借问潼关吏,修关还备胡?要我下马行,为我指山隅:"连云列战格,飞鸟不能逾。胡来但自守,岂复忧西都!丈人视要处,窄狭容单车。艰难奋长戟,万古用一夫。哀哉桃林战,百万化为鱼。请嘱防关将,慎勿学哥舒。"

——《潼关吏》

《新安吏》是一篇新安县吏征丁的访问记。

诗人进入新安县的大路上,闹哄哄地听说在点查所征之兵,前去一看,见所征之兵年纪很小,就访问新安县吏:"是否因为县小再也没有成年男丁?"县吏回答说:"州府征兵文书昨天夜里下达,没有丁男就挨个征调中男出行。"听到这样的回答,诗人心想:这些征来的中男实在太矮小,怎能用来守住东都王城?他看到那些肥壮的中男还有母亲相送,瘦弱的一个个孤苦零丁,心中感到十分凄凉,仿佛山河也发出哭声。但他转念一想,国难当头,战事吃紧,不增加兵源又有什么办法?于是他只有含着眼泪鼓励他们走上战场为国出力,找出种种理由宽慰他们,说相州之役急需增兵,你们去的地方也不远,牧马、掘壕的劳役也不重,王师主帅也体恤爱护士兵。诗人对征夫同情的眼泪和激励的言词,和盘托出了在特定时期既矛盾又统一的心态。

《石壕吏》是一篇投宿石壕村的闻见录。

诗人路过石壕村,投宿一户农家。夜间,有官吏上门捉人当兵。他听见家里老翁翻墙逃走,老妇出门应对,自己只能躲在屋里静听。他如实记录了官吏与老妇的对话。官吏大呼要人,老妇上前哭诉。在官吏的层层盘问下,老妇诉说了家里的情况:"三个儿子都去邺城当兵打仗,其中两个新近战死。家里再也没有什么人丁,只有一个吃奶的小孙子。因为有孙子儿媳尚未离去,可进出没有一件完整的衣裙。我虽然老弱,请让我跟你连夜回去。赶紧应付河阳的差役,还赶得上为官兵做早餐。"诗人听了老妪的这一番诉说,既同情他们沉重不堪的兵役负担,又为老妪勇于为国担当的义举所感动,一夜未能安眠,只听得仿佛有幽咽的哭声,待到天明时,单独与老翁告别。此诗从头至尾没有一句诗人的议论和感慨,而诗人的态度尽在不言之中,耐人寻味。

　　《潼关吏》是一篇潼关官吏修筑工事的采访记。

　　诗人西行进入潼关,看到官军预防叛军进攻长安,又在潼关加修防御工事,就上前采访关吏:"修关还是为了防御安史叛军?"关吏邀请诗人下马,指着山关详细介绍修关备战情况:战栅罗列,飞鸟也不能飞逾,要害之处,狭窄只容单车通行,一夫当关,万夫也别想打开。表明官军已做好充分准备,对抵御叛军有充足信心。诗人听了之后,对此仍然不放心,想到潼关曾经失守的惨痛教训,谆谆告诫:"请嘱咐守关将领,千万别重蹈哥舒翰的覆辙。"诗人认为备战更要重视人的因素,守关将领要足智善谋,谨慎应对战事。

　　"三别"是诗人根据沿途诸多见闻加以提炼概括而塑造出来的三个具有代表性的人物形象:

> 兔丝附蓬麻,引蔓故不长。嫁女与征夫,不如弃路傍。结发为妻子,席不暖君床。暮婚晨告别,无乃太匆忙。君行虽不远,守边赴河阳。妾身未分明,何以拜姑嫜?父母养我时,日夜令我藏,生女有所归,鸡狗亦得将。君今往死地,沉痛迫中肠!誓欲随君去,形势反苍黄。勿为新婚念,努力事戎行!妇

人在军中，兵气恐不扬。自嗟贫家女，久致罗襦裳；罗襦不复施，对君洗红妆。仰视百鸟飞，大小必双翔。人事多错迕，与君永相望。

——《新婚别》

四郊未宁静，垂老不得安。子孙阵亡尽，焉用身独完？投杖出门去，同行为辛酸。幸有牙齿存，所悲骨髓干。男儿既介胄，长揖别上官。老妻卧路啼，岁暮衣裳单。孰知是死别，且复伤其寒。此去必不归，还闻劝加餐。土门壁甚坚，杏园度亦难。势异邺城下，纵死时犹宽。人生有离合，岂择衰盛端；忆昔少壮日，迟回竟长叹。万国尽征戍，烽火被岗峦。积尸草木腥，流血川原丹。何乡为乐土？安敢尚盘桓！弃绝蓬室居，塌然摧肺肝。

——《垂老别》

寂寞天宝后，园庐但蒿藜。我里百余家，世乱各东西。存者无消息，死者为尘泥。贱子因阵败，归来寻旧蹊。久行见空巷，日瘦气惨凄。但对狐与狸，竖毛怒我啼。四邻何所有？一二老寡妻。宿鸟恋本枝，安辞且穷栖？方春独荷锄，日暮还灌畦。县吏知我至，召令习鼓鼙。虽从本州役，内顾无所携。近行止一身，远去终转迷。家乡既荡尽，远近理亦齐。永痛长病母，五年委沟溪。生我不得力，终身两酸嘶。人生无家别，何以为蒸黎？

——《无家别》

《新婚别》写一对暮婚晨别的新婚夫妇。

诗人通过新妇对应征入伍新郎的一席诉说，塑造了一个善良坚贞而又深明大义的新妇形象。新妇对于暮婚晨别的遭遇，开始是一腔怨愤：出嫁给征夫，还不如丢弃在路旁。昨晚结婚今早就告别，岂不是太过匆忙？接着感叹自己的身份都来不及确定，就要承受夫妻生离死别的悲伤。她虽有怨愤，有悲伤，但没止步于儿女私情，她很快进入顾全大局的理智状态，想随丈夫同去，怕影响军队士气，于是就转而鼓励丈夫："你别把新婚挂在心上，要努力当兵好好为国打仗！"她为了免除丈夫的后顾之忧，还对丈夫表示："我从今以后不再穿新嫁衣，当着你的面洗掉脸上红妆。尽管人间事情多不如意，我会跟你永远相思相望。"

《垂老别》写一个子孙全部阵亡而自己又被征役的老人。

诗人通过老人奋而投军、告别家人的自诉自叹、慰人自慰的一席独白，塑造了一个正直无私又富有爱国心的老翁形象。老人投杖出门，愤然投军，他懂得在这个国难当头的时刻自己应该怎么做。但这时刻他的心情还是比较复杂的。首先是自己毕竟年老力衰了，同行看了感到辛酸，自己也感到骨髓将干，有点力不从心了。更令他辛酸的是临走时老妻哭倒在大路旁，寒冷天只穿件单薄衣衫。他强忍着悲痛，上前与老妻互相叮咛，表达爱怜之意。其生离死别的凄惨情景，催人泪下。这时他很快意识到必须从眼前凄惨的氛围中挣脱出来，于是想出种种理由劝慰老妻，也似乎在安慰自己。最后他把话头进一步引向战乱现实：如今天下到处都在征战，烽火燃遍了山岗。堆积的尸体使草木血腥，流淌的鲜血把原野染红。哪儿还有什么乐土？我们怎敢只顾自己，还老在踌躇彷徨？说到这里，他强忍着撕肝裂胆般的痛苦，断然抛弃家室，大步走向平叛战争的前线。

《无家别》写一个阵败回乡又被征召，已经无家可别的士兵。

诗人通过这位士兵回乡之后的所见所感和再次被征之后的所思所念，集中反映了当时战乱地区人民的悲惨遭遇。这位士兵回到家乡，看到自己的家乡已经面目全非，田园家舍只见蒿草遍地。昔日百余家的村庄，人们都已各自东西。存者没有消息，死者化为尘泥。他在村里走来走去，空巷寂寥无人，只有狐鼠山狸竖起脊毛乱叫。遍访四周邻居，只见一两个寡妇老妻。他为了生存又开始辛勤耕作。然而县吏发现他回来，又要征招他去服役。得到召令之后，他思前想后，自慰又自伤：此行虽在本州服役，但孑然一身前去，无人告别，无物可携，难免有点凄凉。不过家乡已被扫荡一空，无所牵挂，远近又有什么区别？最令人痛心的是久病的老母亲，五年前死去被丢弃山沟，生了我没能给她养老送终，使我们母子二人饮恨终生。最后他大声悲叹：人生在世竟至无家可别，还算什么大唐的黎民百姓！

"三别"所塑造的三个悲壮动人的人物形象，既是当时战乱现实的集中反映，亦是诗人忧国忧民情怀的具体化身。"与'三吏'写法不同，'三别'所叙故事均无明确地点，均采用第一人称代言体。这种写法更多地借鉴了乐府民间叙事诗，塑造了一个个带有虚构性的主人公形象，而这些主人公很明显代表了具有类似遭遇的无数人们。""'三别'在采用代言体之时，作者的思想情绪也愈来愈深入于广大民众的内心感受，更多地表达了民众的心声。"（谢思炜评注《杜甫诗选》，第122、128页）

诗人自洛阳返回华州途中所作的"三吏""三别"这组诗，表面看来像是诗体报告文学，多是客观纪实，实际上是诗人以血泪成就的诗篇，字里行间跳动着一颗充满矛盾痛苦的忧国忧民的心。诗人同诗中的几位男女主人公一样，是咬紧牙关、饱含眼泪在支持平叛战争。

杜甫从洛阳返回华州途中，也有一件令他高兴的事，那就是遇到了老朋友卫八处士：

人生不相见，动如参与商。今夕复何夕，共此灯烛光！少壮能几时？鬓发各已苍！访旧半为鬼，惊呼热中肠。焉知二十载，重上君子堂。昔别君未婚，儿女忽成行。怡然敬父执，问我来何方？问答未及已，儿女罗酒浆。夜雨剪春韭，新炊间黄粱。主称会面难，一举累十觞。十觞亦不醉，感子故意长。明日隔山岳，世事两茫茫。

——《赠卫八处士》

  诗人在动乱的年代，动荡的旅途中，与长别二十年的老朋友相见，久别重逢，悲喜交集。赠诗记叙了这一次难得的聚会，战乱年代人生聚散无常的感慨贯穿始终。诗以慨叹发端：人生动辄如参、商二星，此出彼没，不得相见。今夕又是何夕，咱们居然能够同在这烛光下叙谈。此次意外重逢，实在难得！灯光下相互打量，彼此的鬓发都已苍白，真是年华易逝，青春不再！打听亲朋故旧下落，竟已多半离开人世，不由得失声惊呼，心里一阵辛酸：战祸夺走了多少性命！眼看友人一家大小，想当初尚未成婚，转眼间儿女已经成行，又是一阵感叹。友人的热情款待，宾主的举杯痛饮，虽给诗人带来些许慰藉，但想到分手在即，又在欢乐中隐藏着离别的悲伤：明日又将远隔山岳，世事茫茫难以预料！诗人这种人生聚散无常的慨叹，是饱经干戈乱离、数历人事沧桑之后对人生的一种感悟。

  杜甫回到华州，已是初夏。天气久旱，百姓苦热。他悲天悯人，忧时伤乱，日夜心绪难以平静，接连写了两首诗：

夏日出东北，陵天经中街。朱光彻厚地，郁蒸何由开？上苍久无雷，无乃号令乖？雨降不濡物，良田起黄埃。飞鸟苦热死，池鱼涸其泥。万人尚流冗，举目惟蒿莱。至今大河北，化作虎与豺。浩荡思幽蓟，王师安在哉？对食不能餐，我心殊未谐。眇然贞观初，难与数子偕。

——《夏日叹》

永日不可暮，炎蒸毒我肠。安得万里风，飘飘吹我裳。昊

> 天出华月，茂林延疏光。仲夏苦夜短，开轩纳微凉。虚明见纤毫，羽虫亦飞扬。物情无巨细，自适固其常。念彼荷戈士，穷年守边疆。何由一洗濯，执热互相望。竟夕击刁斗，喧声连万方。青紫虽被体，不如早还乡。北城悲笳发，鹳鹤号且翔。况复烦促倦，激烈思时康。
>
> ——《夏夜叹》

炎炎仲夏，诗人日也叹，夜也叹，叹天灾，也叹人祸，叹自己，也叹万千军民。

《夏日叹》由天热久旱、田园荒芜，想到万民失业流亡，想到河北未平的叛乱，惦念王师的近况，诗人"对食不能餐"，心焦如焚。他感叹不与贞观时期房玄龄、杜如晦、王珪、魏徵诸位贤相同时，世无贤相治国理政才导致如今天灾人祸横行，置天下万民于水深火热之中。

《夏夜叹》由天热思风，夜间开窗纳凉，诗人想到终年荷戈守边的士卒，希望能下一场大雨，以免他们在那里执热相望。又想到万方战乱未平，军政治理缺乏良方，专以官爵收买官兵难以奏效。他忧时伤乱，心烦意乱，激切期盼天下太平、政治清明的时代能够早日到来。

杜甫经历往返洛阳之行，对时政战局、民生疾苦有了进一步的了解，回到华州以后他的心情一直焦虑不安。他为国难忧心，为民生痛心，而无力整顿乾坤。自己虽有"致君尧舜上，再使风俗淳"的宏图大志，如今被排挤出朝廷，已经没有辅君济世的机会了。司功参军这个职务官微而事繁，也使他感到不堪忍受。于是他萌发了弃官退隐之心。

> 日月不相饶，节序昨夜隔。玄蝉无停号，秋燕已如客。平生独往愿，惆怅年半百。罢官亦由人，何事拘形役。
>
> ——《立秋后题》

十三、往返洛阳纪行

"这简直是老杜的《归去来兮辞》,是他弃官的宣言书。"(陈贻焮《杜甫评传》上卷,第 497 页)

日月流逝,春去秋来。诗人从自然节候的变换联想到今不如昔的人生处境,有一种恍如隔世之感。于是他借景抒发怀抱:树上知了叫个不停,声声刺耳令人哀伤。秋燕已如客子,就要离此而远去。自己久有徜徉山水的意愿,至今还在为此而苦恼。做不做官也是在于自己,何必拘守这役使官差?此诗表明,他的去意已决,就要远走高飞了。

十四、弃官西行陇蜀

乾元二年（759）秋，杜甫毅然弃官，携家离开华州，西行来到秦州（今甘肃天水秦州区）。

> 满目悲生事，因人作远游。迟回度陇怯，浩荡及关愁。水落鱼龙夜，山空鸟鼠秋。西征问烽火，心折此淹留。
> ——《秦州杂诗二十首》其一

这是诗人到达秦州后写的第一首诗，叙写了离开华州西行的原因和在秦州停留的原因。当时中原因相州败后战局动荡，关中地区又因旱灾发生饥荒，诗人感到满目都是令人悲伤的事，弃官之后就随着逃荒的人流西行，企图寻找一个安定的生活环境。从华州到秦州路途遥远，道路也很艰险。翻山越岭，闯关渡河，无不令人胆战心惊，愁绪难平。西行路上诗人一直都在打听前面有无战事，听说这一带常有吐蕃侵扰，心中伤感之至，只好在秦州暂时住了下来。

安史之乱以来，吐蕃乘机内侵，夺取陇右、河西之地，地处陇东的秦州成了边防军事重镇，气氛颇为严峻。

> 莽莽万重山，孤城山谷间。无风云出塞，不夜月临关。属国归何晚？楼兰斩未还！烟尘独长望，衰飒正摧颜。
> ——《秦州杂诗二十首》其七

十四、弃官西行陇蜀

秦州城坐落在渭河上游的河谷中,四周为苍莽无际的群山环绕,万山丛中孤城特立,地理形势险要。诗人来到城中暂住,感到这个地方有些特别:地面无风而高空的云朵不停飘流出塞,天还未黑而月亮已照临关塞上空,似乎有一种边城特有的紧张警戒气氛。原来有大唐出使吐蕃的使臣迟留未归,出征的将领也尚未凯旋。诗人遥望中原、边塞,到处战尘弥漫,烽烟滚滚,联想到唐王朝的衰飒形势,不禁愁绪万端,催人衰老。

诗人在秦州城里暂住,一天到晚听到鼓声震地,角声连天,不禁发出"万方声一概,吾道竟何之"(《秦州杂诗二十首》其四)的感慨,真不知道自己该往何处去。他的从侄住在城东五十里的东柯谷,他去那里看了看,没有找到合适的定居地方。他的朋友赞公住在城东南五十里的西枝村,他到那里考察了一番,也没有找到理想的安身之地。

诗人客居秦州,除了从侄杜佐和个别好心人给一些资助之外,没有什么经济来源,一家人经常缺衣少食,生活相当困难。

  翠柏苦犹食,明霞高可餐。世人共卤莽,吾道属艰难。不爨井晨冻,无衣床夜寒。囊空恐羞涩,留得一钱看。

——《空囊》

诗人常常无钱买粮食,早晨开不了火,无钱添衣衾,夜间寒冷难眠。尽管生活十分艰难,诗人仍不悲观,还诙谐地说:没有饭吃,何不学仙人食柏实、餐霞气!明明囊中羞涩,还要留一文钱看守钱袋,表明并非空囊,里面还有一文钱在,聊以自慰。金圣叹曰:"《空囊》一篇,是先生自写不改之乐,非写不堪之忧也。"(《唱经堂杜诗解》卷二)可谓知人之言。

杜甫身处边地,尽管个人生活处于困境,而他苦心焦虑的不仅是一己的衣食生计,更多是国家的内忧外患,时局的安危。

城上胡笳奏，山边汉节归。防河赴沧海，奉诏发金微。士苦形骸黑，林疏鸟兽稀。那堪往来戍，恨解邺城围。

——《秦州杂诗二十首》其六

闻道寻源使，从天此路回。牵牛去几许？宛马至今来。一望幽燕隔，何时郡国开？东征健儿尽，羌笛暮吹哀。

——《秦州杂诗二十首》其八

萧萧古塞冷，漠漠秋云低。黄鹄翅垂雨，苍鹰饥啄泥。蓟门谁自北？汉将独征西！不意书生耳，临衰厌鼓鼙。

——《秦州杂诗二十首》其十一

地僻秋将尽，山高客未归。塞云多断续，边日少光辉。警急烽常报，传闻檄屡飞。西戎外甥国，何得迕天威！

——《秦州杂诗二十首》其十八

凤林戈未息，鱼海路常难。候火云峰峻，悬军幕井干。风连西极动，月过北庭寒。故老思飞将，何时议筑坛？

——《秦州杂诗二十首》其十九

诗人闲居边地，依然时时关注远近时局敌情，牵挂国家安危。他目击使臣奉诏发关塞之兵，开赴渤海平定安史叛军，不禁感叹邺城溃败，以至于要西兵东调，弄得捉襟见肘。边塞士卒尽行东征，西羌会乘隙进犯，不知何时能够收复幽燕之地，使之重新成为王朝管辖的州郡？当前史思明叛军占据河北，谁带领大军去北伐呢？到了晚秋，吐蕃果然乘机侵扰，朝廷被迫又派来征西将军。在秦州不时看到报警的烽火，听到传送的紧急檄文，边城形势危急，诗人怒斥吐蕃违盟犯边的不义之举：你们自称是大唐的外甥国，怎么能触犯大唐天子的威严？警告他们不要轻举妄动。边塞战火终于不断漫延，烽燧连天，唐军孤军深入反击来犯之敌，久持不下。诗人心中焦急火燎，期望朝廷早日商议设置坛场，任命李广、韩信那样能征

十四、弃官西行陇蜀

善战的大将,前来平定边乱。

可见此时诗人虽身在江湖,而仍心系家国大事,对朝政也还没有绝望。下面两首咏物诗,寄托了他当时的所思所想:

> 幸因腐草出,敢近太阳飞!未足临书卷,时能点客衣。随风隔幔小,带雨傍林微。十月清霜重,飘零何处归?
> ——《萤火》

> 不独避霜雪,其如侣伴稀。四时无失序,八月自知归。春色岂相访,众雏还识机。故巢倘未毁,会傍主人飞。
> ——《归燕》

《萤火》一诗,边连宝认为:"此则为李辅国、鱼朝恩辈发,决然无疑。"(《杜律启蒙》卷三)邵宝对诗意的阐发更为详明:"此见萤火而有感。言萤出于微贱,有时而飞近太阳,犹小人出自卑陋而蒙蔽天子也。其为物甚微,不足以照书卷,但有时而点客衣。随风则隔幔而小,带雨则依林而微,犹小人不足以当大任,有时而侮君子。然其立身制行甚微,终不足以为大患也。萤至霜重而不知所归,犹小人逢时清明,必见摈斥也。"(《邵二泉先生分类集注杜诗》卷二十)杜甫认为朝中小人犹如萤火,得时不会久长,相信终会有朝政清明之日。

《归燕》一诗,托物自况之意十分明显。周甸阐释较为详明:"用比体自况。言不独避乱去国,实因时过而同志者少,故知时识序,至此秋暮而不得不归,无春色再访而出之意。今群儿已长,识达机宜,倘王室兴而事君,犹吾出也。"(《杜诗会通》卷三)卢元昌评论更是画龙点睛:"身虽弃官,心还恋主也。"(《杜诗阐》卷八)诗中杜甫对自己弃官原因又做了补充,并表明自己知时识机、不忘故主的态度。

在这人似漂萍的战乱岁月,旅居边城的杜甫,同亲友的联系几乎隔绝，心中思亲念友的情怀愈加深切。

> 戍鼓断人行，边秋一雁声。露从今夜白，月是故乡明。有弟皆分散，无家问死生。寄书常不达，况乃未休兵。
> ——《月夜忆舍弟》

诗人在白露的夜晚，听戍鼓声声，闻孤雁惊叫，抬头看望边城上空朦胧的月亮，心想故乡的月亮一定更加明亮，而家已不存，只有几个弟弟分散在河南、山东一带，又无处可问生死。平时寄书尚且常常不达，更何况如今兵革未息，烽火连天。在诗人悲凉的思绪中流露出一种与亲人生离死别的焦虑不安。

在诸多好友中，最令诗人牵挂的是李白。有消息说他应召参加了永王李璘的幕府，肃宗朝廷以附逆之罪把他流放夜郎（当时属珍州，今在贵州桐梓县境内），生死莫测。

> 死别已吞声，生别常恻恻。江南瘴疠地，逐客无消息。故人入我梦，明我长相忆。恐非平生魂，路远不可测。魂来枫林青，魂返关塞黑。君今在罗网，何以有羽翼？落月满屋梁，犹疑照颜色。水深波浪阔，无使蛟龙得。（其一）
>
> 浮云终日行，游子久不至。三夜频梦君，情亲见君意。告归常局促，苦道来不易。江湖多风波，舟楫恐失坠。出门搔白首，若负平生志。冠盖满京华，斯人独憔悴。孰云网恢恢，将老身反累。千秋万岁名，寂寞身后事。（其二）
> ——《梦李白二首》

李白的不幸遭遇令杜甫魂牵梦萦，昼夜不安。他连续三夜频频梦见李白。第一首诗记叙自己初次梦见李白时的心情。李白流放江南绝域之地，久无音讯，究竟是生是死，令人无比挂记。日思夜想终成梦境，太白忽然在诗人的梦中出现，真是令人欣喜。但是转念之间又心生疑惑，恐怕并非太白平生的魂魄前来相会：你身陷罗网

十四、弃官西行陇蜀

之中,怎么能够插翅飞出罗网千里迢迢来到我身边?眼前的太白究竟是生魂还是死魄,路途遥远难以测定啊!杜甫梦醒之后,只见西斜的月光照满屋梁,月光下太白的音容依稀尚在。心里担心他回去路上江湖水深浪大,祈祷他能平安归去,不要被蛟龙攫取!诗人细腻逼真地抒写自己的梦幻心理,表达了对李白不幸遭遇的关切和忧念。

诗人初次梦见李白之后,接连数夜都出现类似的梦境,第二首诗着重抒写频频梦见李白之后的感慨。诗人日日夜夜盼望真能见到太白,然而只见天上浮云终日飘行,天涯游子却久望而不至。接连三夜频频梦见你,亲热之情可见你的心意。你告辞归去总是那么局促,还苦说来一趟好不容易:沿途江湖风波迭起,真怕翻船坠入水中。你出门时手搔头上白发,好似哀叹辜负了平生壮志。梦中太白的形象亦幻亦真,其生平遭际令杜甫感慨万千:京城里到处是达官显贵,唯独太白如此落魄憔悴。谁说天网恢恢公正无私,你年将老反遭无辜连累!即便名垂千秋万岁,也是人死之后的事,无补于生前的困厄。杜甫的这一番感慨,不止是对李白个人遭遇不公的感叹,其实也是夫子自道。

随后杜甫写了《寄李十二白二十韵》,回顾李白生平及与自己的交往,字里行间充满对李白的全面理解和深切同情。诗寄出以后不久,杜甫又写了《天末怀李白》,抒写对李白的思念之情:

凉风起天末,君子意如何?鸿雁几时到?江湖秋水多。文章憎命达,魑魅喜人过。应共冤魂语,投诗赠汨罗。

边城凉风乍起,天气冷了,杜甫遥念太白:不知你此时感觉如何?寄出的诗不知几时可到?途中水多路遥,恐怕要迟几日才会到达。诗人思念太白的一片真情,进而迸发为对其身世的同情:文才出众者总是命运多舛,山泽神怪专门喜欢借机害人。想来你只好和千载同冤的屈原倾诉内心的愤懑不平,把你的诗篇投赠给汨罗江了。杜甫这首诗,对李白"文章憎命达"的遭遇、"魑魅喜人过"的危险,寄予深切的同情和无比的关心。"诗中'文章憎命达'一句慨叹诗人李白的不幸遭遇,也是对诗人普遍命运的一种概括。""这一句饱含了愤慨,也洋溢着诗人对自己艺术才能的自负,是聊以自慰的开解之词,但也道出了古往今来成就伟大诗人的一种普遍现象。"(谢思炜评注《杜甫诗选》,第139页)

杜甫在秦州停留了三个月,始终没有找到一个可以安居的地方,一家人生计难以为继。加之这里的形势也不太平:"警急烽常报,传闻檄屡飞。"(《秦州杂诗二十首》其十八)诗人感到此地不可久留。这时,同谷县(今甘肃成县)有一位"佳主人"来信,恳切欢迎他到同谷去。同谷在秦州西南二百六十多里,据说气候较为温暖,物产也很丰富,这对杜甫自然有吸引力。就在十月的某一天,杜甫带着家人离开秦州,前往同谷。

> 我衰更懒拙,生事不自谋,无食问乐土,无衣思南州。汉源十月交,天气如凉秋。草木未黄落,况闻山水幽。栗亭名更嘉,下有良田畴。充肠多薯蓣,崖蜜亦易求。密竹复冬笋,清池可方舟。虽伤旅寓远,庶遂平生游。此邦俯要冲,实恐人事稠。应接非本性,登临未销忧。溪谷无异石,塞田始微收。岂复慰老夫,惘然难久留。日色隐孤戍,乌啼满城头。中宵驱车去,饮马寒塘流。磊落星月高,苍茫云雾浮。大哉乾坤内,吾道长悠悠。

——《发秦州》

这首诗,叙说离开秦州去同谷的原因,是为解决衣食之忧。他听信"佳主人"的来函介绍,把同谷视为衣食无忧的乐土,对那里充满美好的想象:那里气候温暖,山水幽美。栗亭下面有肥沃的良

十四、弃官西行陇蜀

田,盛产山药可以充饥,山崖上容易采到蜂蜜,竹林里有冬笋可以挖取。那里还有宽大的清池,可以泛舟畅怀游览。而秦州处于陇西东西交通要道,人事稠杂,应酬事繁,这一带土地贫瘠,塞田薄收,生计困难,风景名胜也很少,不足以解愁畅怀,因而这个地方难以久留。于是杜甫毅然决定离开秦州,带领全家夜半启程,扬鞭驱车奔赴同谷。上路时,星月高悬,云雾苍茫,诗人不禁感叹:天下之大,难道就没有我可行的路?

杜甫携家奔赴同谷途中,经过赤谷、铁堂峡、盐井、寒峡、法镜寺、青阳峡、龙门镇、石龛、积草岭、泥功山,直到凤凰台,他一一写下纪行诗,记叙山川景物,旅途艰难,也关切沿途所见的人民徭役之苦。

  细泉兼轻冰,沮洳栈道湿。不辞辛苦行,迫此短景急。石门雪云隘,古镇峰恋集。旌竿暮惨淡,风水白刃涩。胡马屯成皋,防虞此何及。嗟尔远戍人,山寒夜中泣。

——《龙门镇》

诗人途中投宿四面环山的龙门镇,见寒山荒戍,暮色中军旗暗淡,刀枪无光。他认为史思明的叛军屯兵在成皋(武牢关,在河南洛阳东),与此地遥不相及,防备于此,完全是劳民伤财,徒劳无益。寒夜中他听到戍卒在哭泣,嗟叹不已。

  熊罴咆我东,虎豹号我西。我后鬼长啸,我前狖又啼。天寒昏无日,山远道路迷。驱车石龛下,仲冬见虹霓。伐竹者谁子?悲歌上云梯。为官采美箭,五岁供梁齐。苦云直竿尽,无以充提携。奈何渔阳骑,飒飒惊蒸黎。

——《石龛》

诗人途经观音崖圣泉寺石窟时,山路十分艰险而荒凉,到处有野兽出没,虎啸熊吟,十分恐怖。从昏暗寒冷的高山上,传来悲哀的歌声。一打听才知道是为官家采箭杆的老百姓。他们诉苦说：为官家采伐制箭用的竹子已经五年，到如今直杆已经采尽，将无法向官府交付差事。诗人听后连连叹气：这都是安史之乱造的孽，让边地的老百姓也不得安生！

同年十一月，杜甫带着家人来到同谷，寓居在凤凰山下凤凰村。原先邀请他来的"佳主人"不知去向，没有得到任何帮助，同谷的生活环境也与其来信所介绍的有天壤之别。杜甫谋生无着，陷入极度窘困之中，只有感慨悲歌，长歌当哭。

有客有客字子美，白头乱发垂过耳。岁拾橡栗随狙公，天寒日暮山谷里。中原无书归不得，手脚冻皴皮肉死。呜呼一歌兮歌已哀，悲风为我从天来。（其一）

长镵长镵白木柄，我生托子以为命。黄精无苗山雪盛，短衣数挽不掩胫。此时与子空归来，男呻女吟四壁静。呜呼二歌兮歌始放，闾里为我色惆怅。（其二）

有弟有弟在远方，三人各瘦何人强。生别展转不相见，胡尘暗天道路长。东飞鸳鹅后鹙鸧，安得送我置汝傍。呜呼三歌兮歌三发，汝归何处收兄骨。（其三）

有妹有妹在钟离，良人早殁诸孤痴。长淮浪高蛟龙怒，十年不见来何时。扁舟欲往箭满眼，杳杳南国多旌旗。呜呼四歌兮歌四奏，林猿为我啼清昼。（其四）

四山多风溪水急，寒雨飒飒枯树湿。黄蒿古城云不开，白狐跳梁黄狐立。我生胡为在穷谷，中夜起坐万感集。呜呼五歌兮歌正长，魂招不来归故乡。（其五）

南有龙兮在山湫，古木巃嵷枝相樛。木叶黄落龙正蛰，蝮蛇东来水上游。我行怪此安敢出，拔剑欲斩且复休。呜呼六歌兮歌思迟，溪壑为我回春姿。（其六）

十四、弃官西行陇蜀

男儿生不成名身已老,三年饥走荒山道。长安卿相多少年,富贵应须致身早。山中儒生旧相识,但话宿昔伤怀抱。呜呼七歌兮悄终曲,仰视皇天白日速。(其七)

——《乾元中寓居同谷县作歌七首》

这组诗简称《同谷七歌》。诗人满怀激愤之情直抒胸臆,抒写在同谷期间的苦寒生活和人生慨叹。

一歌、二歌,抒写自己一家人饥寒交迫的生活处境:自己未老先衰,已经满头白发,因为家中缺粮,只得冒着严寒到山谷中采拾橡栗充饥,手脚都冻得皮开肉僵。还与大儿子扛着长镵到山上去挖黄独(山芋),身上衣不掩胫冻得够呛。可是山上雪深找不到黄独,只得空手而归。只见家徒四壁,一家老小饿得男呻女吟。面对此情此景,诗人放声悲歌,天地为之感动,邻里也为之惆怅。

三歌、四歌,抒写对远在他乡弟妹的思念之情:想三个弟弟远在河南、山东,因为胡尘暗天,各自辗转流离不能相见,多么希望飞鸟把诗人送到弟妹身旁!诗人在流离中死在他乡,你们恐怕连哥哥的尸骨也无处可寻。想妹妹一个人远在淮南钟离,丈夫早逝几个孩子还小。长淮相隔十年未见,你什么时候才能来呢?如今南方也兵荒马乱,想去看你也很不容易。为此悲歌一曲,林中猿猴也为诗人哀啼。

五歌、六歌,抒写自己当前所处的恶劣环境:四山多风溪流水急,古城荒芜黄蒿满地,昼夜阴云不开,野狐四处乱窜,令人顿觉空谷孤危,万感交迫,以致夜不安眠。在此非人所宜居之地,思乡心切,魂归故里,招之也不回来。这儿的万丈潭四周山高林密,这严冬季节龙蛰伏潭中,而有蝮蛇游动于水上,岂非怪事!甚至想拔剑把它杀死。随后想到,蝮蛇出游是龙的惊蛰之象,离春回大地不远了。大地"回春",是诗人的希望所在。

七歌,抒写诗人身世飘零、老大无成的感慨:如今年近半百,功业未成,而身已衰老,近几年辗转流离,奔走荒山野道上备受艰辛。在此遇到一位旅食京华时相识的朋友,共叙往昔经历无比感伤,一些钻营有术的长安少年能够轻取卿相要职,享受人间的荣华富贵,而我们这号儒生如今竟沦落到如此难堪的境地,真是苍天无眼,人间不平。诗人长歌曲终,见光阴飞速流逝,一种老大无成的伤感涌上心头,久久难以平静。

《同谷七歌》是诗人处于极度穷困的人生低谷时迸发出来的悲情怨愤,不胜哀痛。"此七诗自伤流离苦寒,怀念亲人,忧心国事,感叹光阴催人,时不我遇,行将老迈,怀志未伸,催人泪下,实老杜七古杰作。"(葛景春注评《杜甫诗选》,第155页)

诗人寓居在凤凰村,抬头见到的是凤凰台,联想到凤凰,低头看到的是万丈潭,联想到蛰龙,于是写下《凤凰台》和《万丈潭》两首诗,托物言志书怀,表明诗人在绝境中并没有绝望。

亭亭凤凰台,北对西康州。西伯今寂寞,凤声亦悠悠。山峻路绝踪,石林气高浮。安得万丈梯,为君上上头。恐有无母雏,饥寒日啾啾。我能剖心出,饮啄慰孤愁。心以当竹实,炯然忘外求。血以当醴泉,岂徒比清流。所重王者瑞,敢辞微命休。坐看彩翮长,举意八极周。自天衔瑞图,飞下十二楼。图以奉至尊,凤以垂鸿猷。再光中兴业,一洗苍生忧。深衷正为此,群盗何淹留。

——《凤凰台》

诗人面对高耸云天的凤凰台,想到周文王时凤鸣岐山,带来周兴的祥瑞之兆,幻想这里的凤凰台上也会有凤凰,也会为国家中兴带来祥瑞之兆。于是他决意寻找凤凰台上可能存在的无母凤雏,要呕心沥血来喂养它,甘愿把自己的心血当作凤凰需要的竹实和醴

十四、弃官西行陇蜀

泉,让它早日长大,为大唐复兴带来好运。他发誓为了"再光中兴业,一洗苍生忧",不惜奉献个人生命。其救国拯民的赤胆忠心跃然纸上。诗人采用幻想的意象表达自己的意愿和期望,那是因为这时候"作者在现实生活中毫无力量,已失去了可以履行其政治责任的任何途径。在这种情况下,诗人写这首诗,实际上是他坚持理想,避免陷于绝望的一种方式"(谢思炜评注《杜甫诗选》,第145—146页)。

青溪含冥冥,神物有显晦。龙依积水蟠,窟压万丈内。跼步凌垠堮,侧身下烟霭。前临洪涛宽,却立苍石大。山危一径尽,岸绝两壁对。削成根虚无,倒影垂澹滃。黑知湾澴底,清见光炯碎。孤云到来深,飞鸟不在外。高萝成帷幄,寒木垒旌旆。远川曲通流,嵌窦潜泄濑。造幽无人境,发兴自我辈。告归遗恨多,将老斯游最。闭藏修鳞蛰,出入巨石碍。何当炎天过,快意风云会。

——《万丈潭》

《万丈潭》不是一般的山水诗,而是一首托物书怀之作。诗一开始就肯定潭底有神物存在,这神物就是被压在万丈深窟之内的潜龙。四周峭壁林立,烟雾缭绕,它举步维艰,难以辨别方向。前有洪涛,又有巨石,潜龙被困在万丈潭底。周围高罗密布,寒木高矗,远川曲通,流瀑溢泻,是一派"无人之境"。诗人通过这个意象境界,抒发自己被困同谷的窘境:"自己正如潜龙一样,本来可以报效国家,出力君王,现在且潜隐同谷,饱受失意之苦,什么时候能够'快意风云会',扬眉吐气,为国效力。杜甫对自己的未来充满希望。"(温虎林《杜甫陇蜀道诗歌研究》,第209页)也可以说,诗人处于困境但并没有悲观失望。

因为生计艰难,杜甫在同谷住了一个多月就决意离开。当年十二月一日,他带领家人从同谷起身,向成都进发。

> 贤有不黔突,圣有不暖席。况我饥愚人,焉能尚安宅,始来兹山中,休驾喜地僻。奈何迫物累,一岁四行役。忡忡去绝境,杳杳更远适。停骖龙潭云,回首白崖石。临岐别数子,握手泪再滴。交情无旧深,穷老多惨戚。平生懒拙意,偶值栖遁迹。去住与愿违,仰惭林间翩。
>
> ——《发同谷县》

这是诗人由同谷赴成都十二首纪行诗的第一首,叙说离同谷西行赴蜀的缘由。诗一开头先以古圣贤自我解嘲:贤如墨子,圣如孔子,一生尚且疲于奔走不得安生,何况我这种食不果腹的愚人,哪可能长久安居一处呢?接着就叙写离开同谷的原因和告别时的心情:刚来同谷时是因为喜欢这里僻静才住下来,无奈为衣食所累,一家人无法过下去,才被迫离开,做一年中第四次劳顿之行。其实这里风景幽美,与当地新交也有了感情,离开这里还真有些恋恋不舍。上路时,与几位新相识的朋友握手告别,难免泪滴衣襟,他们都为诗人的穷困老迈而感到悲伤。自己也不胜感慨:无奈迫于生计,去也好,留也好,都不能随心所欲,与林间自由飞翔的鸟儿相比,真是自愧不如!诗人为自己无法选择的颠沛流离而感到伤怀,感到惭愧。

杜甫带领家人,踏上入蜀之道。李白曾嗟叹"蜀道之难难于上青天",凭借想象描写了蜀道的艰险难行。而今杜甫用自己的双脚一步一步踏过蜀道,用诗笔录下蜀道的艰险难行。

> 首路栗亭西,尚想凤皇村。季冬携童稚,辛苦赴蜀门。南登木皮岭,艰险不易论。汗流被我体,祁寒为之暄。远岫争辅佐,千岩自崩奔。始知五岳外,别有他山尊。仰干塞大明,俯入裂厚坤。再闻虎豹斗,屡跼风水昏。高有废阁道,摧折如短

辕。下有冬青林，石上走长根。西崖特秀发，焕若灵芝繁。润聚金碧气，清无沙土痕。忆观昆仑图，目击玄圃存。对此欲何适，默伤垂老魂。

——《木皮岭》

诗人离开凤凰村，路经栗亭西，进入蜀道以后，首先要翻越木皮岭。此山崖壁陡直，山体高峻，诗人爬得汗流浃背，浑身发热，不觉天气严寒。站在岭上环顾四周，只见群山簇拥，千岩崩奔而来。此岭之高峻气象，不在神州五岭之下。仰头望去，只见山峰直上云霄遮天蔽日；俯首下视，只见山体如一把巨斧劈开大地。近处传来虎豹争斗的怒吼，听了令人毛骨悚然。高处山壁上可见废旧的栈道，七零八落如同折断的车辕。山谷下长有冬青树林，巨石上爬满长长的树根。西面悬崖的景色异常秀美，其光彩鲜明宛如一片灵芝。山间润聚着金碧光辉，空气清净之极，了无沙土。面对此情此景，犹如登上昆仑山，目接通天玄圃，置身于神仙之境，令人留恋不忍离去，只怕有生之年没有时机再来。

诗人在绝壁之下的白沙渡，登船渡过白水江（又名洛河）。前行至嘉陵江畔，夜过水会渡。继续行走数十里，登飞仙岭，进入艰险的栈道。

土门山行窄，微径缘秋毫。栈云阑干峻，梯石结构牢。万壑欹疏林，积阴带奔涛。寒日外淡泊，长风中怒号。歇鞍在地底，始觉所历高。往来杂坐卧，人马同疲劳。浮生有定分，饥饱岂可逃。叹息谓妻子，我何随汝曹。

——《飞仙阁》

栈道是一种建在悬崖绝壁上的道路，山岩上凿孔架桥连阁而成通道。古时由秦入蜀的崇山峻岭间，主要依靠栈道交通往来。飞仙阁在褒斜谷中，是蜀道上第一段栈道。诗人初上栈道，山窄径微，栈阁连云，虽然极其险峻，然而外有护栏，路面垒石成梯，感觉也还坚固。从阁上俯视下方，可见许多沟壑里斜倚着稀疏的林木，积水处波涛奔腾流注远方。阁道周围阴寒不见阳光，只有大风不停呼啸。等到下阁道站在山脚，抬头一看，才觉得刚才经过的地方真高。来往行人解鞍坐卧，人马都感到很疲劳。诗人于是发了一通人生感慨。

诗人来到五盘岭，又是另一番景象。

> 五盘虽云险，山色佳有余。仰凌栈道细，俯映江木疏。地僻无罥网，水清反多鱼。好鸟不妄飞，野人半巢居。喜见淳朴俗，坦然心神舒。东郊有格斗，巨猾何时除。故乡有弟妹，流落随邱墟。成都万事好，岂若归吾庐。
> ——《五盘》

五盘岭栈道盘旋有五重之多，自然十分险峻。诗人适应了险境之后，在极险中略见可喜之处，因此生出别样的情感来。他在山岭上欣赏起美好的景色：向上望见栈道盘旋如同游丝，向下看到江水中倒映着稀疏林木。放眼山野地僻人稀，潭中水清游鱼成群结队，山林寂静好鸟也安心归宿，百姓多半都在树林里筑巢而居。喜见当地风景幽雅，民俗淳朴，顿时感到心旷神怡。然转念想到东都一带战乱未平，叛贼未除，故乡沦为一片废墟，弟妹流离，归家无日，又不禁伤怀感叹：前去的成都即便万事皆好，又哪里比得上回家乡与亲人团聚呢！

诗人前行进入龙门山，山上龙门阁道是由秦入蜀栈道中最险要的一段。《方舆胜览》说：他阁道虽险，然在山腰，亦微有径，可以增置阁道。唯此阁石壁斗立，虚凿石窍，而架木其上，比他处极险。诗人走过这段极险的阁道之后，连连惊叹。

> 清江下龙门，绝壁无尺土。长风驾高浪，浩浩自太古。危

十四、弃官西行陇蜀

> 途中萦盘,仰望垂线缕。滑石欹谁凿,浮梁袅相拄。目眩陨杂花,头风吹过雨。百年不敢料,一坠那得取。饱闻经瞿塘,足见度大庾。终身历艰险,恐惧从此数。
>
> ——《龙门阁》

嘉陵江从龙门栈道下流过,江岸石壁陡绝竟无寸土。长风驾着滔天巨浪奔腾向前,盘古开天地以来即是如此。危险的通行栈道在空中萦回盘旋,抬头仰望像是一条垂挂的丝线。在光滑的石壁上是谁爬上去凿出那些眼来,凌空安装起细长的阁梁支柱?行走在阁道上面令人头晕目眩,眼前如有杂花纷飞,头上像挨风吹雨打。虽说人生百年生死难以预料,可要是从这里坠落恐怕连尸骨都难以找到。如今有了这样的体验,就足以懂得船过瞿塘峡、翻越大庾岭的风险。回想自己平生所经历的艰险都算不得什么,真正令人感到恐惧的危险当从这里算起。

过了龙门阁栈道,前行是石柜阁栈道。

> 季冬日已长,山晚半天赤。蜀道多早花,江间饶奇石。石柜曾波上,临虚荡高壁。清晖回群鸥,暝色带远客。羁栖负幽意,感叹向绝迹。信甘屏憸婴,不独冻馁迫。优游谢康乐,放浪陶彭泽。吾衰未自由,谢尔性所适。
>
> ——《石柜阁》

诗人进入石柜阁栈道以后,明显感受到蜀地特异的气候。冬天到了末尾,白天慢慢长了,山中晚景如画,残阳映红半边天。蜀道旁已有不少早开的花,江水间嶙峋奇石也很多。石柜阁道高架于长江层波之上,水映峭壁仿佛在虚空中荡漾。夕阳余晖引回成群的白鸥,暮色苍茫迎接远方的来客。年来展转旅途实在有负自己寻幽访胜的本性,令诗人一路上感叹不已。在沿途山水幽雅地不能停息下来探胜,主要因为自己身体虚弱,不单单是迫于饥寒的缘故。像谢灵运那样优游山水之间，陶渊明那样放浪形骸之外，固然令人向慕，但诗人已年老体衰，力不从心，无法做到率性而为了。

过了石柜阁，来到嘉陵江、白龙江合流处的桔柏渡，穿越竹架的长桥，不久就到了著名的剑门关。剑门山东西绵延二百余里，两岸断崖峭壁似剑直插云霄，两壁山崖相对而立其状如门，故称剑门。剑门关地势十分险要，唯有阁道可通，自古为由秦入蜀的要道，是历代兵家必争之地。杜甫来到这如门似剑的天险之地，一面惊叹关隘之险要，一面又为家国安危而忧虑：

　　惟天有设险，剑门天下壮。连山抱西南，石角皆北向。两崖崇墉倚，刻画城郭状。一夫怒临关，百万未可傍。珠玉走中原，岷峨气悽怆。三皇五帝前，鸡犬各相放。后王尚柔远，职贡道已丧。至今英雄人，高视见霸王。并吞与割据，极力不相让。吾将罪真宰，意欲铲叠嶂。恐此复偶然，临风默惆怅。

——《剑门》

天造地设的险要之处，普天之下以剑门最为壮观。山山相连抱护着西南蜀地，山峰皆如同牛角指向北方。关门两旁山崖如同两堵高墙，恰好构成城郭的形状。在这里一夫奋勇当关，百万大军都莫能近前。蜀地珠玉财宝都贡奉于中原，岷峨两山都为之不胜颓丧。上古时蜀地与中原隔绝，百姓各得其所，彼此不相往来。后世君王对远方实行怀柔之策，向蜀中征收贡赋已丧失先王之道。如今一些野心勃勃的人，高视阔步企图称王称霸。有人想并吞统一，有人想割据一方，拼你争我夺，互不相让。诗人要向上天造物主兴师问罪，铲平这些致乱的重峦叠嶂，使那些意欲称王称霸者无险可据，丢掉痴心妄想。诗人忧虑凭险割据之事还有可能重现，不禁临风暗自惆怅。

"《剑门》一诗中，杜甫尽显忧国忧民的本色，为民请命，敢于

十四、弃官西行陇蜀

问罪于天，疾恶如仇，他担心历史上的割据局面，会复现于今日乃至将来，破坏大唐的一统局面，于是呼吁'铲叠嶂'，而此举意图又在于告诫朝廷，如果这样的割据势力一旦出现，会利用剑门的天险，以及蜀地人民被逼贫为贼的可能性，来达到反朝廷的目的。……不久以后，蜀中的段子璋、徐知道、崔旰、杨子琳等果据险为乱，杜诗中的谶纬再次不幸言中。杜甫疾呼虽若此，然而毕竟是无能为力、无力解脱，不得不惆怅满怀。对此抒怀，其实深刻地蕴含着民抱物与的精神。"（温虎林《杜甫陇蜀道诗歌研究》，第106页）

诗人过了剑门往西南，翻过鹿头山，进入沃野千里的成都平原，再南行一百五十里，就到达成都了。

> 翳翳桑榆日，照我征衣裳。我行山川异，忽在天一方。但逢新人民，未卜见故乡。大江东流去，游子去日长。曾城填华屋，季冬树木苍。喧然名都会，吹箫间笙簧。信美无与适，侧身望川梁。鸟雀夜各归，中原杳茫茫。初月出不高，众星尚争光。自古有羁旅，我何苦哀伤。
>
> ——《成都府》

杜甫带领家人于腊月底的一个傍晚抵达成都。初到成都，诗人有一种喜忧交并的感情：夕阳的一抹余晖，照着我风尘仆仆的衣裳。经历艰难的长途跋涉，走过形形色色的山川，不觉来到了一个焕然一新的天地，似乎有了新的生活希望。然而到处碰见的都是陌生的人群，不知何时才能回到自己的故乡。但见大江流水滚滚东去，自己只能像游子一样长期流落他乡。看这城里遍地是楼宇华堂，寒冬季节树木依然郁郁苍苍。不愧为著名都会热闹非凡，箫管笙簧音响弥漫大街小巷。这里确实很美但没有诗人安身之地，诗人只有伫立桥头侧身长望远方。到夜晚鸟雀都各自归巢安息，想中原烽烟漫天诗人归往何方？仰望天际月亮刚刚升起来，而众星闪耀与初月争光，顿时脑际产生种种联想，想到大唐中兴初创、寇乱未平，想到天朝君主新登、佞臣当道，心中不胜哀伤。转念又自我宽解：自古以来就有流离羁旅之苦，又何必这样苦苦哀伤！虽说何必哀伤，其实又怎能摆脱哀伤呢！

前人称道"杜陵诗卷是图经"（刘克庄《后村先生大全集》卷一八二《诗话新集》中引网山〔林亦之〕《送蕲帅》诗句），主要就是指诗人在陇蜀道上纪行诗而言的。其实这一些纪行诗不仅是陇蜀山川地理的实录，而且也是诗人这一段心路历程的展示，在情景交融中表现出强烈的主体意识。正如一位当代学者所言："杜甫蜀道纪行诗详陈蜀道山川之奇险，详陈蜀道行踪与我的感受，并在身处绝境和自身多艰的情况下，仍然关注着时局与民生，将个人经历与社会历史紧密相连，深深地表达了诗人感人忧世之情怀，真乃史诗。"（温虎林《杜甫陇蜀道诗歌研究》，第 115 页）

乾元二年（759），是诗人在旅途中艰苦奔波的一年，他自己说"一岁四行役"，就是指本年春由洛阳返华州，初秋自华州至秦州，十月南下同谷，十二月又离同谷奔赴成都。在这些艰难跋涉的旅途中，他亲身体验了下层人民在战乱中所遭受的饥寒交迫、生死流离的苦难，特别在由陇入蜀途中，他成了一个流离的难民，在生活上跌入了社会的底层，在思想上也就逐步靠近人民。这一年，他以亲身见闻写下了"三吏""三别"，又以切身体验写下了《秦州杂诗二十首》《同谷七歌》和蜀道纪行诗，使他真正走上了"诗史"的通天大道。

十五、憩迹成都草堂

上元元年（760）年初，杜甫借居成都以西七里处浣花溪畔的草堂寺。时任彭州刺史的高适，听说杜甫来到成都府，立即以诗相赠：

> 传道招提客，诗书自讨论。佛香时入院，僧饭屡过门。听法还应难，寻经剩欲翻。草玄今已毕，此外复何言？
>
> ——《赠杜二拾遗》

高适听说杜甫住进草堂寺，以为他皈依佛门，因此称他招提客，说及佛香僧饭、听法寻经之事。

> 古寺僧牢落，空房客寓居。故人供禄米，邻舍与园蔬。双树容听法，三车肯载书。草玄吾岂敢，赋或似相如。
>
> ——《酬高使君相赠》

杜甫在酬答高适的诗中，说自己是借住在寺院的空房里，生活依靠亲友的接济、邻里的帮助，并非依食于寺院，也无暇寻讨佛理、推衍诸经。从此可见杜甫初到成都时的生活状况，以及杜甫与佛教的关系。

寄居于草堂寺终究不是长久之计，杜甫想寻找一块合适的地方，修建一座可以安居的茅屋。在成都府里当司马的一个表弟王十五,得知这一消息,立即给他送来修建所需的资金。

>客里何迁次,江边正寂寥。肯来寻一老,愁破是今朝。忧我营茅栋,携钱过野桥。他乡唯表弟,还往莫辞遥。
>
>——《王十五司马弟出郭相访兼遗营草堂赀》

正当杜甫为修建草堂资金发愁的时候,王十五专门出城相访,送来营建草堂的资金,杜甫喜出望外,以诗相赠,表示感激之情。

杜甫得到亲友的资助以后,草堂的选址和建造工作就紧锣密鼓地展开。

>浣花流水水西头,主人为卜林塘幽。已知出郭少尘事,更有澄江销客愁。无数蜻蜓齐上下,一双鸂鶒对沉浮。东行万里堪乘兴,须向山阴上小舟。
>
>——《卜居》

诗人在成都西郊浣花溪畔选定了建造草堂的地址,十分得意。这个地方风景幽美,既远离城市的喧嚣,免受尘俗之事的打扰,交通也很便利,可以乘兴登船万里东游。

杜甫《题江外草堂》诗云:"经营上元始,断手宝应年。"草堂营建从上元元年(760)开始,当年即已搭建茅屋可以入住,而整个工程直到宝应元年(762)才全部完成。

>背郭堂成荫白茅,缘江路熟俯青郊。桤林碍日吟风叶,笼竹和烟滴露梢。暂止飞乌将数子,频来语燕定新巢。旁人错比扬雄宅,懒惰无心作解嘲。
>
>——《堂成》

草堂建成,有了一个理想的安居之所,结束了多年的流离生活,诗人的喜悦之情溢于言表:这座草堂背靠成都城郭,沿江而起,地势高敞,可以俯视青绿的郊野。周边有桤木遮阳吟风,笼竹和烟滴露,环境宜人,连乌鸦和燕子也来新居,与诗人相亲相近。

十五、憩迹成都草堂

旁人把草堂错比为扬雄故宅，诗人也懒得和他们辩白了。其实诗人只是暂时在此安居，并不是像扬雄一样定居在成都。

杜甫住进草堂，一家人过上了安闲幽静的生活。

  清江一曲抱村流，长夏江村事事幽。自去自来梁上燕，相亲相近水中鸥。老妻画纸为棋局，稚子敲针作钓钩。多病所须唯药物，微躯此外更何求？

——《江村》

一湾清溪环绕着村庄流过，诗人感到长夏里江村事事都很幽静安闲。梁上的燕子自去自来，自由自在，水中的鸥鸟相伴相随，相亲相爱，都显得幽趣盎然。看老妻画纸为棋局，憨态可掬，稚子敲针作钓钩，天真可爱，更令人心安意得。经历了长时间的颠沛流离之后，能获得这样安乐的生活，诗人感到心满意足：如今多病之身只需药物就行了，此外还能要求什么呢？

杜甫一家人生活，全仰仗官场亲友的接济，然而由于各种原因也有接济不到之时，因此也就常有衣食之忧。杜甫在乾元二年（759）十二月来成都时，成都尹裴冕给予不少帮助。可是到上元元年（760）三月，裴冕就调离了，成都尹换为李若幽。上元二年（761）三月，成都尹又换为崔光远，到十二月，又变成严武。在裴冕调离成都，杜甫朋友严武到任之前将近两年时间里，由于官场人事不熟，经济上失去得力帮助，杜甫一家生活常常陷入困境。

  万里桥西一草堂，百花潭水即沧浪。风含翠篠娟娟静，雨裛红蕖冉冉香。厚禄故人书断绝，恒饥稚子色凄凉。欲填沟壑唯疏放，自笑狂夫老更狂。

——《狂夫》

江村风景依然美丽如画：草堂前翠竹迎风婆娑，池塘里红莲清香可闻。然而诗人一家生计却难以为继：因为厚禄故人接济中断，一家老小忍饥挨饿，以至于幼小孩子都面带饥色。在这样穷困潦倒、生命垂危的情况下，诗人只有狂放以傲世，自笑以遣愁。

上元二年（761），杜甫五十岁，年老体衰，家境依然十分艰难，令诗人百忧交集。

> 忆年十五心尚孩，健如黄犊走复来。庭前八月梨枣熟，一日上树能千回。即今倏忽已五十，坐卧只多少行立。强将笑语供主人，悲见生涯百忧集。入门依旧四壁空，老妻睹我颜色同。痴儿不知父子礼，叫怒索饭啼门东。
>
> ——《百忧集行》

诗人年届五十，回想年少时健如黄犊，如今年老体弱，坐卧多而行立少，不胜感慨。更令人不堪的是一家人生活无着，经常要去求人接济，还得强装笑颜。然而即使如此也常常是空手而归，回到家依然一无所有，老妻见他也一脸忧色。小儿子饿得不顾亲子之礼，在厨房门口哭叫着要饭吃。此情此景，怎不叫人百忧交集？

世上的事情往往是雪上加霜。正当杜甫一家生活陷入窘困之境时，八月间的一场大风，又把好容易建设起来的草堂顶棚吹破，卷走了上面的三层茅草。

> 八月秋高风怒号，卷我屋上三重茅。茅飞度江洒江郊，高者挂罥长林梢，下者飘转沉塘坳。南村群童欺我老无力，忍能对面为盗贼，公然抱茅入竹去。唇焦口燥呼不得，归来倚杖自叹息。俄顷风定云墨色，秋天漠漠向昏黑。布衾多年冷似铁，娇儿恶卧踏里裂。床床屋漏无干处，雨脚如麻未断绝。自经丧乱少睡眠，长夜沾湿何由彻。安得广厦千万间，大庇天下寒士俱欢颜，风雨不动安如山。呜呼！何时眼前突兀见此屋，吾庐独破受冻死亦足。
>
> ——《茅屋为秋风所破歌》

十五、憩迹成都草堂

八月秋高天旷，突然一阵狂风怒吼而来，卷走了他家屋顶上三层茅草。诗人站在门口眼睁睁地看着茅草被风带走，飘飞过江去洒落在江边，高的挂在了树梢上，低的飘落在水洼里。南村的一帮儿童欺负他衰老无力，竟能忍心当着面做起了盗贼，公然把能够拣到的茅草抱进竹林去，喊得唇焦口干也没有用，只有拄着拐杖回来独自叹息。屋漏偏逢连夜雨。过一会儿风停了，云层变得墨黑，天气阴沉沉越来越昏暗，随之下起了大雨。屋顶漏雨，这一夜可怎么过呢。家里的布被用了多年冷硬如铁，娇儿睡相不好又把被里蹬裂。床上漏雨淋得透湿透湿，雨脚如麻线还不停地滴落。自从丧乱以来诗人很少能够安眠，这湿漉漉的长夜如何熬到天明？诗人独坐床头，低头沉思默想：自己尚且沦落到这种地步，普天之下那些比自己更加困苦的人不知有多少？怎么才能得到高楼大厦千万间，为天下寒士遮风挡雨，大家都欢天喜地住在里面，免受风雨之苦，那该多好啊！呜呼，什么时候能够在眼前矗立起这样的房屋，就是自己的茅庐再破受冻而死，心里也满足！

诗人在风雨寒夜的这一席念想，发自他推己及人、兼济天下的仁爱之心，精诚感人。自己身处饥寒之中而祈愿天下寒士能过上安乐生活，这是何等崇高的人格，何等博大的胸襟！

诗人从这种博爱情怀出发，不时关心民生需求，关切天地风云变化，期望年年风调雨顺，遇上好雨就喜不自胜，遇上大旱就心焦如焚。

好雨知时节，当春乃发生。随风潜入夜，润物细无声。野径云俱黑，江船火独明。晓看红湿处，花重锦官城。

——《春夜喜雨》

诗人惦念农时，春天正是万物萌发生长的季节，需要雨水的滋养。诗人期盼着春雨，雨应时悄然而注，于是一上来就满心欢喜地叫"好"。夜间春雨伴随着和风下个不停,静静地滋润着万物。诗人倾耳细听,兴奋得睡不着觉,又生怕它下一阵子就停止了,就走到门口去看。放眼望去,只见天空浓云密布,地上一片漆黑,江面上也只有船上的灯火明亮可见。看来这场雨准会下到天亮。诗人看到春雨正浓的景象,立即畅想天明以后春色满城的景象。他就自己的视野所及,以"花重锦官城"的美好形象,表达春雨滋养万物蓬勃生长给人们带来的喜悦之情。

《春夜喜雨》这首诗写于上元二年(761)。第二年,即宝应元年(762),成都地区春旱,杜甫焦急万分,立即给刚到任的成都尹严武上书,写了《说旱》一文,给老朋友建言献策。他在文中说,蜀中自去年十月以来未曾下雨,久旱成灾:"是何川泽之干也,尘雾之塞也,行路皆菜色也,田家其愁痛也。"针对旱灾给农民带来的悲痛,政府应采取措施。他向严武建议要疏决冤狱,以消除民怨;减轻赋敛,对留侍父母的丁男实行优惠政策。

这一年入夏,久旱之后终于下了大雨。诗人欣喜万分。

　　西蜀冬不雪,春农尚嗷嗷。上天回哀眷,朱夏云郁陶。执热乃沸鼎,纤絺成缊袍。风雷飒万里,霂泽施蓬蒿。敢辞茅苇漏,已喜黍豆高。三日无行人,二江声怒号。流恶邑里清,矧兹远江皋。荒庭步鹳鹤,隐几望波涛。沉疴聚药饵,顿忘所进劳。则知润物功,可以贷不毛。阴色静垄亩,劝耕自官曹。四邻未耜出,何必吾家操?

——《大雨》

西蜀地区一个冬天未下雨雪,农民都因春旱而连连哀叹。到夏天方见阴云密布,尽管天气闷热不堪,终于风雷万里,大雨滂沱,施惠一方生民。诗人高兴万分:喜见地里庄稼挺拔生长,自家茅屋漏雨根本不在话下!雨后农民都忙于抢种,路上没有闲游的行人。

两条江里流水汹涌澎湃,冲走江边的污秽杂物。诗人坐在庭院里观望江流滚滚波涛,天凉神爽顿时忘记老毛病要进食的药饵。可见上天雨露润物之功,可以惠及不毛之地。雨后的田野处于绿阴之中,农官也在乘势劝耕劝种,四邻都扛着农具下地忙碌,这就无须诗人来多操心了。

诗人悯农之心随处可见,即便在赏景咏物时,也会触景生情,咏物抒怀,为民请命。

> 蜀门多棕榈,高者十八九。其皮割剥甚,虽众亦易朽。徒布如云叶,青黄岁寒后。交横集斧斤,凋丧先蒲柳。伤时苦军乏,一物官尽取。嗟尔江汉人,生成复何有。有同枯棕木,使我沉叹久。死者即已休,生者何自守。啾啾黄雀啄,侧见寒蓬走。念尔形影干,摧残没藜莠。

——《枯棕》

诗人看到蜀中的棕榈树,十之八九都长得很高大。但棕皮被割剥过度,即使棕皮再多也容易枯朽。它徒有青青如云的枝叶,岁寒季节凌霜不凋,但遭受刀斧纵横割剥之后,竟比蒲柳还凋丧得早。诗人伤心当下打仗军需物资缺乏,官府看到一件可以攫取的东西就搜刮殆尽。他随即联想到蜀中人民的遭遇,感叹他们生产的物资被搜刮得一无所有,如同枯棕树的命运一样。沉叹良久之后,诗人情不自禁地直抒悲悯之情:死去的也就作罢,生存者将何以自活?你看那枯棕树,被黄雀叫喳喳地啄去棕毛,像冬天蓬草一样随风飘走,树杆干枯之后,终将落得埋没野草的下场。诗人悲叹枯棕的命运,实际上是悲叹惨遭割剥的蜀中百姓的命运。诚如仇兆鳌所言:"枯棕,伤民困于重敛也。"(《杜诗详注》卷十)

诗人虽然身处较为安定的成都郊野,也常常独步寻花,泛溪赏景,但他的内心却始终并不安适宁静。他既不时牵挂天下寒士的冷暖、一方农夫的休戚，更念念不忘国家命运的安危，时政形势的变化。

  野老篱前江岸回，柴门不正逐江开。渔人网集澄潭下，贾客船随返照来。长路关心悲剑阁，片云何意傍琴台？王师未报收东郡，城阙秋生画角哀。

——《野老》

  诗人在草堂前的江边散步，望见渔人正在百花潭中下网捕鱼，江上的商船也披着霞光在此靠岸，景致虽然恬静美好，而他内心却难以平静。他悲叹自己漂泊身世，忧念国家战乱未平：自己长途流离来到剑外，像孤云一样落脚成都，有家难归，报国无门，不知出路何在？更令人忧念的是去年洛阳失陷以后至今尚未听到收复的消息，听那城头画角悲鸣，似乎蜀中也隐伏着内忧外患。

  洛城一别四千里，胡骑长驱五六年。草木变衰行剑外，兵戈阻绝老江边。思家步月清宵立，忆弟看云白日眠。闻道河阳近乘胜，司徒急为破幽燕。

——《恨别》

  诗人远离故乡，历经战乱，久经飘零而憔悴衰老，担忧回乡无望而终老草堂。他思家忆弟，步月徘徊，清宵独立，通宵难以入睡，白昼望云，情思昏昏，倦极才稍得闭目。然而当他听到前方传来连战告捷的喜讯，立即振奋不已。上元元年（760）三月，检校司徒李光弼破安太清于怀州城下；四月，又破史思明于河阳西渚。诗人为之欢欣鼓舞，期望李光弼急速直捣叛军老巢，收复河北，平定叛乱。

  诗人一直关注前方平叛进展的消息。

  久客宜旋旆，兴王未息戈。蜀星阴见少，江雨夜闻多。百万传深入，寰区望匪他。司徒下燕赵，收取旧山河。（其一）

十五、憩迹成都草堂

> 闻道并州镇，尚书训士齐。几时通蓟北，当日报关西。恋阙丹心破，沾衣皓首啼。老魂招不得，归路恐长迷。（其二）
>
> ——《散愁二首》

战乱尚未平息，诗人返乡的愿望无法实现。蜀地阴雨连绵，更觉客居凄凉。听说李光弼率领百万雄师深入幽燕，实为国人众望所归。诗人热切希望司徒直捣叛军老巢，攻下幽燕，收复大唐旧日山河。

诗人又听说兵部尚书王思礼出镇并州，用法严整，将士齐心。不知何时能够平定蓟北？平定之后望即日报捷于京师，以便诏告天下。诗人苦苦期待着这一天早日到来！要知道诗人眷恋朝廷，丹心都要破了，已经满头白发，还天天泪沾衣衫。诗人真担心太平无望，归途渺茫，故乡亲人招不回自己的魂魄。

诗人热切期望李光弼、王思礼平定叛乱，收复河山，借以遣散自己的忧愁。最后又因望极而转愁。本欲散愁，愁仍未能散去。忧国思乡之心切，可想而知。

诗人虽然早已离开君主拾遗的职位，却仍然关心朝政的得失。

> 苍生未苏息，胡马半乾坤。议在云台上，谁扶黄屋尊？建都分魏阙，下诏辟荆门。恐失东人望，其如西极存。时危当雪耻，计大岂轻论？虽倚三阶正，终愁万国翻。牵裾恨不死，漏网辱殊恩。永负汉庭哭，遥怜湘水魂。穷冬客江剑，随事有田园。风断青蒲节，霜埋翠竹根。衣冠空穰穰，关辅久昏昏。愿枉长安日，光晖照北原。
>
> ——《建都十二韵》

上元元年（760），朝廷接受下臣建议，立东之南都荆州，废西之南京蜀郡。杜甫认为当下世乱未平，百姓未得苏息，半壁河山尚在胡人之手，那些身居云台之上的群臣，有谁提出安邦之策扶持君王的尊严？反而不合时宜地提议分设南都，让君王下诏在荆门另建城池宫殿。荆州南都之建，蜀郡南京之废，满足了东部人民的期望，难道没有想到西部也一样是皇天后土，怎能建彼而废此！当下时危之际应当勠力同心洗雪国耻，建都大事哪里可以轻易谈论？朝廷的正气虽然可依仗，但处置不当万国之愁恐也难免。诗人在斥责当事者无拨乱之心，忽时务之要以后，感慨自己已身离朝廷，无法参与朝议上疏谏止：想当年自己为疏救房琯犯颜直谏，幸免一死。如今只有像贾谊痛哭朝廷和屈原自沉湘水一样，空有爱国之心而无报国之力。在这深冬季节依然客居成都，幸有一片田园以作栖身之所。我犹如风断的青蒲、霜埋的竹根，远离朝廷，无由问政。如今朝廷官员虽多，却未能解救关辅之难。但愿长安红日当空，光辉能够照亮沦陷的北方地区。诗人呼吁收复失地平定天下是当务之急，而不必汲汲于建都之举。

杜甫身在江湖，心存宫阙，虽流落西南，仍怀一片忠诚报国的良苦用心。他特别羡慕诸葛亮，受到君主器重，君臣相得，报效有门。因此他来成都不久，即去寻访武侯祠。

> 丞相祠堂何处寻？锦官城外柏森森。映阶碧草自春色，隔叶黄鹂空好音。三顾频烦天下计，两朝开济老臣心。出师未捷身先死，长使英雄泪满襟。
>
> ——《蜀相》

诗人怀着敬慕之情，问路寻途，奔往蜀相祠堂。城外有一片郁郁葱葱的翠柏林，那就是武侯祠所在了。到了武侯祠，见满院碧草萋萋映阶，听树上黄鹂声声鸣叫，空有先贤遗迹，而竟无人问津。诗人独自一个徘徊瞻望，心中缅怀孔明一生业绩，称赞刘备为求统一天下大计三顾茅庐，知人善任，孔明辅佐刘备父子两朝，赤胆忠心。君臣相得，何其美好！只可惜孔明出师伐魏途中病死军中，统一天下壮志未酬,遗恨千古,让无数后世英雄感慨不已,泪洒衣襟。此时此刻,诗人不禁也感同身受,老泪纵横。这眼泪之中,既有对前世英雄功业未竟的哀叹,也包含着自己壮志难酬的悲伤。

杜甫身居成都草堂,生活比较安宁,而他的弟妹仍在战火纷飞的河南和齐鲁,令他牵肠挂肚,日夜思念。

干戈犹未定,弟妹各何之?拭泪沾襟血,梳头满面丝。地卑荒野大,天远暮江迟。衰疾那能久,应无见汝时。

——《遣兴》

西山白雪三城戍,南浦清江万里桥。海内风尘诸弟隔,天涯涕泪一身遥。唯将迟暮供多病,未有涓埃答圣朝。跨马出郊时极目,不堪人事日萧条。

——《野望》

《遣兴》作于上元元年(760)秋天,《野望》作于宝应元年(762)春天。诗人思念亲人的愁绪一直不断:海内战乱尚未平定,弟弟妹妹你们都在哪里呢?思念情深,以致拭泪沾血,忧愁过甚,以致面落白发。天远地长,自己流落天涯,甚至担心自身体衰多病,恐怕与你们相见无日了。忧国思亲,愁绪纷繁,使诗人难以安身,他就骑马跑到郊野去极目远眺,抒发心中的忧闷之情:国家连年战乱造成兄弟骨肉分离,诗人只有挥洒涕泪孤身流落天涯。如今到了迟暮之年又被病魔缠身,真惭愧自己对国家没有一点贡献。眼看世事越来越不景气,家国前途真叫人不堪想象!

杜甫思亲亦怀友,李白仍然是最令其牵挂的人。

不见李生久,佯狂真可哀。世人皆欲杀,吾意独怜才。敏捷诗千首,飘零酒一杯。匡山读书处,头白好归来。

——《不见》

杜甫一直十分关心李白的命运,近来仍然没有李白的消息,令他十分想念：好久没有见到太白了！他一生壮志未酬，狂放不羁，实出于无奈，其坎坷境遇真令人悲哀。世人忌才欲置之于死地，我却心爱这个旷世奇才。他四处漂泊，与杯酒相伴一生，纵酒吟诗，挥毫立成千首，其诗可谓无敌于天下。杜甫念念有词地怀念李白、赞许李白之后，就向李白发出亲切的呼唤：老兄呵，你家乡匡山读书台还在，如今年纪大了，好叶落归根了！杜甫此时身在蜀中，呼唤李白回归故里，也是渴望与老朋友早日相见，共叙友情。

苦忆荆州醉司马，谪官樽俎定常开。九江日落醒何处，一柱观头眠几回。可怜怀抱向人尽，欲问平安无使来。故凭锦水将双泪，好过瞿唐滟滪堆。

——《所思》

杜甫有一个朋友叫崔漪，由吏部贬谪为荆州司马，使他苦苦思念：你一定常常借酒浇愁，不知今朝酒醒何处？可怜他愁绪满怀逢人便打听你的近况，但荆州却始终没有一点消息传来。诗人只有挥泪洒进锦江，让泪水随着流水涌过长江天险到达荆州，传达自己的怀念之情。诗人对朋友的真挚友情，感天动地，诚如仇兆鳌所言："此诗备写苦衷，语语足泣鬼神。"（《杜诗详注》卷之十）

十六、流落梓阆天地

宝应元年（762）年初，严武到成都尹任上之后，给杜甫很多资助，使杜甫一家生活有了很大改善，草堂也扩充"有竹一顷余"。但是好景不长。同年七月，严武被召入朝，杜甫送严武上路，直至绵州（今四川绵阳）。

> 鼎湖瞻望远，象阙宪章新。四海犹多难，中原忆旧臣。与时安反侧，自昔有经纶。感激张天步，从容静塞尘。南图回羽翮，北极捧星辰。漏鼓还思昼，宫莺罢啭春。空留玉帐术，愁杀锦城人。阁道通丹地，江潭隐白蘋。此生那老蜀，不死会归秦！公若登台辅，临危莫爱身。
> ——《奉送严公入朝十韵》

当年四月，玄宗、肃宗相继去世，代宗接位。因此诗开头说肃宗上升，代宗初立，四海多难之时，朝廷召回先朝之旧臣。接着追叙严武的武功，见得召回并非偶然。如今严公自蜀还京，入朝辅政。锦城百姓，依恋不舍。诗人最后自伤留滞成都，相信终有一天会回到长安，语重心长嘱咐严武"公若登台辅，临危莫爱身"，勉励其见危授命，勇于为国担当，将个人得失生死置之度外。诗人的这一番叮嘱，既是对严武回朝任职的厚望，也表明自己为人处世所持的态度。

> 远送从此别，青山空复情。几时杯重把？昨夜月同行。列郡讴歌惜，三朝出入荣。江村独归处，寂寞养残生。
>
> ——《奉济驿重送严公四韵》

杜甫送严武到绵州北三十里之奉济驿，分手时又写了这首诗赠他，抒写依恋难舍之情：青山伫立，似为送客伤情，送君千里，也终须一别了。回想昨夜月下同行，不知何时才能把酒重聚？诗人称赞严武政绩斐然，巴蜀吏民都讴歌惜别，三朝出守入朝皆荣居高位；想到分别之后自己回到江村孤独无依，只有寂寞地度过风烛残年，心中万分惆怅。

严武离开成都之后，成都少尹兼侍御史徐知道叛乱，自称成都尹兼御史中丞剑南节度使，派兵占据剑阁，断绝南北交通，往西攻取邛州（今四川邛崃），联络羌兵；因为同羌兵发生矛盾，八月二十三日被高适击溃，随即被他的部将李忠厚杀死。李忠厚在成都纵兵胡作非为，大肆杀戮人民。

杜甫得知徐知道叛乱的消息以后，无法返回成都去，只有到梓州（今四川三台县）去避难。从此又开始了一段流离生活。

> 凉风动万里，群盗尚纵横。家远传书日，秋来为客情。愁窥高鸟过，老逐众人行。始欲投三峡，何由见两京。
>
> ——《悲秋》

> 客睡何曾著，秋天不肯明。卷帘残月影，高枕远江声。计拙无衣食，途穷仗友生。老妻书数纸，应悉未归情。
>
> ——《客夜》

> 伊昔黄花酒，如今白发翁。追欢筋力异，望远岁时同。弟妹悲歌里，朝廷醉眼中。兵戈与关塞，此日意无穷。
>
> ——《九日登梓州城》

这几首诗,叙写诗人初到梓州时的情思与生活状况:因为群盗纵横无忌,避乱来到梓州,意欲前往长江三峡,回到洛阳、长安去。而中原战乱未平,只得暂且客居于此,念家思妻,受着长夜难眠的煎熬。衣食无计,全仗友人接济生活。重九饮了菊花酒,独自登上梓州城,悲歌怀念弟妹,醉眼远望朝廷:只见兵戈烟尘未息,关塞阻隔重重。这种家国两愁的日子,何时是个尽头!

其实梓州也不是世外桃源。头一年,即上元二年(761)四月,这里发生过梓州刺史段子璋叛乱,陷绵州、遂州,自称梁王。到五月高适等率兵攻取绵州,斩段子璋,至秋末叛军才最后剿灭。杜甫来到梓州,还可看到战乱留下的影响。

  山行落日下绝壁,西望千山万山赤。树枝有鸟乱鸣时,暝色无人独归客。马惊不忧深谷坠,草动只怕长弓射。安得更似开元中,道路即今多拥隔。

——《光禄坂行》

  苦战身死马将军,自云伏波之子孙。干戈未定失壮士,使我叹恨伤精魂。去年江南讨狂贼,临江把臂难再得。别时孤云今不飞,时独看云泪横臆。

——《苦战行》

  去年涪江木落时,臂抢走马谁家儿?到今不知白骨处,部曲有去皆无归。遂州城中汉节在,遂州城外巴人稀。战伤冤魂每夜哭,空令野营猛士悲。

——《去秋行》

在梓州铜山县光禄坂,诗人日暮时独自一人行走在山道上,不仅要担心马惊坠落深谷,更害怕山中盗贼伏击弓射。在这乱世征途,能不抚今忆昔?

去年战乱的遗迹随处可见可闻。《苦战行》哀将军苦战而死,

《去秋行》哀士卒力战而亡。诗人赞叹讨贼将军的勇猛无双，哀悼野营猛士冤魂无归，不禁为之涕泪纵横。

秋末，杜甫把妻子儿女也接到梓州来，留弟弟杜占在成都看守草堂。

杜甫身处梓州，心中仍然牵挂着中原平叛的战事。

宝应元年（762）十月，唐军以雍王适（帝长子）为天下兵马元帅，统帅河东、朔方及诸道行营、回纥等兵十余万，大举进讨史朝义，势如破竹。杜甫听到这个消息，立即写了《渔阳》一诗，警告河北安史叛军旧将赶快投降：

渔阳突骑犹精锐，赫赫雍王都节制。猛将飘然恐后时，本朝不入非高计。禄山北筑雄武城，旧防败走归其营。系书请问燕耆旧，今日何须十万兵。

唐军北伐果然很顺利，首先攻克怀州，随后收复东京洛阳及河阳，伪邺郡节度使薛嵩以相、卫、洺、邢四州降，伪恒州节度使张忠志以赵、垣、深、定、易五州降。广德元年（763）正月，史朝义败走广阳，缢死于林中，其将田承嗣以莫州降，李怀仙以幽州降，并斩史朝义首级来献。至此河南、河北诸州郡尽为唐军收复，延续八年之久的安史之乱宣告平息。杜甫听到这个消息，欣喜若狂：

剑外忽传收蓟北，初闻涕泪满衣裳。却看妻子愁何在，漫卷诗书喜欲狂。白日放歌须纵酒，青春作伴好还乡。即从巴峡穿巫峡，便下襄阳向洛阳。

——《闻官军收河南河北》

诗人流落剑外，突然听到官军收复河南河北的消息，真是喜从天降，不禁热泪滚滚而下：多少年战乱流离的生活就要结束了，多少天期盼返回故乡的愿望就可实现了，怎能不令人喜极而泣呢？回头看看妻儿，也是笑逐颜开，脸上的愁云已经一扫而光。想到很快就要回乡，于是胡乱地卷起诗稿和书籍，兴奋得简直要发狂一样：白日放声高歌应当开怀痛饮，大好春光之下可以结伴还乡了！此刻诗人归心似箭，似乎立刻可以从巴峡穿过巫峡，直下襄阳再奔向洛阳，仿佛瞬间即能见到日夜思念的故乡。

杜甫虽然返乡心切，但并没有立即启动回乡的计划，尚有种种忧虑。

天畔登楼眼，随春入故园。战场今始定，移柳更能存？厌蜀交游冷，思吴胜事繁。应须理舟楫，长啸下荆门。

——《春日梓州登楼二首》其二

自古稻粱多不足，至今鸂鶒乱为群。且休怅望看春水，更恐归飞隔暮云。（其一）

青春欲尽急还乡，紫塞宁论尚有霜。翅在云天终不远，力微矰缴绝须防。（其二）

——《官池春雁二首》

这几首诗如实反映了诗人对返乡问题冷静、慎重的斟酌。他考虑战乱虽平，而家乡遭受浩劫之后，故园移柳未必能存，因此他又打算出峡到名胜较多的吴中去漫游。《官池春雁二首》是借物作比，抒发畏途之思：他担心时局尚不稳定，存在内外危机，归途艰难，资金又力不从心，不可贸然行动。实际上，由于安史之乱所引发的种种后遗症当时已开始显露，藩镇割据势力蠢蠢欲动，吐蕃内侵形势更是咄咄逼人。诗人的忧虑是切合实际的。

国家安危的局势可谓一波刚平，一波又起。吐蕃趁安史之乱刚刚结束，唐朝国内尚未稳定之机，大举入侵。宝应元年（762）七月，吐蕃率领党项等二十万大军，长驱直入，尽取河西、陇右之地。次年九月攻陷泾州。十月，进取奉天、武功，直逼长安。代宗毫无防备，逃奔陕州，六军四散。吐蕃入长安后大肆烧杀抢掠，另立邠王之孙李承宏为傀儡皇帝，改了年号，设立了百宰。幸有郭子仪收集散兵，整顿军队反攻长安，才迫使吐蕃退出。十二月，代宗返回长安。吐蕃军队又在四川攻陷松州、维州、保州及云山新筑二城，剑南西山诸州亦入于吐蕃之手。

杜甫始终关切时势的发展，抒写忧国忧民的情怀。当他听到吐蕃入侵，占领河陇地区时，就心急如焚。

> 莽莽天涯雨，江边独立时。不愁巴道路，恐湿汉旌旗。雪岭防秋急，绳桥战胜迟。西戎甥舅礼，未敢背恩私？
>
> ——《对雨》

诗人站在涪江之滨，望着茫茫大雨，他不愁巴人雨中道路难走，而是担心唐军的军旗及军备被雨打湿，增加行军作战的困难。雪岭一带防止吐蕃入侵甚为紧急，绳桥之战也迟迟未有胜利的消息传来，真令人焦急。他认为吐蕃与唐王朝之间本应有舅甥之礼，但吐蕃却背信弃义公然入侵，可见"未敢背恩私"是完全靠不住的，岂能轻信他们！

宝应二年（763）八月房琯病卒于阆州僧舍。杜甫前往阆州（今四川阆中）吊唁，闻吐蕃军队侵入剑南西山一带。

> 汉北豺狼满，巴西道路难。血埋诸将甲，骨断使臣鞍。牢落新烧栈，苍茫旧筑坛。深怀喻蜀意，恸哭望王官。
>
> ——《王命》

汉源以北陇右地区已为吐蕃占领，如今川西各路又征调甚急，出师不利，士卒死伤惨重，血埋兵甲。使臣鞍马往来，亦徒劳无益。为防止吐蕃深入只好自烧栈道，极需朝廷选派得力大将挽救危局。诗人为此恸哭呼喊，切盼代宗能够注意入蜀人选，赶紧派来得力的镇蜀命官！杜甫另外还写有《为阆州王使君进论巴蜀安危表》，详细陈述巴蜀垂危形势，请求朝廷选派贤明的亲王，或德高望重、

十六、流落梓阆天地

经验丰富的大臣来扭转颓局。

> 夷界荒山顶，蕃州积雪边。筑城依白帝，转粟上青天。蜀将分旗鼓，羌兵助铠铤。西南背和好，杀气日相缠。（其一）
> 辛苦三城戍，长防万里秋。烟尘侵火井，雨雪闭松州。风动将军幕，天寒使者裘。漫山贼营垒，回首得无忧？（其二）
> 子弟犹深入，关城未解围。蚕崖铁马瘦，灌口米船稀。辩士安边策，元戎决胜威。今朝乌鹊喜，欲报凯歌归。（其三）
> ——《西山三首》

诗人密切关注川西松、维、保三州抵抗吐蕃入侵的保卫战，三首诗逐章展开，反映了这场战争的过程。其一，写西山戍守的形势和战事的艰难：西山雪岭是华夷的分界处，也是大唐西蜀防御的屏障。城防设置于高山上，军粮运输十分困难。蜀地将领分兵增防，羌族士兵也前往助战。吐蕃背叛相互盟约，杀气腾腾不断侵扰。战事异常紧急。其二，写吐蕃侵犯气势汹汹，松州被围形势严峻：松、维、保三个州城艰难抵御来犯之敌，广为设防。吐蕃军队来势汹汹，侵占了火井，包围了松州。正当风大天寒，唐军已经束手无策。看那漫山遍野的敌人营垒，这种形势怎教人不担忧呢？其三，写诗人担忧松州将会失陷，又期望唐军能够取得胜利：唐军好像已经深入西山前线，然关城之围仍未解除。蚕崖一带兵马已很瘦弱，看来运输困难粮秣缺乏。只期望谋士能拿出安边良策，主将能显示决战决胜的威严。或战或和，总有一得。今天听到乌鹊的报喜声，但愿是预报唐军即将凯旋吧！

诗人的期望终于落空，随后松、维、保三州相继被吐蕃占领。

> 十室几人在？千山空自多。路衢唯见哭，城市不闻歌。漂梗无安地，衔枚有荷戈。官军未通蜀，吾道竟如何？
> ——《征夫》

松州等地战事失败，诗人慨叹蜀地人民虽大都应征入伍参战，结果还是空有群山天险而失守败北，造成惨重伤亡。如今道路上处处只听到哭声，城市里也毫无欢乐的声息。人们感觉无依无靠无法安身，荷戈的士兵也在默默等待援军到来。但朝廷的援军始终没有来到蜀中，真让人走投无路，不知如何是好？

  岁暮远为客，边隅还用兵。烟尘犯雪岭，鼓角动江城。天地日流血，朝廷谁请缨？济时敢爱死？寂寞壮心惊。

——《岁暮》

诗人面对西南战事，眼看吐蕃大肆进犯，战斗激烈，天地间处处在流血，痛感当今请缨无人：当此国家危急之时，朝廷里有谁能像汉代的终军一样挺身而出，为国杀敌立功？他这个被冷落山野之人，壮心也还惊而觉起：为国排忧解难，岂敢偷生怕死？从此可见诗人慷慨报国的雄心壮志，老而弥坚。

关中方面传来更为令人震惊的消息：吐蕃攻陷长安，大肆焚烧宫室，代宗出奔陕州避难。

  乱离知又甚，消息苦难真。受谏无今日，临危忆故人。纷纷乘白马，攘攘看黄巾。隋氏留宫室，焚烧何太频？

——《遣忧》

诗人听到长安陷落、宫室被焚的消息，感到大难又临头，就不知道这个消息是否确实？如果早纳谏言，哪至于有今日？（其实郭子仪曾几次谏言，吐蕃、党项不可忽视，宜早作准备，可君主没有采纳。）如今长安满城吐蕃兵马耀武扬威，焚烧抢掠，前朝留下的宫室再次遭殃，岂不可悲？

  巴山遇中使，云自陕城来。盗贼还奔突，乘舆恐未回？天寒邵伯树，地阔望仙台。狼狈风尘里，群臣安在哉？

——《巴山》

十六、流落梓阆天地

诗人在巴山遇到一位从陕城来的宦官,赶紧上前去打听消息。听说长安吐蕃还很猖獗,君主的乘舆怕是尚未返京。诗人顿时义愤填膺:陕州天寒地阔,让君主风尘仆仆,如此狼狈不堪,朝廷那么多文武大臣都是干什么的?

同年十月,杜甫在阆州接到妻子来信,得知女儿患病,便离开阆州回梓州。苦于近年来为生计东奔西还之劳,他写下一首《严氏溪放歌行》:

> 天下甲马未尽销,岂免沟壑常漂漂。剑南岁月不可度,边头公卿仍独骄。费心姑息是一役,肥肉大酒徒相要。呜呼古人已粪土,独觉志士甘渔樵。况我飘转无定所,终日戚戚忍羁旅。秋宿霜溪素月高,喜得与子长夜语。东游西还力实倦,从此将身更何许?知子松根长茯苓,迟暮有意来同煮。

诗人在回梓州途中投宿一位朋友家中,向他倾诉东游西还的辛酸:天下兵马纵横,烟尘不息,长安、洛阳回不去,成都也回不了,只好像飞蓬一样到处漂泊,终日东奔西走,弄得人精疲力竭。为了生计不得不与达官贵人周旋,相互诗酒应酬。而剑南的权贵特别骄横,给你恩施一顿酒肉也是为了让你为他效劳。于是诗人慨叹:古代好士之风如今已荡然无存,有志之士只好隐逸山林了。

冬天,梓州刺史章彝举行了一次规模浩大的冬季围猎。杜甫观后写了一首《冬狩行》,在赞美这次冬猎的盛况之后,笔锋一转,对章彝提出讽谏:

> 飘然时危一老翁,十年厌见旌旗红。喜君士卒甚整肃,为我回辔擒西戎。草中狐兔尽何益?天子不在咸阳宫。朝廷虽无幽王祸,得不哀痛尘再蒙!呜呼,得不哀痛尘再蒙!

诗人十年来饱经战乱流离之苦,已经不愿意再看见战旗了。如今喜见使君的士卒军容整肃,望能为诗人奔赴前线抗击吐蕃。冬猎纵使把山中野兽捕捉一空又有何用,而今国难当头连皇帝都被迫逃离皇宫。诗人最后再三大声疾呼,别让国家罹难,使皇上再度蒙尘!

诗人心中念念不忘的还是长安收复问题:

西京安稳未?不见一人来。腊月巴江曲,山花已自开。盈盈当雪杏,艳艳待春梅。直恐风尘暗,谁忧客鬓催!

——《早花》

时至冬末,巴江之畔山花早开,可关中方面近来不见有人来。诗人心中一直惦念长安是否收复,局势是否已经安定?冬去春来又一年,可如今国难当头,一心忧念时局安危,谁还顾得上个人头上又添多少白发!

唐军广德元年(763)十月收复长安,十二月代宗还京。杜甫远在东川,至次年春始闻其信,喜而作《收京》一诗:

复道收京邑,兼闻杀犬戎。衣冠却扈从,车驾已还宫。克复诚如此,扶持在数公。莫令回首地,恸哭起悲风。

诗人为长安收复、御驾还京而高兴,称赞郭子仪等人克复、扶持之功,亦毫不客气地警告朝廷莫让悲剧重演,在今日回首之地再起悲风。

诗人经历了安史之乱、吐蕃入侵两次战乱之后,为考索致乱原因、寻求治世良策陷入深沉的愁闷之中。他身在草野,远离朝廷,只好以"释闷""伤春""有感"之类的方式对朝政发表自己的意见。

四海十年不解兵,犬戎也复临咸京。失道非关出襄野,扬鞭忽是过湖城。豺狼塞路人断绝,烽火照夜尸纵横。天子亦应厌奔走,群公固合思升平。但恐诛求不改辙,闻道嬖孽能全生。江边老翁错料事,眼暗不见风尘清。

——《释闷》

十六、流落梓阆天地

诗人以为，天下十年不解兵，造成豺狼塞道、行人断绝、烽火彻夜、尸骨纵横的惨象，根本的原因在于天子失道：诛求不厌，宠护小人。他担心大乱过后朝廷还不记取教训，照样对人民大肆搜刮征敛，不思改过；对程元振这种祸国的宦官不予严惩，姑息养奸。这样下去的话，国家就不会有风清尘静的日子。程元振是代宗宠幸的宦官，封为骠骑大将军、判元帅行军司马，专权自恣，对诸将有功者皆欲加害，吐蕃入侵之初不及时进奏，致使长安陷落，代宗出走。后有朝官上疏请斩程元振，代宗以其曾有护驾之功，仅削其官爵，放归故里。"闻道嬖孽能全生"，即指此事而言。诗人对这样的处理表示不满。仇注引《杜臆》云："此为代宗不诛程元振而作。"

《伤春五首》抒写诗人因春伤怀，思量朝政得失。

日月还相斗，星辰屡合围。不成诛执法，焉得变危机？大角缠兵气，钩陈出帝畿。烟尘昏御道，耆旧把天衣。行在诸军阙，来朝大将稀。贤多隐屠钓，王肯载同归？

——《伤春五首》其三

诗人借天象指斥朝廷不能执法除奸：天象频仍，总因奸佞未除。执法不严，焉能转变危局？想当初西京沦陷，御驾出奔，行急尘起，长安父老牵衣留驾，而诸道大将很少有人应诏救援。皆因程元振居禁中，嫉贤妒能。诗人最后提出进用贤能主张，希望皇上能够像文王启用吕望那样启用贤能之士。他认为除奸进贤是挽救时政危局的当务之急。

闻道初东幸，孤儿却走多。难分太仓粟，竟弃鲁阳戈。胡虏登前殿，王公出御河。得无中夜舞，谁忆大风歌？春色生烽燧，幽人泣薜萝。君臣重修德，犹足见时和。

——《伤春五首》其五

诗人念念不忘代宗出奔长安的事件，认为应该从中吸取教训：

想当初御驾出奔,官吏奔散,六军缺粮,难为救亡效力。吐蕃登上殿堂另立皇帝,王公们都逃出京城。难道当代就没有闻鸡起舞奋起抗敌的英雄?只怕朝廷听信谗言不再思念勇往直前的猛士。这令诗人非常伤心,提出君臣修德以致和的主张:我呼吁君臣都要注重修德,那么太平和谐的时日就会到来。

《有感五首》同样是忧念朝政,处心积虑为大唐复兴建言献策。

幽蓟余蛇豕,乾坤尚虎狼。诸侯春不贡,使者日相望。慎勿吞青海,无劳问越裳。大君先息战,归马华山阳。

——《有感五首》其二

诗人认为安史之乱虽平,而河北一带祸根尚存,这些降将名为归顺而意在拥兵割据,虎狼之性不改。他们不向朝廷纳税,不受朝廷节制,还彼此遣使往来,相互狼狈为奸。因此诗人劝朝廷不要急于对吐蕃和南诏用兵,建议代宗收镇兵以安关内,息战祸而安民生。

洛下舟车入,天中贡赋均。日闻红粟腐,寒待翠华春。莫取金汤固,长令宇宙新。不过行俭德,盗贼本王臣。

——《有感五首》其三

诗人反对程元振迁都洛阳的主张:尽管洛阳地处国家的中部,四方入贡舟车无阻,粮食充足,百姓对皇上翘首以待,但立国不在地利,不能依靠城池险固而无所作为,要依靠励精图治使天下气象常新。上修节俭爱民之德则下效,民风自然良好,所谓盗贼本来就是皇上的臣民。

胡灭人还乱,兵残将自疑。登坛名绝假,报主尔何迟?领郡辄无色,之官皆有词。愿闻哀痛诏,端拱问疮痍。

——《有感五首》其五

诗人面对"胡灭人还乱,兵残将自疑"的情况,颇为不解:如

十六、流落梓阆天地

今诸将都已登坛实封，拥有土地、甲兵、财赋，为何还是不思报主？原来是因为这些节度使拥兵自重，别有用心。他们征敛聚财，弄得下面郡守不得自主，常无气色，而前往赴任的官员每有怨词。诗人建议皇上下哀痛之诏，体恤民生疾苦。他以为这样的话，县官、郡守就能以体恤民生之由牵制节度使的征敛行为。诗人看到节度权重、藩镇日强的问题，在本组诗其四中还提出"由来强干地，未有不臣朝"，主张强干弱枝，建议朝廷分封宗藩以抑制不臣的藩镇。可谓用心良苦。难怪王嗣奭说："读此五诗，皆救时之石画，报主之赤心，自许稷、契，真非豪语。"（《杜臆》卷之五）

广德二年（764）初，杜甫意欲下吴楚，迁家至阆州，以便沿阆水入嘉陵江至渝州东下。离开梓州之前，梓州刺史兼东川留后章彝为他饯行，他写了《将适吴楚，留别章使君留后兼幕府诸公，得柳字》一诗，诗中述说了自己一年多来为生计而奔走应酬的痛苦生活：

　　我来入蜀门，岁月亦已久。岂惟长儿童，自觉成老丑。常恐性坦率，失身为杯酒。近辞痛饮徒，折节万夫后。昔如纵壑鱼，今如丧家狗。既无游方恋，行止复何有？相逢半新故，取别随薄厚。

这可以说是诗人对这一段与地方官吏诗酒应酬生活的自我反省。他对这种奉迎应付、仰人恩施的生活感到非常辛酸，非常屈辱，但又无可奈何，说自己如今成了流落无所依栖的丧家狗。这时期他为了生活奔走于地方官吏之间，写了许多应酬之作，实属无奈之举。

杜甫到阆州不久，就得知朝廷召补他为京兆功曹参军。这个消息，并没有引起他多少兴趣，只在《奉寄别马巴州》诗题之下记了一笔："时甫除京兆功曹，在东川。"他没有应召赴任的打算。诗中说"功曹非复汉萧何",他认为功曹这种事务官,根本没有在朝言事、辅佐君主的机会,与他实现"致君尧舜上,再使风俗淳"的理想距离太远。况且当时成都与长安之间不时会遭遇到吐蕃侵扰的兵马,返回长安路途风险很大。因此,他还是准备出峡东游。

这两年,他来阆州已不止一次,而要离开这座山城时,对这里的山山水水还真有些流连。于是他就用诗笔留下一些难忘的图景。

阆州城东灵山白,阆州城北玉台碧。松浮欲尽不尽云,江动将崩未崩石。那知根无鬼神会。已觉气与嵩华敌。中原格斗且未归,应结茅斋看青壁。

——《阆山歌》

嘉陵江水何所似?石黛碧玉相因依。正怜日破浪花出,更复春从沙际归。巴童荡桨敧侧过,水鸡衔鱼来去飞。阆中胜事可肠断,阆州城南天下稀。

——《阆水歌》

阆州的奇山秀水、风土情趣、城楼胜概,都给诗人留下美好的记忆。

杜甫出峡东游准备就绪即将成行时,得到严武重任成都尹兼剑南节度使的消息,使他喜出望外:

殊方又喜故人来,重镇还须济世才。常怪偏裨终日待,不知旌节隔年回。欲辞巴徼啼莺合,远下荆门去鹢催。身老时危思会面,一生襟抱向谁开?

——《奉待严大夫》

诗人欢呼严武重来成都任职,一喜西南重镇临危之际迎来济世之才,一方安全有了指望;二喜自己老病之身又有知己故人,一家生活有了依靠。自己原本打算离开阆州,远下荆门的行舟正要出发。如今得知大夫即将来临,难得会面的机会怎能放过?若放过这

十六、流落梓阆天地

难得的会面机会,他一生的怀抱向谁倾诉?

杜甫接连收到严武来信,极力挽留他。他感到友情可贵,就决定改变计划,重回成都草堂去。

杜甫离阆州回成都之前,特地跑到房琯墓前致哀告别。

> 他乡复行役,驻马别孤坟。近泪无干土,低空有断云。对棋陪谢傅,把剑觅徐君。唯见林花落,莺啼送客闻。
>
> ——《别房太尉墓》

杜甫与房琯是生死之交。房琯被罢相外贬之后,于宝应二年(763)拜特进、刑部侍郎,在回京途中病卒于阆州僧舍,杜甫曾专程从梓州赴阆州祭吊,写有《祭故相国清河房公文》。这次回成都前,又来房琯墓前泣别:在此再次踏上行途之时,特停车下马来孤坟前向亡友致哀。泪洒坟前湿润了脚下的土地,哭号声惊断那低空的浮云。您一生儒雅从容令人敬仰,我们彼此交情生死不渝。诗人告别墓地时,四周寂无人响,只有树林上纷飞落花和几声莺啼似在送客。一朝相国的墓地,竟如此寂寞荒凉,被时人冷落,诗人不胜感伤之至。

杜甫在回成都途中,思前想后,心绪难平,写下《将赴成都草堂,途中有作,先寄严郑公五首》。在这组诗中,诗人一方面表达对严武的感激和期盼,另一方面抒写自己对草堂生活的怀念和重整草堂的打算。

> 得归茅屋赴成都,直为文翁再剖符。但使闾阎还揖让,敢论松竹久荒芜?鱼知丙穴由来美,酒忆郫筒不用酤。五马旧曾谙小径,几回书札待潜夫。(其一)

这首诗叙写诗人重返成都的因由:因为您几次来信邀我留下,我才决定返回成都与您会合。只要社会在您治理下能够恢复安定有序的局面,那我怎么会去计较自己草堂是否荒芜?成都素有嘉鱼、好酒，其美味还是令人想念的。过去您曾多次光临寒舍，草堂的小路您都熟悉，今后希望您能常来常往！

  常苦沙崩损药栏，也从江槛落风湍。新松恨不高千尺，恶竹应须斩万竿。生理只凭黄阁老，衰颜欲付紫金丹。三年奔走空皮骨，信有人间行路难。（其四）

这首诗，先写诗人重整草堂环境的打算：离开草堂以来我常常担心沙岸崩塌，损坏药栏，现在恐怕连同木栏一起都落进水里去了。我回去打算好好整修一番，扶善去恶，让新松快速长成千尺大树，那到处侵蔓的恶竹有万竿亦须斩除。接着诗人笔锋一转，表明自己对严武的期待：今后我家生计全仗您这位黄阁老了，我这衰老的身体也可托付给延年益寿的紫金丹。回首三年来避乱奔走，人已消瘦得皮包骨头，而今才真正体会到世路何等艰难。

杜甫于暮春三月回到成都草堂，草堂已经面目全非："苔径临江竹，茅檐覆地花。"（《春归》）"开门野鼠走，散帙壁鱼干。"（《归来》）邻里们纷纷向他讲述徐知道叛乱以来的种种情况。他根据所见所闻，抚今追昔，写成《草堂》一诗，把叛乱之徒的罪行公之于世：

  昔我去草堂，蛮夷塞成都。今我归草堂，成都适无虞。

  请陈初乱时，反覆乃须臾。大将赴朝廷，群小起异图。中宵斩白马，盟歃气已粗。西取邛南兵，北断剑阁隅。布衣数十人，亦拥专城居。其势不两大，始闻蕃汉殊。西卒却倒戈，贼臣互相诛。焉知肘腋祸，自及枭獍徒。

  义士皆痛愤，纪纲乱相逾。一国实三公，万人欲为鱼。唱和作威福，孰肯辨无辜？眼前列杻械，背后吹笙竽。谈笑行杀戮，溅血满长衢。到今用钺地，风雨闻号呼。鬼妾与鬼马，色悲充尔娱。国家法令在，此又足惊吁。

十六、流落梓阆天地

　　贱子且奔走，三年望东吴。弧矢暗江海，难为游五湖。不忍竟舍此，复来薙榛芜。入门四松在，步屧万竹疏。旧犬喜我归，低徊入衣裾。邻里喜我归，沽酒携胡芦。大官喜我来，遣骑问所须。城郭喜我来，宾客隘村墟。

　　天下尚未宁，健儿胜腐儒。飘飘风尘际，何地置老夫？于时见疣赘，骨髓幸未枯。饮啄愧残生，食薇不敢余。

　　诗人以草堂去来为线索，记叙了成都徐知道叛乱及后续动乱的始末。

　　诗人先记述徐知道从作乱到被杀的经过：前年的叛乱突然间发生，大将严武刚离蜀赴京，徐知道这班群小即图谋不轨。他们半夜杀白马歃血盟誓，起兵作乱。叛将西联邛南羌夷兵卒扩大声势，北断剑阁通道以绝缓师。他们封官自立，几十个布衣顿时成为地方大小官吏。由于叛乱士兵蕃汉有别，各自争强好胜势不两立。于是邛南羌兵倒戈作乱，头目之间互相残杀，徐知道为其部下李忠厚杀死。徐知道哪里料到祸起肘腋，自食苦果。

　　诗人接着写李忠厚杀死徐知道之后纵兵滥杀无辜的乱局：正义之士都痛愤法制纲常被叛乱之徒践踏，一时政出多门，各行其是，平民百姓就成了任人宰割的鱼肉。他们彼此竞相作威作福，胡乱草营人命，谁肯分辨是有罪还是无辜？他们刑人取乐，面前摆满了各种刑具，背后还有乐队在吹奏笙竽。他们在谈笑间肆行杀戮，被害者鲜血四溅流遍街道。到如今那些行刑之处，风雨天还可以听见冤魂哀号。那些被杀害者的妻妾、马匹被叛将占有，还要忍着悲痛供其寻欢作乐。国家有法律在上，这些人居然如此无法无天，真令人惊叹不已！诗人从国法难容的高度谴责这些暴徒的罪恶行径，就等于把他们钉在历史的耻辱柱上，让他们遗臭万年。

　　诗人接着抒写自己重返成都草堂、过上安定生活的喜悦之情。

随后抚今思昔，痛定思痛，又不禁感慨战乱未平，自愧无补于时：身为一介儒生，既无用于当世，则一饮一啄已愧对残生，有野菜充饥也就心满意足了。诗人的自愧自责，也是报国无门愤懑情绪的一种变相发泄。他不便责怪朝廷昏庸，只有责怪自己无能。

  诗人三年奔走，经历了徐知道叛乱和吐蕃大举入侵，始终关切内乱和外患的事态发展，忧虑国家命运和民生疾苦，写下一系列诗歌，真实记录了时代的风云变幻。诚如杨伦评论《草堂》诗所言："以草堂去来为主，而叙西川一时寇乱情形，并带入天下，叙陈始终，畅及淋漓，岂非诗史？"（《杜诗镜诠》卷十一）

十七、入幕府授郎职

广德二年（764）三月，杜甫回到草堂，对草堂里外环境做了一番清理之后，过上了较为安定的生活，但他的心绪仍然难以平静。

  花近高楼伤客心，万方多难此登临。锦江春色来天地，玉垒浮云变古今。北极朝廷终不改，西山寇盗莫相侵。可怜后主还祠庙，日暮聊为梁甫吟。

——《登楼》

诗人登临成都城楼，尽管城下繁花触目，远处锦江两岸春色铺天盖地，玉垒山上浮云变幻不定，都没有引起他的兴趣，而是让他黯然伤心，因为萦绕他心头挥之不去的是"万方多难"的现实、一桩桩的伤心事。

如今吐蕃军队侵占了西山一带，还虎视眈眈，企图继续内侵，令人忧虑。诗人针对吐蕃的觊觎，提出义正词严的警告：大唐朝廷如北极星永远不会移动，你们切莫轻举妄动前来侵扰！

眼望锦官门外先主（刘备）庙，西有武侯（诸葛亮）祠，东有后主（刘禅）祠。诗人感叹：刘禅这个亡国昏君，竟也配专居一个祠庙，享受后人奉祀！刘禅宠信宦官，终致亡国。前车之鉴，如今是否能引以为戒呢？实在也令人忧虑。从武侯祠诗人又想到诸葛亮，他躬耕陇亩时好为《梁甫吟》，所幸刘备慧眼识才，三顾茅庐，才得以重用，辅佐刘备成就蜀汉大业。如今就缺乏刘备、诸葛亮这样的人物，自己有心济世又报国无门，家国时局实堪担忧！在此落日楼头，只有当初像诸葛亮一样吟唱一曲《梁甫吟》，聊以排遣心中的愁闷。

诗人的伤心事何止如此！一首律诗自然无法一一列举，且看他同期写的其他一些作品。

忆昔先皇巡朔方，千乘万骑入咸阳。阴山骄子汗血马，长驱东胡胡走藏。邺城反覆不足怪，关中小儿坏纪纲，张后不乐上为忙。至今今上犹拨乱，劳身焦思补四方。我昔近侍叨奉引，出兵整肃不可当。为留猛士守未央，致使岐雍防西羌。犬戎直来坐御床，百官跣足随天王。愿见北地傅介子，老儒不用尚书郎。（其一）

忆昔开元全盛日，小邑犹藏万家室。稻米流脂粟米白，公私仓廪俱丰实。九州道路无豺虎，远行不劳吉日出。齐纨鲁缟车班班，男耕女桑不相失。宫中圣人奏云门，天下朋友皆胶漆。百余年间未灾变，叔孙礼乐萧何律。岂闻一绢值万钱，有田种谷今流血。洛阳宫殿烧焚尽，宗庙新除狐兔穴。伤心不忍问耆旧，复恐初从乱离说。小臣鲁钝无所能，朝廷记识蒙禄秩。周宣中兴望我皇，洒泪江汉身衰疾。（其二）

——《忆昔二首》

诗人这两首诗，名为"忆昔"，实为伤今，沉痛陈述当今家国令人伤心断肠之处。

第一首诗，从肃宗灵武即位、收复两京说起。当时形势大为好转，可后来重用宦官李辅国，持权禁中，宠幸张良娣，干预朝政，

十七、入幕府授郎职

弄得手忙脚乱，造成了被动局面，致使当今皇上（代宗）得大力拨乱反正，劳心焦虑收复失地。接着陈述代宗的得失：做太子时为天下兵马元帅，出兵整肃，势不可挡，取得辉煌战绩。可后来听信程元振的谗言，让统帅朔方军的猛将郭子仪留朝，遂使边防无人，岐、雍近畿防线虚弱，以致吐蕃攻入长安，百官仓皇随皇上逃奔陕州。期待有如傅介子者为大唐王朝靖乱雪耻！诗人通过肃宗、代宗本人前后行为对比，痛陈朝廷用人失当，祸国殃民，造成严重灾难。

第二首诗，先陈述开元盛世国富民安的情景。人口繁盛，粮食富足，盗息民安，朝廷制礼作乐，社会和谐安定。接着笔锋一转，描写安史之乱之后的乱象：物价暴涨，一匹绢竟值万钱，种谷田地，成了流血战场。京城宫殿被叛军焚烧殆尽，皇家宗庙也成了狐兔巢穴。到处一片丧乱景象，简直令人不堪回首！诗人通过开元盛世与安史之乱以后丧败景象的对比，为大唐盛世的衰落感到无比悲伤，以至"伤心不忍问耆旧，复恐初从乱离说"。往事令人伤心不忍去问旧人，怕他把安史之乱重头来讲。

诗人伤心国家的衰落，亦哀怜民生之多艰。

> 国步犹艰难，兵革未衰息。万方哀嗷嗷，十载供军食。庶官务割剥，不暇忧反侧。诛求何多门，贤者贵为德。韦生富春秋，洞澈有清识。操持纪纲地，喜见朱丝直。当令豪夺吏，自此无颜色。必若救疮痍，先应去蝥贼。挥泪临大江，高天意悽恻。行行树佳政，慰我深相忆。

——《送韦讽上阆州录事参军》

战争连年不断，沉重的军需负担已经使民众叫苦连天，而庶务官还要加码巧取豪夺，盘剥百姓，可谓雪上加霜，置民于死地。诗人对此感到十分伤心。他的一位年轻朋友要到阆州上任录事参军，有纠弹州县官员过失之职责,他希望其能严格操持纲纪,让那些豪夺之吏不敢胡作非为。他强烈呼吁除贪救民:"必若救疮痍,先应去蟊贼。"在与这位朋友告别时,他甚至临江挥泪。正如王嗣奭所说:"'挥泪临大江,高天意悽恻',非恤民之极,必无此言。"(《杜臆》卷之六)

广德二年(764)六月,杜甫应严武之邀,进入东西川节度使署中,成为严武幕府的一名参谋。此时严武正整顿军队,试演新旗,训练士兵,准备收复被吐蕃占领的松、维、保三州。启用新旗之日,严武置酒公堂,邀请杜甫一起观看骑兵演习。

江风飒长夏,府中有余清。我公会宾客,肃肃有异声。初筵阅军装,罗列照广庭。庭空六马入,駊騀扬旗旌。回回偃飞盖,熠熠迸流星。来冲风飙急,去擘山岳倾。材归俯身尽,妙取略地平。虹霓就掌握,舒卷随人轻。三州陷犬戎,但见西岭青。公来练猛士,欲夺天边城。此堂不易升,庸蜀日已宁。吾徒且加餐,休适蛮与荆。

——《扬旗》

杜甫这首诗,生动地描述了阅兵过程和壮观场景:严武大会宾客,观看演武,来宾都为他治军有方而肃然起敬。饮宴开场检阅军容,队列整齐新装闪闪发亮。而后六马进入广庭,扬旗演习开始,只见军旗忽而偃仰飘忽,忽而风驰电掣,忽而排山倒海,忽而俯身略地,动作舒卷自如,场景精彩纷呈。面对这样的场景,诗人抒写自己的观感:收复失陷三州,夺取边城,严公重任在肩。有了严公重镇,西山妖氛可清,蜀地定能得以安宁。我辈将努力加餐为国效力,不用再学王粲远赴荆州避难。

杜甫上任之后,认真履行幕府参谋的职责,为严武出谋划策。他写了《东西两川说》,向严武提出加强西山防务、稳定边地局势

的建议:

首先,他提出急需统一边防各种军力的指挥权。西山有汉兵四千人,皆关辅山东劲卒。有羌兵近两万人。沿边的邛雅弟子也可用。由于没有兵马使,当地民间兵力都归心于世袭刺史。应当立即设立兵马使,统一指挥各方兵力,协调相互关系,着重解决好统帅羌兵的问题。对于叛降无常的獠人,则以采取招抚之策为好。

其次,他认为稳定边地局势,必须抑制豪族兼并,安抚流冗百姓。沿边豪族,大肆兼并,致使百姓流亡,土地荒芜,应该抑制豪族兼并土地,"均亩薄敛",平均分配土地,减轻赋敛征收,流落他乡者自然会回归故里。若不抑制土地兼并,则富家土地愈多而贫家境况愈惨,终会导致社会动乱。还要解决富家子弟依靠节度衙府州县长官权势不交赋税问题,必须罢免摄任官,另择贤良,申报朝廷任命,以保证均平赋役的实施。

杜甫对边防形势的缜密分析和提出的安边对策,体现了他对蜀中形势的深刻洞察与思考,也倾注了他对民生问题的忧虑与关切。文中提出的"均田"主张,更体现了诗人的光辉理想。

七月,严武率军西征,抗击吐蕃,赋《军城早秋》一诗,抒发一往无前的英勇气概:

> 昨夜秋风入汉关,朔云边雪满西山。更催飞将追骄虏,莫遣沙场匹马还。

杜甫随即和诗一首:

> 秋风嫋嫋动高旌,玉帐分弓射虏营。已收滴博云间戍,欲夺蓬婆雪外城。

——《奉和严郑公军城早秋》

杜甫和诗称赞严武率军西征的举动,预祝他旗开得胜,收复西山失地,夺回边城。

九月，严武击败吐蕃七万兵马，攻克了当狗城（今四川理番县东南），收复了盐川城（今甘肃漳县西北），并命令汉州刺史崔旰出击西山，收复失地数百里，挽回了西方边陲的颓势。严武胜利归来以后，杜甫常常陪同他宴游赋诗。

杜甫初入幕府，虽受严武礼遇，但是唐代幕府日常办公制度还是很严格的。每天天刚亮就得上班，直到夜晚才能下班。杜甫家住在西郊浣花溪，离幕府比较远，下班后来不及回家，只好一个人住在幕府里，难免感到有些寂寞和孤单。

清秋幕府井梧寒，独宿江城蜡炬残。永夜角声悲自语，中天月色好谁看？风尘荏苒音书绝，关塞萧条行路难。已忍伶俜十年事，强移栖息一枝安。

——《宿府》

清秋长夜，寒气袭人。诗人独宿江城幕府，夜深烛残，仍然难以安眠。悲凉的号角声响永夜不歇，中天的月色虽好谁去欣赏？在此难眠之夜，诗人徘徊月下，顾影自怜，不禁感慨万千：时光流逝，战乱频仍，家书久已断绝；关塞重重，道路遥远，归途异常艰难。业已强忍十年孤零漂泊之苦，勉强栖身于此，不过暂时苟且偷生罢了。在诗人心目中，幕府并不是自己久留之地。幕府中这种孤寂凄凉的难眠之夜的确有些令人难耐。

更为令人难耐的是幕府里同僚之间互相猜疑、互相攻击的人际关系。幕府中一些年轻同僚，见杜甫与严武私交不错，心中甚为嫉妒，常常放出一些流言蜚语中伤杜甫。他"旷放不自检，好论天下大事"（《新唐书·杜甫传》），也往往引来同僚的嘲笑与攻击。杜甫曾对这些人作过回应：

男儿生无所成头皓白，牙齿欲落真可惜。忆献三赋蓬莱宫，自怪一日声烜赫。集贤学士如堵墙，观我落笔中书堂。往时文采动人主,此日饥寒趋路旁。晚将末契托年少,当面输心背面笑。寄谢悠悠世上儿,不争好恶莫相疑。

——《莫相疑行》

杜甫先在这班人面前摆一下老资格:别看我老大无成,如今穷愁潦倒,我可曾经有过献三大礼赋,在中书省挥毫作文,文采惊动皇上的光彩历史。接着,他感慨自己在幕府里对这班年轻人以诚相待,而他们却耍两面派,表面上尊敬他,背后却在嘲笑,阳奉阴违。最后他告诫这班人:我并不想与你们争权夺利,请你们也不要对我胡乱猜疑,以免徒生嫌隙!

杜甫考虑幕府终究不是久留之地,就写诗向严武表白退休草堂的意愿:

白水鱼竿客,清秋鹤发翁。胡为来幕下?只合在舟中。黄卷真如律,青袍也自公。老妻忧坐痹,幼女问头风。平地专欹倒,分曹失异同。礼甘衰力就,义忝上官通。畴昔论诗早,光辉仗钺雄。宽容存性拙,剪拂念途穷。露裛思藤架,烟霏想桂丛。信然龟触网,直作鸟窥笼。西岭纤村北,南江绕舍东。竹皮含旧翠,椒实雨新红。浪簸船应拆,杯干瓮即空。藩篱生野径,斤斧任樵童。束缚酬知己,蹉跎效小忠。周防期稍稍,太简遂忽忽。晓入朱扉启,昏归画角终。不成寻别业,未敢息微躬。乌鹊愁银汉,驽骀怕锦幪。会希全物色,时放倚梧桐。

——《遣闷奉呈严郑公二十韵》

诗人以遣闷谈心的方式,向严武详细陈述要求退出幕府、重返草堂的种种原因:我本是江湖钓客,只可与渔樵为伍,本不当成为幕客。幕府中明文规定的律令严格,礼仪规范也与朝廷相同。而我身体不好,久坐就四肢麻木,还有头风病。平时走路都踉踉跄跄,整天办公自然更为难受。我虽力衰如此而甘于在幕府就列,是因为与上官有通好的交谊。我们早年就一起谈诗论道,如今依仗严公镇蜀而沾光。您宽容我性情笨拙、挂念我身处穷途,对我予以关照荐引,我自然心存感激。但我本性喜欢自由自在,不愿做网中龟、笼中鸟。我留恋草堂生机勃勃的自然景色,担心草堂荒芜,一些设施被人损坏。如今我为酬答知己而约束自己,为报效小忠而蹉跎岁月。因此做事小心谨慎,不敢有丝毫苟且,只由于性格过于疏简,处事难免有草率之处。我每天拂晓就进入幕府办公,直到报告天黑的画角声起才离开。回不成草堂的话就无法放松休息。我就像乌鹊担忧自己无填河之力,像劣马生怕披上锦鞍反而受到羁束。我希望回归草堂,成全自己闲旷的本性,以便随时与草木为伴侣。

诗人的陈词,有实情,也有托辞,其用意是要千方百计说服严武,同意他离开幕府回归草堂。

据新、旧《唐书·杜甫传》和范摅《云溪友议》卷上记载,杜甫要离开幕府,是因为杜甫性情褊躁,恃恩放纵,有些言行得罪了严武,因而严武疏远了杜甫。我们并不否认有这种缘故。只是从这期间杜甫所写的诗歌中,没有发现蛛丝马迹,我们没有根据从这方面加以解读。

永泰元年(765)正月之初,杜甫正式辞别严武幕府。回到草堂之后,他随即给幕府同僚和严武分别寄了一首诗:

野外堂依竹,篱边水向城。蚁浮仍腊味,鸥泛已春声。药许邻人劚,书从稚子擎。白头趋幕府,深觉负平生。
——《正月三日归溪上有作,简院内诸公》

野水平桥路,春沙映竹村。风轻粉蝶喜,花暖蜜蜂喧。把酒宜深酌,题诗好细论。府中瞻暇日,江上忆词源。迹忝朝廷旧,情依节制尊。还思长者辙,恐避席为门。
——《敝庐遣兴奉寄严公》

十七、入幕府授郎职

正月三日为当年立春时节，杜甫回到浣花溪畔草堂，看到初春景色宜人，心情愉悦，在这两首诗中都充满着怡乐自得的情趣。两首诗寄言则不同。给院内诸公诗云："白头趋幕府，深觉负平生。"着重说明自己离开幕府的原因，是因为年过半百还每天赶到幕府上班，有愧于自己平生的志向。也就是说，他离开幕府不是有其他原因，而是因为幕府不是他实现平生理想的地方。在奉寄严武的诗中，他强调两人过从已久，情深谊长，令人难以忘怀，期盼严武闲暇之日能来草堂相聚。

杜甫回到草堂之后，又开始修葺茅屋，除草清院，预备长期居此养老。

"杜甫离幕后，严武奏请朝廷任命他为检校工部员外郎，并召他赴京，杜甫因而改变了归隐终老于草堂的初衷，于春夏间买舟东下。"（陈尚君《唐代文学丛考》，第286页）

工部员外郎为从六品上的朝廷命官，检校意为察看、办理，检校官并非虚衔，在当时是一个实际职守。杜甫感到自己愚钝无能，朝廷还惦记旧臣，授予官职，真是又感激又惭愧："小臣鲁钝无所能，朝廷记识蒙禄秩。"（《忆昔二首》其二）受命之际，有《春日江村五首》记其事：

　　种竹交加翠，栽桃烂熳红。经心石镜月，到面雪山风。赤管随王命，银章付老翁。岂知牙齿落，名玷荐贤中。（其三）

　　扶病垂朱绂，归休步紫苔。郊扉存晚计，幕府愧群材。燕外晴丝卷，鸥边水叶开。邻家送鱼鳖，问我数能来？（其四）

　　群盗哀王粲，中年召贾生。登楼初有作，前席竟为荣。宅入先贤传，才高处士名。异时怀二子，春日复含情。（其五）

《分类集注杜工部诗》卷首载北宋蔡兴宗撰《年谱》云：永泰元年春，"时授检校工部员外郎赐绯鱼，见之《春日江村》诗中"。

这组诗所展示的正是一片明媚的春光。正当诗人种的竹子一派翠绿，栽的桃树红花烂漫之时，春风送来喜讯：朝廷任命我为郎官，赐予我绯鱼袋。诗人喜出望外：哪知我已经到老掉牙的年纪，名字竟上了荐贤名单之中！他知道是严武向朝廷荐举了自己，使他十分感慨：我扶病承恩受命，竟先于幕府诸人得官，惭愧，惭愧！他自比王粲避乱他乡登楼伤怀，而庆幸竟又像贾谊一样废弃多年而蒙诏受命。

此事令诗人终生难忘，日后的诗作中曾多次提及。在出蜀途中因病滞留夔州时所写的《客堂》一诗中，对蒙诏受命当时的心情有更为详细的描述：

> 台郎选才俊，自顾亦已极。前辈声名人，埋没何所得！……上公有记者，累奏资薄禄。主忧岂济时？身远弥旷职。循文庙筹正，献可天衢直。尚想趋朝廷，毫发裨社稷。形骸今若是，进退委行色。

诗人对于得任郎官，极为喜悦：郎官本取才俊之士，自己得任真是荣耀之极。前辈先贤尚多被埋没，终身不得一官半职！他念念不忘严武等人屡屡荐举之功。他在赴任途中因病滞留心中十分焦急：如今正当主忧臣劳之时，自己尚滞留他乡，远离王室，不能赴任济时，旷废职务，深为愧疚。朝廷需要修文、纳谏，集思广益，方能做到正确决策，少走弯路。诗人还是想尽快赶到朝廷，为国家尽一己毫发之力。只可惜目前身体状况如此，进退不由自主，何日能够成行，还得看情况再定。

杜甫这一番发自肺腑的话，把他离蜀的动因与目的，说得十分明白。事实上，归朝履职，也是他滞留云安、夔州，漂泊荆湘期间始终的牵挂。

这样看下来，杜甫入幕府，授郎官，是先后两码事。过去大多把二者混为一谈，他的头衔成了"节度参谋检校工部员外郎赐绯鱼袋"，一直被人们沿用至今。历史上，唯北宋蔡兴宗所撰年谱，将郎、幕两职分开。而今，陈尚君教授撰写的《杜甫为郎离蜀考》及其续篇（见《唐代文学丛考》），对此详加考析，厘清了事情真相，使杜甫这一段履历更加清晰，可以说铁证如山，毋庸置疑。

十八、归朝病滞云安

永泰元年（765）春夏之交，杜甫把成都草堂留给弟弟杜占，自己带着妻儿乘船离开成都，沿岷江下行，准备由长江出三峡到荆州，再溯汉水北上襄阳，然后改由陆路入长安。这是他在《闻官军收河南河北》中早就设想好的归途："即从巴峡穿巫峡，再下襄阳向洛阳。"

他舟行至嘉州（今四川乐山），夜泊犍为县青溪驿（今四川犍为县岷江支流马边河畔青溪镇），怀念遭贬的老友张之绪，写下《宿青溪驿，奉怀张员外十五兄之绪》一诗：

漾舟千山内，日入泊枉渚。我生本飘飘，今复在何许？石根青枫林，猿鸟聚俦侣。月明游子静，畏虎不得语。中夜怀友朋，乾坤此深阻。浩荡前后间，佳期付荆楚。

诗人在穿越千山的江流中船行一天之后，夜晚一家人独宿青溪驿站，只见青枫林中猿鸟成群结伙，自己却害怕虎狼出没不敢言声，情景异常凄清。他中夜怀念朋友，期待前往荆楚与之相会。可见他计划前行的路线十分明确。

在嘉州，杜甫与从兄相遇，喜而作《狂歌行》相赠。诗开头云："与兄行年较一岁，贤者如兄愚者弟。兄将富贵等浮云，弟窃功名好权势。"宣称自己与从兄不求功名富贵之道不同，是一个好功名权势之人。此"虽戏语,可知杜甫此行确负功名之责"(陈尚君《唐代文学丛考》,第292页)。

诗人舟行经戎州(今四川宜宾)、渝州(今重庆),到忠州(今四川忠县),其刺史杜某为杜甫从侄,欣然前来迎接,全家就暂时住进忠州隆兴寺。

有一天下午,他特地登上临江山崖,拜谒禹庙。

> 禹庙空山里,秋风落日斜。荒庭垂橘柚,古屋画龙蛇。云气嘘青壁,江声走白沙。早知乘四载,疏凿控三巴。
>
> ——《禹庙》

大禹庙坐落在空山里,此刻披着一抹落日的光彩,在萧瑟的秋风中巍然独峙,令人肃然而生敬意。诗人踏进庙院,庭院一片荒芜,只见硕果垂枝的橘柚树独立其中;庙宇十分陈旧,尚有龙蛇舞爪的古壁画清晰可见。仰望天空,团团云雾笼罩青崖,似不忍离去;俯视江流,滚滚波涛白浪淘沙,向三峡奔流。诗人伫立庙前,眼观此番情景,心中深深怀念大禹治水的丰功伟绩:"早知乘四载,疏凿控三巴。"他早就知道大禹治水到处奔波,遇水乘舟,遇陆乘车,遇泥乘盾,遇山乘樏,不畏艰难险阻,终于凿通三峡,把这一带泽国水域控为三巴(巴郡、巴东、巴西)陆地。今日亲临此地,目睹江山遗迹,越发敬佩大禹征服自然、造福黎民的伟大精神。此时此刻,诗人心连广宇,想到唐王朝自安史之乱以来战乱连绵,像洪水横流给百姓带来无边的灾难,当今之世多么需要有大禹一样的人物,大力重振山河,把国家治理好!

在忠州,杜甫始闻高适已于正月间在京师逝世,有诗哭之:

> 归朝不相见,蜀使忽传亡。虚历金华省,何殊地下郎!致君丹槛折,哭友白云长。独步诗名在,只令故旧伤。
>
> ——《闻高常侍亡》

高适是杜甫的老朋友，时在朝廷任散骑常侍。杜甫原以为这次归朝定可相会，如今忽然听使者说高适已去世，劈头即惊呼"归朝不相见"，而后痛惜高适生前虽官居华要之职而早卒，未能尽其才。思友哀伤，哭声震天。

杜甫在忠州期间，又一个噩耗让他悲伤不已：严武老母护送严武灵柩归葬华阴的船只路过这里，无情地告知严武不久前已经病故，朝廷追赠其为尚书左仆射。他登舟慰问，写诗哭悼：

素幔随流水，归舟返旧京。老亲如宿昔，部曲异平生。风送蛟龙雨，天长骠骑营。一哀三峡暮，遗后见君情。

——《哭严仆射归榇》

严武是杜甫的挚友，也是曾经大力帮助过他的一位恩人。杜甫根本没有想到自己离开成都没多久，严武会突然病故。如今眼看披着素幔的船只随着江流渐渐远去，见到严武老母健在，而他却壮年早逝，使所在部队失去得力统领，又想到彼此平生交往，深情厚谊历历在目，他伤心痛哭，哭声让长江三峡也为之黯然失色。

因为身体原因，杜甫在忠州憩息达一两个月，直到九月初才到云安（今四川云阳）。由于旅途劳顿，舟行感受湿气，杜甫多年旧疾肺病与消渴病同时发作，病情十分严重，不得不卧床休养，暂留云安，在严县令的水阁住了约半年之久。

峡里云安县，江楼翼瓦齐。两边山木合，终日子规啼。眇眇春风见，萧萧夜色凄。客愁那听此？故作傍人低。

——《子规》

诗人客居江峡山城云安，"两边山木合，终日子规啼"。山上子规声声不停，当春风闻之动容，当夜色闻之凄凉。"客愁本难自遣，那堪又时时听此？且故作傍人低近以发声，其将何以为情哉？"（《杜甫全集校注》，第3499页引石间居士语）可见此时诗人之心境。子规又名杜鹃鸟。蜀中杜鹃鸟传说是古代蜀王杜宇死后的化身。杜宇生前带领蜀中人民开垦田地，兴筑水利，死后变成了这样一种哀鸟。杜甫本来很同情他，也很崇敬他。在成都草堂时，每逢暮春时节听到杜鹃的叫声，便依蜀人的习惯起身再拜。如今"身病不能拜"，也还是"泪下如迸泉"（《杜鹃》）。此时他不堪听杜鹃的啼叫，那是因为病滞云安，思归心切，客愁难以排遣。

杜甫虽在病中，仍念念不忘归朝就职。

　　军吏回官烛，舟人自楚歌。寒沙蒙薄雾，落月去清波。壮惜身名晚，衰惭应接多。归朝日簪笏，筋力定如何？

　　　　　　　　　　　——《将晓二首》（其二）

诗人住在县令水阁，通宵难以入睡，感叹自己晚得声名，病中多蒙来人探望，实在于心有愧，担心自己身体如此衰弱，回朝后天天执笏簪笔忙碌公事，不知体力能否支撑得住？

　　今朝腊月春意动，云安县前江可怜。一声何处送书雁，百丈谁家上水船。未将梅蕊惊愁眼，要取椒花媚远天。明光起草人所羡，肺病几时朝日边？

　　　　　　　　　　——《十二月一日三首》（其一）

诗人思欲归朝，感时物而起兴：时至腊月，春意萌动，诗人坐在江边，"听送书之雁，则起寄书之心；见上濑之船，则动出峡之心"（《杜甫全集校注》，第 3474 页引）。腊梅含苞，未能解他的愁眉，唯有一杯椒酒，聊可醉他客愁之心。尚书省郎官为众人瞩目之职，不知自己何时病愈可到朝廷就职？

　　南雪不到地，青崖沾未消。微微向日薄，脉脉去人遥。冬热鸳鸯病，峡深豺虎骄。愁边有江水，焉得北之朝？

　　　　　　　　　　　　　　——《又雪》

诗人见天又下雪，只是南雪不到地，难以成雪景，未能解愁怀。"末句盖言当愁之际,观江水只是朝东入海,安得却折入北朝,我乘之以归长安而见上?此盖诗人之情也。"(《杜诗赵次公先后解辑校》,第741页)

到第二年春天,杜甫仍然期望入朝赴任,只因病体孱弱,力不从心,心里极其矛盾:

> 心虽在朝谒,力与愿矛盾。抱病排金门,衰容岂为敏?
> ——《赠郑十八贲》(节录)

他对郑贲诉说自己的心事:我虽有心入朝,但体力不支,事与愿违。抱病上朝参谒,病歪歪的岂不有伤大雅?

杜甫这时期尽管有几种疾病折磨的痛苦和归朝滞留途中的烦恼,而他仍然常常伤时念乱,其忧国忧民之情一如既往。

严武去世之后,朝廷派郭英乂任西川节度使兼成都尹。他率兵攻击西山兵马使崔旰,大败而归。当年闰十月,崔旰袭击成都,郭英乂逃奔简州,被普州刺史韩澄杀死。于是,邛州、泸州、剑州牙将联合讨伐崔旰。蜀中战乱不止,百姓深受其害。

> 前年渝州杀刺史,今年开州杀刺史。群盗相随剧虎狼,食人更肯留妻子?
> ——《三绝句》其一

诗人揭露蜀中大乱给老百姓带来的灾难:当地军阀相互攻伐杀戮,群盗趁机作乱,杀人掠物,抢掳妇女儿童,为所欲为,让百姓遭殃。

诗人对地方军阀割据自大的局势十分不满,认为应该维护朝廷尊严、国家统一。

> 众水会涪万,瞿塘争一门。朝宗人共挹,盗贼尔谁尊?孤石隐如马,高萝垂饮猿。归心异波浪,何事即飞翻?(其一)
>
> 浩浩终不息,乃知东极临。众水归海意,万国奉君心。色

十八、归朝病滞云安

借潇湘阔,声驱滟滪深。未辞添雾雨,接上过衣襟。(其二)

——《长江二首》

诗人面对滚滚长江流水,以众水汇流奔海为起兴,谴责蜀中军阀占地一方企图割据自尊的行径,同时抒发自己急欲回归朝廷的情怀:

其一云:众水争奔一门,水尚有朝宗之义,而盗贼却企图各自为王,岂有可尊之理?江中孤石如马,岸边藤萝垂猿,意欲阻人归路,而他的归朝之心,不是波浪却胜似波浪,翻飞前行岂可阻挡!

其二云:浩浩江流不息,乃知奔向东海。人更应懂得朝宗之理,万方共奉大唐君主,而不该占地为王。眼看江涨水阔,水奔声急,又逢雾雨扑打衣襟,当下的归途何其艰难!

长江流水引发出诗人的所憎所爱,所忧所叹,历历如在目前。

同年九月,吐蕃、吐谷浑、党项羌等拥兵数十万,分兵进攻奉天(今陕西乾县)、盩厔(今陕西周至)等地,百姓大批逃难入蜀。而蜀中正遇大乱,这些逃难百姓又无辜受害。诗人记下了他们的悲惨遭遇:

二十一家同入蜀,唯残一人出骆谷。自说二女啮臂时,回头却望秦云哭。

——《三绝句》(其二)

关中二十一家流亡入蜀,而能逃脱战乱之灾的只有一个人,而这个人也是丢弃二女死里逃生的。他说起此事时,面向关中家乡痛哭流涕。

在外族入侵的战乱中,唐朝官军逃散时,不仅不保护老百姓,反而同入侵者一样纵暴横行,抢掠奸淫,无恶不作。诗人如实反映当时现实,揭露官军的残暴罪行:

殿前兵马虽骁雄,纵暴略与羌浑同。闻道杀人汉水上,妇女尽在官军中。

——《三绝句》（其三）

诗人站在同情人民的立场上，对一切残害人民的暴行都进行无情的鞭挞。

诗人虽客居偏远山城，仍然关心朝政大事、国家安危：

安得覆八溟，为君洗乾坤？稷契易为力，犬戎何足吞？儒生老无成，臣子忧四番。箧中有旧笔，情至时复援。

——《客居》（节录）

他常常想：安得取八溟之水，一洗乾坤之污杂，使战乱时局得以澄清？其实只要朝廷用人得当，外寇何难扫除！我虽老大无成，仍时时忧念边境安危。想到的问题就诉之笔墨，提供一些参考意见。

他对朝廷宦官专权、纵容回纥夸功邀赏一事，感到十分愤懑，就提笔写下《遣愤》一诗：

闻道花门将，论功未尽归。自从收帝里，谁复总戎机？蜂虿终怀毒，雷霆可震威。莫令鞭血地，再湿汉臣衣。

杜甫对借用回纥兵力平定内忧外患的问题，一向持有不同看法，写过《留花门》等诗。永泰元年（765）冬，郭子仪与回纥合兵屡破吐蕃之后，回纥胡禄都督等恃功勒赏，朝廷前后赐赏，弄得府库一空，回纥还不满意。杜甫对朝廷过度纵容回纥的做法十分不满，他认为主要问题在于代宗宠信宦官鱼朝恩总揽军权，以致招来外患。他在谴责上述做法之后，明确发表自己意见：借用回纥兵力以求安定，无异养痈遗患。朝廷应震雷霆之威以防制回纥，楚雍王李适僚属被回纥鞭打的羞辱还记忆犹新，前耻未雪，岂能再蹈覆辙！

邵博评论《遣愤》一诗说："少陵身在江湖，心在朝廷，长虑却顾，忠愤溢于言表。"(《杜律集解》五律卷三）杨伦说：此诗"可当奏章，结句几于痛哭流涕。"(《杜诗镜诠》卷十三）均可谓知音之言。

大历元年（766）春，杜甫有位朋友蔡十四扶郭英乂灵柩回长安，途经云安，杜甫以诗赠别，诗中殷切希望他将自己的安蜀之计上奏朝廷：

> 我衰不足道，但愿子意陈。稍令社稷安，自契鱼水亲。我虽消渴甚，敢忘帝力勤。尚思未朽骨，复睹耕桑民。积水驾三峡，浮龙倚长津。扬舲洪涛间，仗子济物身。鞍马下秦塞，王城通北辰。玄甲聚不散，兵久食恐贫。穷谷无粟帛，使者来相因。若冯南辕吏，书札到天垠。
> ——《别蔡十四著作》（节录）

诗人先对蔡十四表白自己的心迹：我身体衰弱微不足道，只希望你把我所忧虑的蜀中现状上奏朝廷，让社稷稍得恢复安宁。我虽重病在身，仍没有忘记为君主效力，关心桑耕民众的生存状况。然后叮嘱友人回京途中要留心之处，希望他回朝廷能够转达蜀中民情：蜀中兵甲连年，久乱致贫，天府之国已成穷谷，民间粟帛无存，而京师征饷之使仍往来不绝。请你把这种情况奏明朝廷，期望朝廷能采取安蜀之策。有什么消息的话，请写信托南来的官吏带到这边来。浦起龙对这一段诗曾做过这样的解读："末十二句，就其别后途经，嘱其处处留心，而归结到兵食靡费，穷民不支，此则所当陈告之实际也。末即借征饷之南使，引出寄慰之来书。笔情不测，神致关生，何等飘忽，何等勤惓！是时宦官典兵，禁旅耗饷，此诗所规诇乃救时切务。"(《读杜心解》卷一之四）诗人忧国忧民、为民请命的良苦用心，从此可见一斑。

十九、夔府情系故国

大历元年（766）暮春，杜甫携家离开云安，乘舟前往夔州（今重庆市奉节）。

> 伏枕云安县，迁居白帝城。春知催柳别，江与放船清。农事闻人说，山光见鸟情。禹功饶断石，且就土微平。
> ——《移居夔州郭》

夔州属山南东道，设有都督府，州治在鱼复浦与西陵峡中间，瞿塘峡附近。唐夔州城是以白帝城为基础，向西北山坡扩建而成的，因此杜甫按唐人的惯例把夔州城直接称为白帝城。诗人在云安因病滞留半年之多，如今身体稍好一些，乘舟离开时，见柳舞青枝，似春知别意催柳绿，江与清波，似春水含情送行人，听到人们在谈论耕种农事，看到鸟雀在戏弄明媚山光，心情也欣然开朗起来。沿途两岸多堆着大禹凿山导流时留下的断崖山石，只有前边夔州土地稍微平坦比较适宜居住。诗人最后说明了移居夔州的原因。

从云安舟行到夔州，有二百四十三里路程。

> 江月去天只数尺，风灯照夜欲三更。沙头宿鹭联拳静，船尾跳鱼拨剌鸣。
> ——《漫成一首》

十九、夔府情系故国

诗人在行船夜泊时随手写下自己的见闻：三更时分醒来，只见一轮明月映在江水中，离天似乎只有数尺的距离；一盏风灯挂在桅杆上，照亮夜半三更黑暗的天空。沙洲的鹭鸶拳曲一足并排着在安静地宿息，船尾不时发出鱼儿泼剌剌地跳出水面的声响。夜泊的情味美极了！

诗人到夔州之后，寄居于山脚的一个客堂。

>忆昨离少城，而今异楚蜀。舍舟复深山，窅窕一林麓。……客堂序节改，具物对羁束。石暄蕨芽紫，渚秀芦笋绿。巴莺纷未稀，徼麦早向熟。悠悠日动江，漠漠春辞木。
>
>——《客堂》（节录）

因为周时夔亦属楚，所以诗人说：想头年离开成都草堂，而今已有楚蜀山川之异。离舟上岸，面对的又是一片深山，于是就在山脚暂住。此时已是春夏之交，山石上已长出紫色的蕨芽，沙渚上的芦笋也一片碧绿，麦子早已接近成熟，生活自然不成问题。

白帝城是一座历史古城，位于长江瞿塘峡口的白帝山上，周围山环水抱，风景奇绝，地势显要，为入蜀之重镇。相传王莽篡汉称帝时，公孙述自立为蜀王，从成都迁都到此。他殿前有一眼水井，井里常有一股白色的烟雾升向天空，宛如白龙飞腾。公孙述以为这是自己取代汉室的吉利征兆，于是自称"白帝"，并改鱼腹城为白帝城。三国时代，白帝城是蜀汉的军事要地，诸葛亮在城边摆设过操练军队和作战用的"八阵图"，《三国志》上写的"刘备托孤"的故事，就发生在这里。

杜甫来到白帝城边居住，对这里的山水名胜很感兴趣，引发了他的许多诗情。

>中巴之东巴东山，江水开辟流其间。白帝高为三峡镇，夔州（古本作"瞿唐"）险过百牢关。
>
>——《夔州歌十绝句》（其一）

诗人首先为我们勾画了一张夔州山水形势图：在三巴之地中巴的东面，长江水辟开巴东山奔腾而去，白帝城高高耸立在江边的白帝山上，为三峡之重镇，瞿塘峡口两岸绝壁千仞，比著名的百牢关更为险峻。尔后，诗人在《瞿唐两崖》一诗中，更加具体形象地描写了瞿塘峡口的险峻形势：

三峡传何处？双崖壮此门。入天犹石色，穿水忽云根。猿玃须髯古，蛟龙窟宅尊。羲和冬驭近，愁畏日车翻。

三峡之名有不同说法，而瞿塘峡有此壮观夔门则不可移易。两岸崖壁拔地倚天，高入天空而青同一色，穿入水中而下至石根。在此山峻水险之处，猿猱、蛟龙得以久据深藏，显得格外古老而尊贵。羲和驭日驾六龙之车近此，亦畏惧翻车而退避。

白帝城，是夔州最著名的名胜古迹，诗人曾经多次登临，不仅所见的景色"一上一回新"，而且所引发的情思也异彩纷呈，彰显了诗人的博大胸怀。

城峻随天壁，楼高更女墙。江流思夏后，风至忆襄王。老去闻悲角，人扶报夕阳。公孙初恃险，跃马意何长！

——《上白帝城》

诗人初次登临建筑在高山上的城楼，俯仰古今，见江流滚滚，思夏禹凿山导流之伟功，会凉风习习，想襄王游戏兰台之快意。垂老流离，又闻悲角声声不禁陷入沉思，人扶登览，忽报天时不早夕阳已经西下。可叹公孙述当初凭恃天险作乱，跃马称帝，不可一世，然而你究竟能够得意多久呢！此刻诗人借古讽今的意味十分明显，他对公孙述说的话，实际上是对正在蜀中作乱的崔旰之流发出的警告。

江城含变态，一上一回新。天欲今朝雨，山归万古春。英雄余事业，衰迈久风尘。取醉他乡客，相逢故国人。兵戈犹拥

十九、夔府情系故国

蜀,赋敛强输秦。不是烦形胜,深惭畏损神。

——《上白帝城二首》其一

这一回诗人和新朋故友一起登临白帝楼,第一感觉是江城气象多变,每次来都有新的变化。此时天好像要下雨,这一场雨下来,今年的春天就要永远归去了。公孙述所留下来的白帝城,早已衰迈沦落在风尘之中。可叹的是当今蜀中兵戈未息,还要勉强向京城输送赋税,百姓不堪重负,我们也于心不安。若不出来走走,烦劳山川形胜以娱心悦目,则深愁莫解,怕要自损精神。

城尖径仄旌旆愁,独立缥缈之飞楼。峡坼云霾龙虎睡,江清日抱鼋鼍游。扶桑西枝对断石,弱水东影随长流。杖藜叹世者谁子?泣血迸空回白头。

——《白帝城最高楼》

这回是诗人独自踏着仄小的道路,登上白帝城的最高楼。高楼其势如飞,仿佛屹立在虚无缥缈之中,连上面的军旗都似乎发愁要被大风吹倒。诗人居高临深,极目远眺:峡江上空云霾裂开,瞿塘峡两岸的颓崖断石如龙虎高卧,江水清波激荡水中礁石,仿佛阳光拥抱着鼋鼍嬉游。东边扶桑的西枝对着峡口断壁,西边弱水的影子随着江水长流。此时此刻,东自扶桑,西及弱水,整个神州大地都在诗人视野之内;内乱外扰,龙争虎斗,大唐国家命运都在诗人关切之中。其内心忧时伤世之情简直一言难尽,只有将点点血泪洒向空中。"杖藜叹世者谁子?泣血迸空回白头",是此时诗人的自画像。诗人难以言表的感情,以一个扶杖叹世、泣血迸空的视觉形象呈现出来。

白帝城中云出门,白帝城下雨翻盆。高江急峡雷霆斗,古木苍藤日月昏。戎马不如归马逸,千家今有百家存。哀哀寡妇诛求尽,恸哭秋原何处村。

——《白帝》

这年秋天，诗人登上白帝城时，遇上了一场大雨。峡中气候多变，他登白帝城时，天气还好好的，不久风云突变，天空乌云滚滚，顿时暴雨骤至。诗人站在白帝城楼观看雨景：白帝城高而雨天云低，乌云仿佛从城门中飞度。峡中雨势猛暴，从山城望去如覆盆之水，不一会儿，山洪似高空悬河，从白盐山千丈崖壁上飞流直下，搏击水流湍急的峡口，发出雷鸣般的回响。因为云浓雨暴，水气弥漫，以至于山林昏暗，天色无光。面对此情此景，诗人顿时联想：这乌云满天，大雨倾盆，高江急峡相互搏斗，天地日月为之昏暗的情景，与当今战乱不已、朝政昏暗的时局何其相似！

峡口的暴雨很快过去，诗人眼前出现一片雨后萧条的原野：荒原上有几匹无家可归的马在漫游，村庄里只有稀疏的几户人烟。诗人不禁感叹："戎马不如归马逸，千家今有百家存。"连年战乱让多少无辜百姓遭殃丧命！更令他揪心的是，荒原上不时传来寡妇的恸哭声，到处在哭诉丧夫之后家里又被征敛一空的哀痛。这一片撕人心肺的痛哭声，使人惨不忍闻，诗人又要"泣血迸空"了。

杜甫初到夔州时，对这里的山川胜景颇感亲切，而对当地的风土人情颇感怪异："巫峡忽如瞻华岳，蜀江犹似见黄河。……形胜有余风土恶，几时回首一高歌。"（《峡中览物》）他看到巫峡诸峰就好像见到了华山，看到巫峡下的长江就如同见到了黄河，不禁引起了思乡之念。而这里的风土人情却不同于中原地区，使他感到有些不可理解，难以接受。

夔州处女发半华，四十五十无夫家。更遭丧乱嫁不售，一生抱恨堪咨嗟。土风坐男使女立，应当门户女出入。十有八九负薪归，卖薪得钱当供给。至老双鬟只垂颈，野花山叶银钗并。筋力登危集市门，死生射利兼盐井。面妆首饰杂啼痕，地

十九、夔府情系故国

褊衣寒困石根。若道巫山女粗丑,何得此有昭君村?

——《负薪行》

诗人对当地"男坐女立",即让男子坐在家中看守门户,让女子在外干活的风俗表示不满,因而对当地劳动妇女的境遇赋予满腔的同情:她们年近半百,还嫁不出去。自从战乱之后,男子多被征兵战死,更加难以出嫁,只有抱恨终生。她们成了家庭挣钱的主力,十之八九靠上山砍柴,挑到集市上卖钱来养家糊口,甚至不顾死活上盐井贩卖私盐赚些小利。她们到老脖子上都垂着双鬟,将野花山叶同银钗一起插在头上。她们虽然戴着首饰脸上化了妆,仍然遮不住眼泪的痕迹。她们衣着单薄,天冷时就蜷缩在石头旮旯下面,显得十分可怜。诗人常常这样想,如果巫山这一带的女子都长得又粗又丑,那为什么会出现王昭君这样的美女?还不是把妇女当劳动主力的土俗,过分艰苦繁重的劳动,销蚀了她们美好的青春!

峡中丈夫绝轻死,少在公门多在水。富豪有钱驾大舸,贫穷取给行艓子。小儿学问止《论语》,大儿结束随商旅。欹帆侧舵入波涛,撇漩捎濆无险阻。朝发白帝暮江陵,顷来目击信有征。瞿唐漫天虎须怒,归州长年行最能。此乡之人气量窄,误竞南风疏北客。若道士无英俊才,何得山有屈原宅?

——《最能行》

诗人对当地轻生逐利、气量窄小的风俗表示不满,但对夔州男子勇敢勤劳的品德和操舟行船的高超本领还是给予了赞许:峡中人最不怕死,大多靠水上行船为生。富家驾大船经商,穷人靠行小船营生。他们小时候读书很少,长大了就备好行装跟人经商。他们善于操船弄水,驾着船只在波涛间履险如夷,一往无前。过去只听说朝发白帝暮至江陵,今日亲眼所见,果真不假。瞿塘峡口江水漫天,虎须滩风涛怒号,架不住归舟艄公的本领更为高强。只可惜他

181

们气量窄小,被重商好利之风所误,看不惯北人文明礼让。诗人常常这样想,如果说巫山这一带的男子没有英俊人才,那为什么会出现伟大诗人屈原?还不是这里的男子缺少诗书教养,以至于让轻生逐利的民俗,局限了他们的眼界和胸襟,销蚀了他们应有的文明品质!

诗人批评夔州一些不好的民俗,但他始终肯定当地劳动人民的本质,同情他们艰难困苦的处境。他经常忧念的,还是民生的疾苦。

大旱山岳焦,密云复无雨。南方瘴疠地,罹此农事苦。封内必舞雩,峡中喧击鼓。真龙竟寂寞,土梗空俯偻。吁嗟公私病,税敛缺不补。故老仰面啼,疮痍向谁数?暴尪或前闻,鞭巫非稽古。请先偃甲兵,处分听人主。万邦但各业,一物休尽取。水旱其数然,尧汤免亲睹?上天铄金石,群盗乱豺虎。二者存一端,愆阳不犹愈?昨宵殷其雷,风过齐万弩。复吹霾翳散,虚觉神灵聚。气暍肠胃融,汗滋衣裳污。吾衰犹计拙,失望筑场圃。

——《雷》

当年夏季大旱,山野草木焦枯,农业生产遭受旱灾之苦。用各种办法祈神求雨也毫无效果。诗人认为,天旱无收,赋税难敛,公私都将受害,若一意横征暴敛,只会让百姓哭诉无门。暴尪鞭石之类的办法,并不能消弭旱灾。首要的问题是方镇要停止战乱,听命于朝廷,让人民安居乐业,减轻赋敛征求。如果能这样,旱灾则无足深忧。水旱灾害是自然现象,即使唐尧、商汤时亦在所难免。如今天旱虽然严重,比起豺虎般作乱的群盗来,则未之为过。诗人提出祈神不如求己、救灾须先治乱,人事尽而天灾可回的主张,是一种十分难能可贵的见识。

江上秋已分,林中瘴犹剧。畦丁告劳苦,无以供日夕。蓬莠犹不焦，野蔬暗泉石。卷耳况疗风，童儿且时摘。侵星驱之去，烂漫任远适。放筐亭午际，洗剥相蒙幂。登床半生熟，下箸还小益。加点瓜薤间，依稀橘奴迹。乱世诛求急，黎民糠籺窄。饱食复何心，荒哉膏粱客。富家厨肉臭，战地骸骨白。寄语恶少年，黄金且休掷。

——《驱竖子摘苍耳》

到秋分时节，天气依然干旱，菜园蔬菜供应告急，诗人就叫孩子去采摘卷耳。花了一个上午，卷耳采摘回来，经过清洗加工，端上饭桌，开始下箸食用。诗人顿时想到，当今战乱频仍，赋税繁重，百姓连糠籺也吃不上，又想到"富家厨肉臭，战地骸骨白"的不平现实，一时心绪难平，停杯投箸不能食，怒斥道：富贵人家，饱食终日无所用心，何其荒唐！奉劝那些膏粱子弟，不要挥金如土！诗人在饮食之时，不忍自求温饱，心忧天下苍生，是何等情怀！诚如前人所说："因摘野食，轸念黎民，致咎诛求，转伤战伐。仁贤情性，胞与心怀。"（《杜诗笺》卷二）

大历元年（766）秋天，柏贞节任夔州都督兼夔州刺史，他原来是节度使严武属下的一员牙将，知道杜甫是严武的好友，因此对杜甫多有资助和照顾。杜甫生活稍得改善，移居到西阁。

西阁是一栋红色的楼房，在夔州城里，面临长江。西阁地势很高，站在那里可以远眺巫峡风貌，近看江流中往来的行旅和渔人，感受朝暮晴雨的峡中景物变化。

楼雨沾云幔，山寒著水城。径添沙面出，湍减石棱生。菊蕊凄疏放，松林驻远情。滂沱朱槛湿，万虑倚檐楹。

——《西阁雨望》

诗人移寓西阁，已是晚秋时节。细雨斜飞阁上，沾湿云幔，便觉秋山寒气袭人。顷刻间夔城雨气弥漫，宛如水城一般。江中正值枯水季节，只见水落而沙面出，湍少而石棱露。山上菊逢雨打，其疏放也觉凄然，雨罩青松，倒宛然具有情致。忽又大雨滂沱，朱槛俱湿。此时诗人独倚檐柱，万虑顿起。有人说"不知万虑何在"，殊不知诗人心事浩茫！

　　恍惚寒山暮，逶迤白雾昏。山虚风落石，楼静月侵门。击柝可怜子，无衣何处村。时危关百虑，盗贼尔犹存！

——《西阁夜》

夕阳渐隐，白雾朦胧，夜幕降临寒江。山虚无人，但闻风厉石落，西阁甚静，唯见月色侵门。在此天寒风厉之夕，可怜无衣击柝人，不知是谁氏之子？时危世乱，盗贼犹存，百姓何以度日？诗人见眼前景，思家国事，怎能不百虑煎心！

　　岁暮阴阳催短景，天涯霜雪霁寒宵。五更鼓角声悲壮，三峡星何影动摇。野哭千家闻战伐，夷歌数处起渔樵。卧龙跃马终黄土，人事音书漫寂寥。

——《阁夜》

诗人夜宿西阁，伤时忧世，彻夜难以安眠。光阴荏苒，又至寒冬岁暮，而自己沦落天涯，老大无成，怎能安息枕席？将近五更时分，听军营的鼓角声起伏悲壮，惊动人心；见三峡江流中星星银河闪烁，随波摇曳，仿佛整个天地都处于动荡之中。刚到拂晓时刻，就听到千家万户哭声震野，哭诉战伐带来家破人亡；又听到渔夫樵子纷纷唱起民歌小调，开启一天的劳苦生涯。日月更替，人事沧桑，曾经匡扶汉室的诸葛亮和割据称雄的公孙述，而今贤愚同归于尽，都成了一抔黄土。个人的人事不顺，友朋凋谢，长安音书断绝，又算得了什么呢？只有随它去了。诗人万虑煎心，又无可奈何，只得自我宽慰，聊以排遣心中的郁闷。

　　这一年秋冬两季，诗人住在西阁楼头，常常倚着朱槛，遥望长安,回顾人生历程,思考国家盛衰变迁,写下了《壮游》《昔游》《遣怀》《夔府书怀》等自传性回忆诗,和《秋兴八首》《诸将五首》《八哀诗》《往在》等总结王朝兴衰教训的诗篇。我们将在后面的章节中择要加以解读。

诗人回忆历史,更加关切现实。他关注蜀中战乱、朝政国事,连做梦也祈求天下太平。

> 黄草峡西船不归,赤甲山下行人稀。秦中驿使无消息,蜀道兵戈有是非。万里秋风吹锦水,谁家别泪湿罗衣?莫愁剑阁终堪据,闻道松州已被围。
>
> ——《黄草》

诗人看到黄草峡那边的行船不归,赤甲山下路上的行人稀少,就担心蜀中兵乱,道路梗塞。未闻朝廷使者作何区处,蜀中兵乱不无是非可言。他挂念锦城百姓在战乱中流离失所,不知有哪些人痛哭流涕?他警告那些作乱者不要恃险胡作非为,要知道为吐蕃所陷的松州都已被围,即将收复,你们的日子还长得了吗?

> 山木抱云稠,寒江绕上头。雪崖才变石,风幔不依楼。社稷堪流涕,安危在运筹。看君话王室,感动几销忧。
>
> ——《西阁口号呈元二十一》

冬日风雪漫天之夜,诗人与元二十一共话国事:世乱未平,社稷之危真堪流涕;谋国待人,家国安危系于运筹。当他听到元君话及王室治乱之道时,感到终于有志同道合者,使他几回感动而销忧。可见诗人对国家命运的深切关注。

> 二月饶睡昏昏然,不独夜短昼分眠。桃花气暖眼自醉,春渚日落梦相牵。故乡门巷荆棘底,中原君臣豺虎边。安得务农息战斗,普天无吏横索钱。
>
> ——《昼梦》

早春二月，桃花盛开，暖气洋洋，催人昏昏欲睡。诗人神思倦怠，昼寝而入梦。数年来国恨家愁使他魂牵梦绕。因此一合上眼，他即梦回故里，只见门巷已在荆棘之底，家园已成为一片废墟；到了中原，又见豺虎尚在君臣之边，大唐仍处于危险境地，处处令人触目惊心。他忽然魂魄受到震动，一下惊醒过来，仰天长叹：怎样才能早日结束战乱，让百姓男耕女织安居乐业，使普天下再也没有贪官污吏横征暴敛，搜刮民脂民膏！

这是诗人梦寐以求的理想。

杜甫久居西阁险阻之区，感到风景虽好，但山城面面为崖石所壅闭，缺少活动空间，且离城市烦嚣太近，想找一个平旷闲静、可资耕种的地方居住。柏贞节得知杜甫的意愿，便告诉他，瀼西有公田柑林四十亩，且有草屋可以居住，东瀼溪两岸有公田百顷，可资耕种，公孙述曾于此屯田，地名东屯，此两地可任凭选择。杜甫乘兴到瀼西看了一下，甚感满意，决意卜居其地："瞿唐春欲至，定卜瀼西居。"（《瀼西寒望》）

大历二年（767）三月，杜甫搬出白帝城，移居赤甲。柏贞节以瀼西四十亩柑林见赠，并赁得曹廨所属之草屋可居。因此，杜甫暮春即迁居瀼西。

> 归羡辽东鹤，吟同楚执珪。未成游碧海，著处觅丹梯。云障宽江北，春耕破瀼西。桃红客若至，定似昔人迷。
>
> ——《卜居》

> 此邦千树橘，不见比封君。养拙干戈际，全身麋鹿群。畏人江北草，旅食瀼西云。万里巴渝曲，三年实饱闻。
>
> ——《暮春题瀼西新赁草屋五首》（其二）

诗人坦陈自己迁居瀼西的原因：回乡不得，东游不成，总得找个栖身之所。因此来到江北岸地势宽平的地方，破土春耕，自食其

十九、夔府情系故国

力。此地虽无竹子，却有千株橘树，托居于此，不过为了养拙全身，可以避乱于江北的草丛之间，在瀼西的云彩之下求得温饱无虞。

久嗟三峡客，再与暮春期。百舌欲无语，繁花能几时。谷虚云气薄，波乱日华迟。战伐何由定，哀伤不在兹。（其一）

壮年学书剑，他日委泥沙。事主非无禄，浮生即有涯。高斋依药饵，绝域改春华。丧乱丹心破，王臣未一家。（其四）

欲陈济世策，已老尚书郎。不息豺狼斗，空惭鸳鹭行。时危人事急，风逆羽毛伤。落日悲江汉，中宵泪满床。（其五）

——《暮春题瀼西新赁草屋五首》

诗人将自己的种种心事，题于屋壁。

自己久滞峡中，再逢暮春，感慨良多：百舌无语，繁花将尽，云薄日迟，春光行将逝去，然我无意伤春，一心只想战乱如何能快速平定。

自己壮年学书、学剑，而今尽委于泥沙，一无所用。不能说事主无禄位，只是浮生不由自主，病滞高斋，常依药饵，羁身于绝域，虚度年华而不能有所作为。可恨诸镇拥兵自重，战乱难平，真令人丹心欲碎！

自己并非没有救时济世之策可陈，只因身体衰老滞留绝域，身为尚书郎却没能履职尽责。自己无力为国家平息豺狼之斗，真有愧立足于朝班之列。如今时危而人事急，令心乱而手足无措；风急而羽毛伤，欲奋飞而力不从心。日落西山，时不我待，悲叹朝宗无期，只有中宵泪洒床席！

诗人入居瀼西草屋，虽得较为满意的安身之所，而其伤时忧世之情怀却有增无减。

故蹊瀼岸高，颇免崖石拥。开襟野堂豁，系马林花动。雉堞粉如云，山田麦无陇。春气晚更生，江流静犹涌。四序婴我怀，群盗久相踵。黎民困逆节，天子渴垂拱。所思注东北，深峡转修耸。衰老自成病，郎官未为冗。凄其望吕葛，不复梦周孔。济世数向时，斯人各枯冢。楚星南天黑，蜀月西雾重。安得随鸟翎，迫此惧将恐。

——《晚登瀼上堂》

刚移居瀼西草屋不久，一天傍晚，诗人为了解闷，登临瀼上野堂，放眼眺望四周景色，顿觉豁然开朗：远看夔府孤城的女墙，一望如云；近见高高低低的山田，到处皆麦。春气向晚更生，不过是回光返照；江流已静还涌，那才是长流不息。此情此景，勾引起诗人满腔心事：春秋四序牵怀，天道不能常春；盗贼接踵作乱，世道难以常治。黎民百姓，久为叛逆战乱所困扰；王朝天子，渴望垂衣拱手治天下。诗人的思乡之情倾注东北，无奈三峡幽深关山阻隔。身为郎官倒并非冗员，只因衰老有病无法履职。吾衰甚久已不复梦见周公、孔子，唯有寄厚望于当今的吕望、诸葛亮。可叹数位过去的济世诸人，如今都已各埋枯冢！眼看南楚风尘昏暗、西蜀夜雾重重，意欲随着鸟翼南飞，心里迫于恐惧，也不敢贸然行动。

暮春月末，有一件事使诗人喜出望外，那就是"闻河北诸道节度入朝"：

喧喧道路多歌谣，河北将军尽入朝。始是乾坤王室正，却交江汉客魂销。（其三）

东逾辽水北滹沱，星象风云喜共和。紫气关临天地阔，黄金台贮俊贤多。（其九）

——《承闻河北诸道节度入朝欢喜口号绝句十二首》

河北诸道节度使原为安禄山部将，降唐后被任为当地节度使。他们名虽归顺朝廷，实则割据称雄。大历元年（766）十月代宗生

十九、夔府情系故国

日,诸道节度使都入朝祝寿。大历二年(767)淮南李忠臣、汴宋田神功、凤翔李抱玉诸节度使曾先后入朝。史书并未明载河北诸道节度使入朝之事。杜甫远在夔州,听传闻说河北诸道节度使也入朝了,以为"王臣未一家"的割据局面可以结束了,不禁为之欢欣鼓舞。他看到街道上大人小孩都在歌唱童谣,宣传"河北诸将尽入朝",感到乾坤反正,王朝可以巩固了,自己梦寐以求的愿望终于实现了,怎能不令人激动呢?他以为在辽阔的版图上,国家实现统一,朝廷就能够广揽贤才了!

> 抱病江天白首郎,空山楼阁暮春光。衣冠是日朝天子,草奏何时入帝乡。(其七)

他在欣喜之余,转念想到自己当前的处境,又感到有些遗憾。

无奈诗人身为郎官,抱病他乡,独处空山楼阁,独对暮春光景,在此朝臣入奏之时,不得躬逢其盛,亦不知何时能入帝乡,得以亲列朝班?

> 小雨夜复密,回风吹早秋。野凉侵闭户,江满带维舟。通籍恨多病,为郎忝薄游。天寒出巫峡,醉别仲宣楼。
> ——《夜雨》

> 只应踏初雪,骑马发荆州。直怕巫山雨,真伤白帝秋。群公苍玉佩,天子翠云裘。同舍晨趋侍,胡为淹此留。
> ——《更题》

杜甫对入朝履职之事,一直念念不忘于心。

时至早秋,面对风雨,诗人心绪难平:自己早已通仕籍于朝廷,恨多病而滞留他乡,为郎官而宦游至今,怎能不令人焦急呢?等到冬天大概可以出巫峡,到荆州,然后告别仲宣楼回到长安去。

他又想:恐雨伤秋,时不我待,等到初雪时,一定要离开荆州回长安。遥想君臣朝会,群臣佩水苍之玉,君主披翠云之裘,何等气派,他为何要淹留于此呢?可见诗人归朝之心切。

"身觉省郎在,家须农事归。"(《复愁十二首》其四)杜甫为了一家生计,不能不面对现实,带病经营农事。他既得柏贞节慷慨批准,把瀼西四十亩柑林和东屯百亩公田交给他代管,就不能不努力经营。他雇佣田畯,指挥农夫、奴仆,自己亲自主持管理事务,果园、稻田、菜地,处处关心,耕地、播种、除草、灌溉、收获,事事过问,常常往返于瀼西和东屯之间,忙得不亦乐乎。亲自参与农事活动,也让他进一步体察民生疾苦。

三伏适已过,骄阳化为霖。欲归瀼西宅,阻此江浦深。坏舟百板坼,峻岸复万寻。篙工初一弃,恐泥劳寸心。伫立东城隅,怅望高飞禽。草堂乱玄圃,不隔昆仑岑。昏浑衣裳外,旷绝同曾阴。园甘长成时,三寸如黄金。诸侯旧上计,厥贡倾千林。邦人不足重,所迫豪吏侵。客居暂封植,日夜偶瑶琴。虚徐五株态,侧塞烦胸襟。安得辍两足,杖藜出岖嵚。条流数翠实,偃息归碧浔。拂拭乌皮几,喜闻樵牧音。令儿快搔背,脱我头上簪。

——《阻雨不得归瀼西甘林》

杜甫有一次到城里去,遇到大雨涨水,无法回瀼西柑林,心中惦记着柑林的情况:园柑长成之时,柑大三寸,色如黄金。太守为奉承朝廷,如数搜罗上贡京师。百姓唯恐豪吏侵夺,都不愿意多种植。自己客居于此,暂时种植一些柑树,日夜听其瑶琴般的风韵,也是一种乐趣。如今柑林遇上如此大的风雨,心中十分烦闷。不知何时可以回去,看看那枝条上的青柑还留有多少?

舍舟越西冈,入林解我衣。青乌适马性,好鸟知人归。晨光映远岫,夕露见日稀。迟暮少寝食,清旷喜荆扉。经过倦俗态,在野无所违。试问甘藜藿,未肯羡轻肥。喧静不同科,出处各天机。勿矜朱门是,陋此白屋非。明朝步邻里,长老可以依。时危赋敛数,脱粟为尔挥。相携行豆田,秋花霭菲菲。子实不得吃,货市送王畿。尽添军旅用,迫此公家威。主人长跪问,戎马何时稀。我衰易悲伤,屈指数贼围。劝其死王命,慎莫远奋飞。

——《甘林》

诗人从城里回来,一进柑林就解衣自适,感到心神舒畅。他厌倦城里朱门大户裘马轻肥的俗态,喜欢乡下这白屋蓬门清静自在的生活,白屋并不比朱门差。第二天早上,他到邻里家串门,一位长老一见面就向他诉说官府赋敛繁重:家里存粟都交给了催赋的人,田里的豆子自己也捞不上吃,收获后得卖了给官府缴纳军费。这让人怎么活啊?长老说着说着就跪下问诗人:战争何时可以结束,让赋税减轻一些?诗人听了以后很悲伤,心里十分同情不堪重负的百姓,但转念又想到国家的内忧外患形势严峻,要以大局为重,于是他就向长老解释战争形势,劝慰他们继续为国家做出牺牲,千万不要逃亡远走,躲避子民应有的担当!

杜甫主管经营东屯百亩稻田,也是尽心尽职。

东渚雨今是,伫闻粳稻香。上天无偏颇,蒲稗各自长。人情见非类,田家戒其荒。功夫竞揾揾,除草置岸傍。谷者命之本,客居安可忘。青春具所务,勤恳免乱常。吴牛力容易,并驱动莫当。丰苗各已概,云水照方塘。有生固蔓延,静一资隄防。督领不无人,提携颇在纲。荆扬风土暖,肃肃候微霜。尚恐主守疏,用心未甚臧。清朝遣婢仆,寄语逾崇冈。西成聚必散,不独陵我仓。岂要仁里誉,感此乱世忙。北风吹蒹葭,蟋蟀近中堂。荏苒百工休,郁纡迟暮伤。

——《秋行官张望督促东渚耗稻向毕,清晨遣女奴阿稽、竖子阿段往问》

初秋，主管督察东屯农事的行官张望报告，稻田最后一次薅草结束，杜甫派女奴阿稽、竖子阿段前去询问工作进行情况，对全年农事的各个环节做了具体交代：今年这一带雨水充足，丰收有望。但青蒲、稗草也会相应生长，因此首先要下功夫除草，把拔下来的草放在岸旁。五谷是万民生命之本，客居在外的人更不会忘记这一点。开春便开始一年农事，辛勤耕耘播种，都要按常理常规办事。耕地要不惜牛力，不要留下硬土死角。秧苗长茂以后，田里不能缺水，要让水光云影掩映方塘。水多草长，野草容易蔓延，必须注意提防。荆扬一带地气暖和，天降微霜稻作就成熟了。诗人担心行官疏忽职守，有考虑不周之处，于是派遣婢仆前往捎话。诗人还特别交代，秋收以后粮食有聚也有散，要用于周济贫困邻里，不要只囤积在自家粮仓。诗人这样做并不是为了沽名钓誉，而是觉得乱世年代黎民的日子太凄凉。

诗人对水稻种植过程田间管理的指导，都是行家里手的中肯意见，说明他对农业生产已经体察入微，最后关于粮食聚散的明确交代，更突出彰显了诗人先人后己、大道为公的思想境界。

诗人关于粮食聚散的交代，是说到做到的。

  香稻三秋末，平田百顷闲。喜无多屋宇，幸不碍云山。御袷侵寒气，尝新破旅颜。红鲜终日有，玉粒未吾悭。

          ——《茅堂检校收稻二首》其一

秋末稻谷收获之后，诗人一方面享受品尝新米的乐趣，另一方面也庆幸自己没有多余的屋宇囤积稻谷，说明他已经把粮食分散给了贫困的邻里。红米、白米，自己终日不再缺乏，分散给别人共享也毫不吝啬。

为了便利管理稻田，这年秋天，杜甫把家从瀼西搬到了东屯。

  白盐危峤北，赤甲古城东。平地一川稳，高山四面同。烟霜凄野日，粳稻熟天风。人事伤蓬转，吾将守桂丛。（其一）

东屯复瀼西,一种住清溪。来往皆茅屋,淹留为稻畦。市喧宜近利,林僻此无蹊。若访衰翁语,须令剩客迷。(其二)

牢落西江外,参差北户间。久游巴子宅,卧病楚人山。幽独移佳境,清深隔远关。寒空见鸳鹭,回首忆朝班。(其四)

——《自瀼西荆扉移居东屯茅屋四首》

东屯,在白帝城东北十余里,是一个比瀼西更为偏远的地方。它在白盐山之北,赤甲山之东,四面环山,中有一川平地。杜甫移居到东屯时,已近稻谷成熟的时节。瀼西和东屯,都面临清溪(一临西瀼水,一临东瀼水),两地居住的都是茅屋,之所以要移居,主要为了管理稻田方便,也为了躲避市集的喧嚣,喜欢东屯僻静的环境。诗人虽然表示独处佳境,要超然物外,其实内心仍念念不忘归朝辅君的意愿。

杜甫移居东屯后不久,从忠州来了一位晚辈亲戚,这位亲戚叫吴南卿,在州府当司法参军。这次带着家眷来夔州,杜甫就把瀼西草堂让给他居住。杜甫以诗代书简,先后给他写了两封信:

有客乘舸自忠州,遣骑安置瀼西头。古堂本买藉疏豁,借汝迁居停宴游。云石荧荧高叶曙,风江飒飒乱帆秋。却为姻娅过逢地,许坐曾轩数散愁。

——《简吴郎司法》

堂前扑枣任西邻,无食无儿一妇人。不为困穷宁有此?只缘恐惧转须亲。即防远客虽多事,便插疏篱却甚真。已诉征求贫到骨,正思戎马泪盈巾。

——《又呈吴郎》

吴郎乘船从忠州来,杜甫派遣坐骑前去迎接,把他安置在草堂住下。并跟他说:这草堂我已买下,倒还宽敞舒适,周围的山光水色也不错。我虽然不在这里住了,以后总得让我常来坐坐吧!

瀼西草堂西邻住着一位穷困无依的寡妇，常到草堂前来打枣充饥。杜甫住在这里时，是"枣熟从人打"（《秋野五首》其一），从不阻拦。吴郎入住后，插上了篱笆，防止外人进来打枣。杜甫得知此事，立即写信劝说吴郎不要这样做：在堂前打枣应该听任那位西邻，她是一个无食无儿的寡妇啊！要不是穷困怎么会这么做，因为她心里害怕更应该对她和蔼可亲。她来打枣时总是提防你这位远客未免多事，你一来就插上篱笆却也过于认真。我曾听她诉说家里被官府征敛已经穷到骨髓，无依无靠难以度日，想到战乱带给这些穷苦大众的苦难，我不由得热泪盈巾！

诗人关切民生疾苦，也就更加关切时局安危和国家命运。

> 有使归三峡，相过问两京。函关犹出将，渭水更屯兵。设备邯郸道，和亲逻逤城。幽燕唯鸟去，商洛少人行。衰谢身何补，萧条病转婴。霜天到宫阙，恋主寸心明。
>
> ——《柳司马至》

柳司马从京师来到三峡，杜甫立即前去打听两京的情况。柳司马告诉他：同华节度使周智光据华州谋叛，朝廷命关内、河东副元帅郭子仪讨伐周智光，郭子仪命大将浑城、李怀光屯兵渭上。吐蕃兵马又侵入邠州、灵州一带，长安戒严。幽燕、商洛一带，军阀、盗贼横行，因此道路梗阻，行人稀少。杜甫听了以后，为国家安危而心焦，痛恨自己身体衰老不能为国出力，这一焦急，衰弱的体质病情又加重了。他只有面对万里霜天，遥望长安宫阙，表白自己对王朝的赤胆忠心。

> 绝岸风威动，寒房烛影微。岭猿霜外宿，江鸟夜深飞。独坐亲雄剑，哀歌叹短衣。烟尘绕阊阖，白首壮心违。
>
> ——《夜》

诗人夜不成寐，心中一直牵挂着长安周围的战乱。他独坐寒

十九、夔府情系故国

房,挑灯看剑,顿时雄心勃发,意欲披挂上阵,奋力解救危局。继而感到举剑无力,只有顾影自怜,哀歌叹气:自己年老体衰,病滞他乡,虽壮心不已,又有何用呢!

这夜间"独坐亲雄剑"一幕,可以证明我们的诗人壮志未泯,正如他在《可叹》一诗中所言:"死为星辰终不灭,致君尧舜焉肯朽?"

到大历三年(768)春,长安终于传来大好消息:年前唐军破吐蕃于灵州城下,斩首两千余级,吐蕃兵败而去。两京一带军阀叛乱亦已平息。杜甫听到喜讯之后,欢欣鼓舞,纵情歌唱:

> 今春喜气满乾坤,南北东西拱至尊。大历三年调玉烛,玄元皇帝圣云孙。
>
> ——《喜闻盗贼蕃寇总退口号五首》其五

诗人热情歌颂朝廷御寇平叛的胜利,以为从此东西南北,天下一统,四时玉烛明照,太平有了希望。

当然,这只是诗人的意愿和理想,实际上当时全国将帅争权、藩镇割据的隐患远未去除。

杜甫出峡,与其弟杜观的促进有很大的关系。大历二年(767)暮春,杜观到夔州看望杜甫,曾相约卜居江陵。杜观回蓝田结婚后就把妻子带到江陵,然后在当阳找到了住处,并几次写信请杜甫携家前往。因此杜甫就决定在大历三年(768)正月中旬出峡,作《续得观书,迎就当阳居止,正月中旬定出三峡》说:"自汝到荆府,书来数唤吾。……冯唐虽晚达,终觊在皇都。"很显然,杜甫出峡的目的并不是真要到当阳定居,而是不顾年老体衰,要重返皇都,实现归朝的愿望。

行期已近,船已备好,杜甫就将瀼西的四十亩果园送给了友人南卿兄:

>　　具舟将出峡，巡囿念携锄。正月喧莺未，兹辰放鹢初。雪篱梅可折，风榭柳微舒。托赠卿家有，因歌野兴疏。
>
>　　　　——《将别巫峡，赠南卿兄瀼西果园四十亩》（节录）

在梅花开放、柳叶微舒的时节，诗人就要放舟出峡，将四十亩果园托赠给南卿兄，还到园中巡视一番，想起往日携锄理园的情景，真觉得有些留恋不舍。

正月中旬，杜甫从白帝城放船出瞿塘峡，经巫山县、峡州、松滋县时，均略作停留，有所应酬。行次古城店，先以诗呈江陵幕府诸公，抵达江陵（今湖北荆州）时，已近三月上巳。

杜甫客居夔州将近两年，写下诗歌四百三十多首，是他创作的丰收期。他身处偏远的山城，始终关心朝政国事，忧念民生疾苦，写下许多忧国忧民的诗篇。他报国心切，常为自己因病不能归朝履职而心焦，写下许多抒怀言志的诗篇。在相对安稳的生活环境中，他静心回顾人生与历史，深沉思考国家盛衰变化的经验教训，留下不少史诗一般的作品。"晚节渐于诗律细"（《遣闷戏呈路十九曹长》），在律诗艺术上，他做了细密深入的探索，在森严的格律中寻求创造性的发挥，写出了一些格律无比精美、被人千古传诵的杰作。

二十、孤舟漂泊荆湘

杜甫到江陵，原想停留一些时候，然后再北归长安，可这时候时局发生了重大变化。大历三年（768）二月，商州（陕西商县）兵马使刘洽叛乱，杀死防御使殷仲卿。随后，广大六百里商于地区陷入混乱状态。同年八月，吐蕃又派十万兵马侵犯灵州、邠州，长安又受到威胁，京师戒严。"南渡桂水阙舟楫，北归秦川多鼓鼙。"（《暮归》）这些事变使得杜甫北归的计划难以实现，只得滞留江陵。

杜甫在江陵，靠他人接济为生，处境十分窘迫。他在《水宿遣兴奉呈群公》一诗中说：

鲁钝仍多病，逢迎远复迷。耳聋须画字，发短不胜篦。泽国虽勤雨，炎天竟浅泥。小江还积浪，弱缆且长堤。归路非关北，行舟却向西。暮年漂泊恨，今夕乱离啼。童稚频书札，盘餐讵糁藜。我行何到此？物理直难齐。高枕翻星月，严城叠鼓鼙。风号闻虎豹，水宿伴凫鹥。异县惊虚往，同人惜解携。蹉跎长泛鹢，展转屡鸣鸡。

夏天，杜甫为生计所迫，暂离江陵，到外县告贷，空手而归，在舟中水宿，向江陵幕府诸公诉说自己的生活境遇：我鲁钝多病，外出又不善逢迎。耳聋发少，可叹我仍不得安生。水乡雨勤，小江水浪滔滔,我的船竟搁浅于河泥之中,只好系船于长堤在此水宿。我这次坐船不是北归,而是西行外出告贷。想到暮年漂泊,备受乱离之苦,今晚我不禁伤心痛哭。我耳背,孩子常常写字条问我:怎么天天吃糠咽菜?我何以竟会落到这个地步?物理自然,实在难以自主。我卧在舟中彻夜难眠,仰观星月翻光枕前,侧听鼓鼙传更城头。风声怒号有如虎豹,野鸭沙鸥伴随左右。这次外县告贷一无所获,同人都吝惜钱财不愿周济。感慨孤舟漂泊岁月蹉跎,令人经常辗转反侧直至金鸡报晓。

诗人这一席倾诉,如实反映了他当时难堪的处境和悲伤的心情。不过我们的诗人没有沉溺于个人的困顿境遇之中,他的心中还有更为深广的忧愤。同是此次舟行途中,他还写有《遣闷》一诗:

> 地阔平沙岸,舟虚小洞房。使尘来驿道,城日避乌樯。暑雨留蒸湿,江风借夕凉。行云星隐见,叠浪月光芒。萤鉴缘帷彻,蛛丝冒鬓长。哀筝犹凭几,鸣笛竟沾裳。倚著如秦赘,过逢类楚狂。气冲看剑匣,颖脱抚锥囊。妖孽关东臭,兵戈陇右疮。时清疑武略,世乱蹋文场。余力浮于海,端忧问彼苍。百年从万事,故国耿难忘。

诗人身处舟中,面对江风星月,听哀筝,闻鸣笛,不禁涕泪沾裳;流寓他乡,如秦人之赘婿,不由自主;过逢路人,如狂楚接舆,无人知我。他看剑匣,抚锥囊,顿时气冲牛斗,意欲脱颖而出,为国家平息内乱外扰、去除疮痍而尽匹夫之力。无奈世乱年代重武轻文,文士不能有所作为。他心中忧愤难平,昂首扣问苍天:世间万事可以听其自然,故国情思岂能忘怀?

可见此时诗人尽管生计窘迫,而孤忠犹在,壮志尚存。

杜甫在江陵逗留了大约半年,生计艰难不支,就于当年秋末,移居公安县(今湖北公安)。公安在江陵之南九十里。当他出江陵

南浦时,心情比较悲凉:

> 更欲投何处?飘然去此都。形骸元土木,舟楫复江湖。社稷缠妖气,干戈送老儒。百年同弃物,万国尽穷途。
> ——《舟中出江陵南浦,奉寄郑少尹审》(节录)

诗人向江陵少尹告别,诉说自己心中的感慨:离开南都江陵,又将投奔何处?我形骸既同土木,已无所用;乘舟放浪江湖,亦无归宿。社稷之危,尚缠妖气而未消散;干戈之乱,断送老儒一生前程。人生百年,我已如同弃物;辗转各地,处处尽是穷途。

诗人心绪悲凉,但并不悲观。他在长江船行途中写有《江汉》一诗:

> 江汉思归客,乾坤一腐儒。片云天共远,永夜月同孤。落日心犹壮,秋风病欲苏。古来存老马,不必取长途。

诗人感慨自己思归朝而不能,流落江汉,是乾坤之间一个无用之士人。他虽然自称"腐儒",并没有放弃经纬天地之心。他感到自己犹如远浮的片云与天同在,如同长夜的孤月皎洁可鉴。虽日薄西山,而心志犹壮;虽秋风萧瑟,而病体日渐复苏。老马虽无驱驰长途之力,尚可取其识途的智慧。希望朝廷能够珍惜老马,用其所长。

诗人报国思用,以老马自喻,仍期待有所作为。

杜甫到了公安,借住在一个山馆中。"入邑豺狼斗,伤弓鸟雀饥。"(《移居公安敬赠卫大郎》)当时公安地方上并不太平,人情也比较冷落。因此他在这里休息了几个月之后,就决定前往湖南,寻找可以投靠的亲友。

> 北城击柝复欲罢,东方明星亦不迟。邻鸡野哭如昨日,物色生态能几时。舟楫眇然自此去,江湖远适无前期。出门转眄已陈迹,药饵扶吾随所之。
> ——《晓发公安》

诗人在拂晓时分从公安乘舟出发：北城打更之声一歇，启明星就出现在东方。听邻鸡之鸣，野哭之声，一如昨日，而岁月蹉跎，物态人生，能几不变？今诗人乘舟渺然一身，从此而去，江湖之远，亦无定期。人生转眼之间，一切便成陈迹，未来只有靠药饵扶持，随处飘荡。

诗人在漂泊途中，增广了见闻，加深了对民生疾苦和社会问题的认识，到达岳阳之后写了《岁晏行》：

> 岁云暮矣多北风，潇湖洞庭白雪中。渔父天寒网罟冻，莫徭射雁鸣桑弓。去年米贵阙军食，今年米贱大伤农。高马达官厌酒肉，此辈杼柚茅茨空。楚人重鱼不重鸟，汝休枉杀南飞鸿。况闻处处鬻男女，割慈忍爱还租庸。往日用钱捉私铸，今许铅锡和青铜。刻泥为之最易得，好恶不合长相蒙。万国城头吹画角，此曲哀怨何时终？

诗人忧愤深广，情不自禁地将自己所见所闻、所思所感的社会现象——罗列出来，夹叙夹议，尖锐地揭露了安史之乱后民不聊生、危机深重的社会现实：

岁暮时节北风凛冽，潇湘洞庭大雪覆盖，渔人网罟不开，当地居民只好靠射雁打猎为生。

去年米贵因而军粮缺乏，今年米贱种稻农民又大受其害。达官显贵过着餍酒肉的腐化生活，下层百姓家徒四壁身无完衣。

弯弓射雁也解决不了生计问题，因为楚人重鱼不重鸟。老百姓生财无路到处只见卖儿卖女，忍痛割爱只为了还官家的租庸。

往日私铸钱币属于违法乱纪，如今私铸钱币青铜中混进铅锡，甚至用陶泥来做钱模随便铸钱，用恶钱蒙混好钱长期蒙骗百姓。

社会上种种乱象，根源都在于无休无止的战争。因此诗人哀叹：万方城头到处响着战争的号角，我这哀怨之曲何时才有个终了？

二十、孤舟漂泊荆湘

诗人的难能可贵之处,在于"此诗不只是一般地反映人民生活困苦和赋税的沉重,而是写到米贱伤农、盗铸风行、钱法大坏等经济领域的复杂现象,真实记录了安史乱后唐王朝所面临的财政和社会危机的深重程度"(谢思炜评注《杜甫诗选》,第271页)。

  昔闻洞庭水,今上岳阳楼。吴楚东南坼,乾坤日夜浮。亲朋无一字,老病有孤舟。戎马关山北,凭轩涕泗流。

——《登岳阳楼》

诗人来到岳阳,首先想到要一睹闻名已久的洞庭湖的风采。他登上岳阳楼,面对浩渺无际的洞庭湖水,触景生情,顿时引发了无限感慨:一望无际、波澜壮阔的湖水,仿佛划分开楚国和吴国的疆界,乾坤日月像是飘浮在湖水中一般。而个人犹如沧海之一粟,何其渺小,更何况像我这样无依无靠、孤舟漂泊的老病之身。然而我们的诗人没有沉湎于个人的伤感之中,他更为关切的是家国的安危、民生的疾苦。他面向北方,倚栏远望,只见万里关山,依然戎马烟尘,战乱频仍,不禁涕泪俱下!此时他心情悲痛,但仍不失坚毅:"滞留才难尽,艰危气益增。图南未可料,变化有鲲鹏。"(《泊岳阳城下》)他不甘心自己在滞留途中消磨时日,仍然要振作精神,期望如鲲化鹏,能够展翅高飞,有所作为。

大历四年(769)初春,杜甫离开岳阳,舟行向南,前往潭州(今湖南长沙),然后准备到衡州投奔旧友、时任湖南观察使的韦之晋。

  春岸桃花水,云帆枫树林。偷生长避地,适远更沾襟。老病南征日,君恩北望心。百年歌自苦,未见有知音。

——《南征》

诗人在春水方生、桃花夹岸的时节离开岳阳,一片云帆穿越枫树林而渐行渐远。他无心观赏两岸的美好景色,只为自己长期偷生避难，不得不南行而伤心落泪。他感恩君主授己郎官，却因老病身衰而不能北上赴任。因此此刻他虽南下衡湘，却频频回头，北望宫阙而长叹。人生百年，仕途坎坷，壮志未酬，而辛苦作诗千首，也未见有知音，又怎不令人感慨万千！

诗人舟行入洞庭湖，经青草湖入湘江，过湘阴县、长沙县北部到潭州，沿途写下一系列纪行诗，描绘了这一带的山水风光，也记录下一些社会生活见闻。

磬折辞主人，开帆驾洪涛。春水满南国，朱崖云日高。舟子废寝食，飘风争所操。我行非利涉，谢尔从者劳。石间采蕨女，鬻菜输官曹。丈夫死百役，暮返空村号。闻见事略同，刻剥及锥刀。贵人岂不仁，视汝如莠蒿。索钱多门户，丧乱纷嗷嗷。奈何黠吏徒，渔夺成逋逃。自喜遂生理，花时甘缊袍。

——《遭遇》

诗人在途中看到一位妇女在山石间采野菜，说是可以拿到市上卖了还官家的赋税。她的丈夫已被各种劳役折磨而死，她傍晚回家只有一个人在荒村里哭号。这件事引发诗人联想到许多类似的见闻，他不能不发表评论：我看到的和听到的事大致相同，官府对百姓的剥削如锥刺刀剐，无孔不入。那班贵人们可真不仁啊！竟然视民如草芥。苛捐杂税名目繁多，逼得遭丧乱的百姓嗷嗷哭叫。狡诈的官吏不停地侵吞掠夺，无可奈何的人们只有逃亡避难。比起他们悲惨的遭遇，我能得以存活已属庆幸，当此春暖花开时节还换不下棉袍也就无所怨言了。

面对不平的现实，此时的诗人没有止步于纪实，而是拿起了批判的武器。

杜甫在潭州没有久留，过了清明节，就离开这里前往衡州。

夜醉长沙酒，晓行湘水春。岸花飞送客，樯燕语留人。贾

二十、孤舟漂泊荆湘

傅才未有,褚公书绝伦。高名前后事,回首一伤神。

——《发潭州》

诗人夜来饮了长沙酒沉醉入眠,第二天清早就坐船沿湘江出发了。岸上风吹落花纷纷,似乎在为他送行;樯桅春燕呢喃作语,似乎在对他亲切挽留。只是没见送行的人,诗人心中感到有些冷落。随之又想长沙这个地方历来是志士才人的冷遇之地:西汉时贾谊,因才高为大臣所忌,被贬为长沙太傅;初唐时褚遂良,书法冠绝一时,因谏阻高宗立武则天为后,被贬为潭州都督。他们都曾名高一时,均被贬谪抑郁而终。自己不也是因疏救房琯而沉沦不偶,以至流落来此吗?想想古今前后之事,岂能不令人伤神!

杜甫于暮春至衡州。当时湖南军已由衡州迁徙潭州。夏,韦之晋突然在潭州任所去世。杜甫闻讯后作《哭韦大夫之晋》诗,随后就回到潭州。

杜甫从岳阳到潭州再至衡州途中,感到越往南走离长安越远,自己归朝报国的希望也就越加渺茫,常常慨叹:"漠漠旧京远,迟迟归路赊。"(《入乔口》)"扁舟空老去,无补圣明朝。"(《野望》)有一天他登上潭州城楼,更是感慨不已:

天地空搔首,频抽白玉簪。皇舆三极北,身事五湖南。恋阙劳肝肺,论材愧杞柟。乱离难自救,终是老湘潭。

——《楼上》

诗人登楼远望,更感到朝廷在天之极北,而自己身处五湖之南,已是天涯相隔。悲叹自己心恋朝廷而无才报国,身陷乱离终老湘潭而难以自救!无奈之下,只有频拔簪搔首了。

杜甫觉得自己壮志难酬,无力报国,就把致君报国的愿望寄托在年富力强的朋友们身上:

附书与裴因示苏,此生已愧须人扶。致君尧舜付公等,早据要路思捐驱。

——《暮秋枉裴道州手札,率尔遣兴,寄递,呈苏涣侍御》(节录)

裴虬为道州刺史,是杜甫早年认识的朋友,苏涣是杜甫在潭州新结识的一位年轻朋友。杜甫对他们说:我此生已经衰老不堪,力不从心,"致君尧舜上,再使风俗淳"的理想,只有交付给你们去实现,我预祝你们仕途显达,奋发有为,不惜为国捐躯!

> 主忧急盗贼,师老荒京都。旧丘岂税驾,大厦倾宜扶。君臣各有分,管葛本时须。

——《别张十三建封》(节录)

张建封时为湖南观察使幕府参谋,奏授左清道兵曹,要辞职归隐而去。临别时杜甫劝导他:当下人君方忧盗贼,而师久无功,以致京都空虚荒芜。正当国势艰危之时,需要大家出力扶持,我们怎能归隐还乡?家国大业君臣各有职守,现时正需要管仲、诸葛亮一类的贤臣,与君主同心同德,和衷共济。

诗人对朋友的殷殷嘱咐、苦心劝导,都显示了对家国的一片忠心、一份责任。

杜甫在往来潭州、衡州期间,尽管自己体弱多病,感到归朝无望,前途渺茫,但其忧民之心依然如故,仍时时关心民生疾苦,并且敢于仗义执言,为民请命。

> 歌哭俱在晓,行迈有期程。孤舟似昨日,闻见同一声。飞鸟数求食,潜鱼何独惊。前王作网罟,设法害生成。碧藻非不茂,高帆终日征。干戈未揖让,崩迫开其情。

——《早行》

诗人按预定日程早晨行船出发,又听到同样的悲歌痛哭之声。其实,行船早发晚停,每天停泊都不是同一个地方,却处处能听到同样的悲歌痛哭之声。这处处的歌哭声触动了诗人的情怀,引发了

二十、孤舟漂泊荆湘

他的思考：鸟天天早飞是为求食，鱼深潜水中为何惊动？还不是因为有网罟之患。"夫网罟之设，本为民用，岂知网罟设，而鸟不安于上，鱼不安于下，一若设法，以害生成者。"（《杜甫全集校注》第 5756 页引卢元昌语）原来是官吏利用朝廷的赋税之法，对百姓横征暴敛，弄得民不聊生，"哀鸿遍野"。想到这里，诗人根本无心观赏茂盛的碧草，只为干戈乱离的民生而伤怀。

午辞空灵岑，夕得花石戍。岸疏开辟水，木杂今古树。地蒸南风盛，春热西日暮。四序本平分，气候何回互。茫茫天造间，理乱岂恒数。系舟盘藤轮，杖策古樵路。罢人不在村，野圊泉自注。柴扉虽芜没，农器尚牢固。山东残逆气，吴楚守王度。谁能扣君门，下令减征赋。

——《宿花石戍》

诗人在花石戍停泊，系舟上岸，不顾天气闷热，踏着荒僻小路，到村庄里做一番考察。他看到疲困的百姓为避征敛都已逃亡一空，只见泉水在不断地流注。柴门已经被野草掩没，农具尚存并没有毁坏。面对这种情景，诗人想到河北诸将拥兵割据，吴楚地区虽还安定，但人民苦于横征暴敛纷纷逃亡，家国何以支撑？于是他大声疾呼："谁能扣君门，下令减征赋。"

天下郡国向万城，无有一城无甲兵。焉得铸甲作农器，一寸荒田牛得耕。牛尽耕，蚕亦成。不劳烈士泪滂沱，男谷女丝行复歌。

——《蚕谷行》

诗人看到各地军阀拥兵割据，战乱四起，农业生产遭到了极大破坏，蚕谷废弃，广大百姓生计十分艰难，于是他提出早息甲兵，化兵器为犁锄，变荒田为良田，恢复正常的农业生产，让人民过上男耕女织的安乐生活。他的呼吁，道出了处于饥寒交迫之中的广大农民的心声。

大历五年（770）四月，湖南兵马使臧玠杀观察使崔瓘，据潭州作乱。澧州刺史杨子琳、道州刺史裴虬、衡州刺史杨济出兵讨伐。潭州大乱，杜甫携家出潭州避乱，又开始了逃难生活。

> 元恶迷是似，聚谋泄康庄。竟流帐下血，大降湖南殃。烈火发中夜，高烟燋上苍。至今分粟帛，杀气吹沅湘。福善理颠倒，明征天莽茫。销魂避飞镝，累足穿豺狼。隐忍枳棘刺，迁延胝趼疮。远归儿侍侧，犹乳女在旁。久客幸脱免，暮年惭激昂。萧条向水陆，汨没随渔商。报主身已老，入朝病见妨。悠悠委薄俗，郁郁回刚肠。参错走洲渚，春容转林篁。片帆左郴岸，通郭前衡阳。华表云鸟阵，名园花草香。旗亭壮邑屋，烽橹蟠城隍。

——《入衡州》（节录）

这一节诗记录了潭州叛乱的发生和诗人携家避乱的经历：叛乱元凶以似是而非的理由迷惑军心，聚众谋划兵变泄愤于通衢大道。竟使帐下流血，湖南遭殃。半夜里突然烈火冲天，硝烟弥漫。乱兵闯进府库抢分财物，沅湘两岸一片杀气腾腾。诗人躲着飞箭逃跑真是魂飞魄散，穿越豺狼般的叛军逃命简直累断双腿。强忍着荆棘利刺扎身，脚上打泡还得挣扎前行。拖儿带女一家人，总算脱险免祸。自惭年老无力讨贼，内心难以平静。无奈地向着水陆州边走去，躲进船里且随渔商漂泊。诗人想报主无奈此身已老，心想入朝而又力不从心。只好悠然随俗沉浮，郁郁含愤而行，前往衡州避难，衡州还是有一派好风光。"报主身已老，入朝病见妨"道出了诗人晚年力不从心的悲痛。

经历这一次惊险的逃难，诗人感慨良多，记录下的见闻也不少。

二十、孤舟漂泊荆湘

> 五十白头翁,南北逃世难。疏布缠枯骨,奔走苦不暖。已衰病方入,四海一涂炭。乾坤万里内,莫见容身畔。妻孥复随我,回首共悲叹。故国莽邱墟,邻里各分散,归路从此迷,涕尽湘江岸。
>
> ——《逃难》
>
> 愧为湖外客,看此戎马乱。中夜混黎甿,脱身亦奔窜。平生方寸心,反掌帐下难。呜呼杀贤良,不叱白刃散。吾非丈人特,没齿埋冰炭。耻以风病辞,胡然泊湘岸。入舟虽苦热,垢腻可溉灌。痛彼道边人,形骸改昏旦。
>
> ——《舟中苦热遣怀,奉呈阳中丞,通简台省诸公》(节录)
>
> 白马东北来,空鞍贯双箭。可怜马上郎,意气今谁见。近时主将戮,中夜伤于战。丧乱死多门,呜呼涕如霰。
>
> ——《白马》

诗人感慨自己一生经历南北两次逃难,如今到了年衰病入之时,四海无处不乱。乾坤万里之大,竟没有一个容身之地。长安已成丘墟,故乡邻里逃散,归途渺茫,只有在湘江岸边挥洒涕泪。

诗人不仅为个人的处境伤心,而且为丧乱中死伤的人们落泪。他惭愧自己身为湖南之客,眼看兵乱而无能为力。贤良被杀,正义得不到伸张。自恨不是救世的英雄,只能愤愤不平如胸怀冰炭。可怜那横尸路边的人们,形骸旦夕间就完全改变,竟然无人问津。他看到身穿双箭的伤马,想到死去的战士,更想到"丧乱死多门",不禁失声痛哭,泪如雨霰!

杜甫乘舟到衡州避乱之后,计划溯耒水而上,前往郴州投奔其舅崔伟。崔时为郴州刺史,有书信招杜甫前去。不料船到耒阳(今属湖南)方田驿,遇江水大涨,即在此停泊不前,有五日得不到食物。

> 耒阳驰尺素，见访荒江渺。……知我碍湍涛，半旬获浩溔。麾下杀元戎，湖边有飞旐。孤舟增郁郁，僻路殊悄悄。侧惊猿猱捷，仰羡鹳鹤矫。礼过宰肥羊，愁当置清醥。
>
> ——《聂耒阳以仆阻水，书致酒肉，诗得代怀，兴尽本韵，至县呈聂一首》（节录）

耒阳县令聂某闻讯，即驰书慰问，并送来酒肉。从杜甫这首感谢诗中，我们可以知道他当时被困在汪泽大水之中，无依无靠，只有侧惊树上猿猱，仰羡天上飞鸿，一家人忍饥挨饿，情境十分狼狈。聂县令送来丰富的酒肉，才解了燃眉之急。

阻水以后，杜甫决计不去郴州，于是掉转船头，顺流北返，计划去汉阳、襄阳，然后沿着汉水回长安去。

此时臧玠之乱已平，杜甫先回潭州暂住。到暮秋，准备基本就绪，他才正式启动解缆北归的计划。

> 水阔苍梧野，天高白帝秋。途穷那免哭，身老不禁愁。大府才能会，诸公德业优。北归冲雨雪，谁悯弊貂裘。
>
> ——《暮秋将归秦，留别湖南幕府亲友》

杜甫写这首留别诗，用意在于期望幕府亲友再资助一些回长安的路费，以便顺利成行，因而诗中强调自己途穷身老，到北方要迎接风雪严寒，带有悲情求助的意味。

同年秋冬之际，杜甫自潭州开始北上，船行经洞庭湖时，风痹病转剧，倒卧不起，伏枕写成《风疾舟中，伏枕书怀三十六韵，奉呈湖南亲友》。在这首绝笔诗中，他竭尽全力写下自己贫病交加的处境和难以忘情的心事，以告示天下。

> 疑惑樽中弩，淹留冠上簪。……叨陪锦帐座，久放白头吟。反朴时难遇，忘机陆易沉。

他不能忘情的第一桩遗憾，是自己空挂郎官之衔，未能入朝任

二十、孤舟漂泊荆湘

职,辅君济世的理想付诸东流:杯弓蛇影,世事险恶不免多生疑虑;朝簪在身,淹留各地一直未能归朝。身为郎官叨陪锦帐,却只是经常作诗叹老伤病。还淳反朴实现理想的时机已经难再遇到,舍去机心忘却尘务又令人有陆沉之痛。

  公孙仍恃险,侯景未生擒。书信中原阔,干戈北斗深。畏人千里井,问俗九州箴。战血流依旧,军声动至今。

他不能忘情的另一桩遗憾,是国家战乱未平,至今流血依旧,大唐中兴的心愿未能实现:蜀将割据,公孙述之流仍在恃险;叛将作乱,当今的侯景尚未生擒。洛阳久无音信,长安尚不太平。畏人问俗,到处令人忧伤;战争流血,至今仍未停息。

这首绝笔诗写出不久,诗人就带着人生遗憾,在湘江漂泊的舟中去世,享年五十九岁。

他去世之后,家人无力安葬,就把他的灵柩暂厝在岳阳。四十三年后,宗武之子嗣业才把杜甫的灵柩从岳阳运回偃师,安葬在首阳山下祖坟之侧。杜嗣业带着祖父灵柩路过荆州时,遇见著名诗人元稹,元稹应邀给杜甫写了《唐检校工部员外郎杜君墓系铭并序》,对他的一生做了一个公正的评价。

杜甫的一生是追求理想、执着奋进的一生,也是忧国忧民、光辉卓越的一生。

"杜甫生活在大唐由极盛而转衰、由太平而战乱的历史转折时期,在这个特定的历史时期中,他由一个官宦子弟和一个朝廷官吏一步步地走近人民,由一个理想主义者逐渐转变成了一个直面社会人生的现实主义者和一个忧国忧民的伟大诗人。是时代玉成了他,也是诗人的努力不断地提升他自己的人格和思想境界,完成了由普通诗人向一个伟大诗人的转变。"(葛景春注评《杜甫诗选·前言》)他一生历尽沧桑,饱经忧患,千辛万苦跟随人民前行,呕心沥血创作出许多堪称"诗史"的传世之作，登上了中国古典诗歌的圣坛。正因为如此，闻一多先生称赞他为"中国有史以来第一个大诗人，四千年文化中最庄严、最瑰丽、最永久的一道光彩"（《唐诗杂论》，第 145 页）。

二十一、仁爱铸就诗魂

> 君不见潇湘之山衡山高，山巅朱凤声嗷嗷。侧身长顾求其曹，翅垂口噤心甚劳。下愍百鸟在罗网，黄雀最小犹难逃。愿分竹实及蝼蚁，尽使鸱枭相怒号。
>
> ——《朱凤行》

朱凤是中国传说中的神鸟。《论语·微子》记载："楚狂接舆歌而过孔子曰：'凤兮凤兮，何德之衰。'"古人曾把有圣德的孔子比为凤。

杜甫诗中所写的朱凤，自身处境艰难，孤独失意，却有一颗博大的仁爱之心。它看到百鸟陷在罗网之中，连最小的黄雀都难以逃脱，深为同情，愿意把自己的食物分给芸芸众生，直至那小小的蝼蛄与蚂蚁，而不顾猫头鹰之类的恶鸟在一旁怒号。

诗中所写的朱凤，是儒家仁爱思想的标本，也是杜甫心目中的图腾。他在《过津口》一诗中说："白鱼困密网，黄鸟喧嘉音。物微限通塞，恻隐仁者心。"仁者爱人，爱一切生命，凡是陷入穷困境地的弱者，都是仁者悲悯和救助的对象，朱凤正是这种仁人爱心的形象写照。

朱凤是杜甫道德人格的象征，也是杜甫诗歌灵魂的化身。

杜甫出身于一个"奉儒守官"的家庭，从小受的是儒家正统教育，接受孔孟之道的熏陶。他年幼丧母，父亲在外地做官，寄养在二姑母家里，受到姑母无私爱心的滋养。成人之后，他在《祭远祖当阳君文》中说："不敢忘本，不敢违仁。"这是他面对列祖列宗的宣誓，也是他一生矢志不移的信条。仁爱思想贯彻他一生的实践，形成他的道德人格；仁爱思想主导他一生的创作，铸就他的诗歌灵魂，这种道德人格和诗歌灵魂，也成就了一个忧国忧民的伟大诗人。

杜甫心怀天下，"窃比稷与契"（《自京赴奉先县咏怀五百字》），立志要做稷和契一样辅君济民的大臣。稷是舜时的大臣，教百姓种五谷。契是协助大禹治水的大臣。杜甫自比稷、契，其真谛何在？王嗣奭有过很好的解读："人多疑自许稷、契之语，不知稷、契元无他奇，只是己饥己溺之念而已。伊尹得之而念廑纳沟，孔子得之而欲立欲达，圣贤皆同此心。"（《杜臆》卷之一）"己饥己溺"，语出《孟子》："禹思天下有溺者，由己溺之也；稷思天下有饥者，由己饥之也，是以如是其急。"（《离娄章句下》）其意思是说："禹以为天下的人有遭淹没的，好像自己使他淹没了一样；稷以为天下的人有挨饿的，好像自己使他挨饿一样，所以他们拯救百姓才这样急迫。"（杨伯峻《孟子译注》，第199页）可见所谓"己饥己溺之念"，就是一种以天下为己任、救民于水火的责任感。孔子说："夫仁者，己欲立而立人，己欲达而达人，能近取譬，可谓仁之方也已。"（《论语·雍也》）可见仁爱精神就是一种推己及人的精神，人人都可以从眼前事做起。杜甫终身服膺儒学，以"己饥己溺之念""欲立欲达之心"作为自己的人生信念，形成了"穷年忧黎元"，自觉为民担当的仁爱情怀。他在人生道路上，经历了世事的沧桑变化，备尝了各种艰难困苦，使其仁爱情怀变得更加充实，更加纯

二十一、仁爱铸就诗魂

真,他也更能体谅民生的疾苦,因而当他身居困境时,总能推己及人,想到境遇更为不堪的天下苍生。

在长安遇到秋雨成灾时,他想到了农家收成无望,城里米价暴涨:

> 阑风伏雨秋纷纷,四海八荒同一云。去马来牛不复辨,浊泾清渭何当分。禾头生耳黍穗黑,农夫田父无消息。城中斗米换衾裯,相许宁论两相直。
>
> ——《秋雨叹三首》其二

天宝十四载(755)回奉先探亲发现幼子已经饿死时,他想到了失业农民、远戍士兵:

> 抚迹犹酸辛,平人固骚屑。默思失业徒,因念远戍卒。忧端齐终南,澒洞不可掇!
>
> ——《自京赴奉先县咏怀五百字》

在成都自家茅屋为秋风所破,屋漏难眠时,他想到天下寒士:

> 安得广厦千万间,大庇天下寒士俱欢颜,风雨不动安如山。呜呼!何时眼前突兀见此屋,吾庐独破受冻死亦足。
>
> ——《茅屋为秋风所破歌》

在夔州天气酷热难耐时,他想到连年作战的征夫:

> 欻翕炎蒸景,飘飘征戍人。十年可解甲,为尔一沾巾。
>
> ——《热三首》其三

在夔州自家吃野菜时,他想到百姓连糠籺都吃不上:

> 乱世诛求急,黎民糠籺窄。……富家厨肉臭,战地骸骨白。
>
> ——《驱竖子摘苍耳》(节录)

诗人的推己及人,不是偶然的联想,而是发自内心的对天下苍生的关爱。他既以天下家国为己任,自然懂得"邦以民为本"(《送顾八分文学适洪州》）的道理，自己又有"生涯似众人"（《上韦左相二十韵》）的贫困生活经历，才会有"穷年忧黎元，叹息肠内热"（《自京赴奉先县咏怀五百字》）的情怀，因而也就会时时设身处地想到劳苦大众。

他不仅在自己穷困失意时想到贫苦人民，而且在自己生活无忧以至于偶尔得意富有时也能想到贫苦人民。

在夔州时，他得到刺史柏贞节的大力帮助，把瀼西四十亩柑园和东屯百顷公田交给他经营，生活有了保障，瀼西和东屯都有草堂。他为了稻田管理方便，就从瀼西搬到东屯去住，把瀼西草堂借给从忠州来的一位晚辈亲戚吴郎居住。吴郎为防止外人进院来打枣，筑起了篱笆。杜甫得知后，立即写信给吴郎："堂前扑枣任西邻，无食无儿一妇人，不为穷困宁有此？只缘恐惧转须亲。即防远客虽多事，便插疏篱却甚真。已诉征求贫到骨，正思戎马泪盈巾。"（《又呈吴郎》）诗人设身处地体察邻里寡妇的贫困处境，尽己所能给予援手。他的关心还从邻里寡妇扩大到广大备受战乱之苦的百姓，以至于为他们的不幸遭遇热泪盈巾。这是何等博大的仁者胸襟！

在东屯稻田谷子即将成熟时，他特别交代主管，秋收之后要把稻谷分给贫困邻里："西成聚必散，不独陵我仓。岂要仁里誉，感此乱世忙。"（《秋行官张望督促东渚耗稻向毕，清晨遣女奴阿稽、竖子阿段往问》）他这样做不是为了沽名钓誉，而是出于对乱世中贫苦人民的真心关爱。实际上，他这时候不仅是推己及人，而且是舍己为人了。他希望有广厦千万间大庇天下寒士，而表示"吾庐独破受冻死亦足"，不正是一种舍己为人、杀身成仁的情怀吗？

诗人的仁爱情怀，不仅能推己及人，还能推人及物，爱惜天地间的一切有益的生灵，无论是动物还是植物："筑场怜穴蚁，拾穗许村童。"(《暂住白帝复还东屯》)"白鱼固密网，黄鸟喧佳音。物微限通塞，恻隐仁者心。"(《过津口》)诗人将恻隐之心从人类推广到善待普通的生物，蚂蚁、白鱼、黄鸟之类都成了他关爱的对象。

  小径升堂旧不斜，五株桃树亦从遮。高秋总馈贫人实，来岁还舒满眼花。帘户每宜通乳燕，儿童莫信打慈鸦。寡妻群盗非今日，天下车书正一家。

——《题桃树》

这首品题桃树的诗，写五株桃树荫遮行人小径，高秋结出果实分馈贫人，来岁仍满眼繁花供人观赏。一旁帘户则通乳燕之往来，而不信任儿童妄打慈鸦，使之各得其所。"寡妻群盗若非今日光景，则天下车书正属一家，何等太平！何等欣幸！""此诗之兴体，偶借桃树以起兴，于小题中抒写大胸襟大道理。通首八句，因桃树而念及贫人，因贫人而念及禽鸟，而遂及寡妻群盗，仁民爱物之心一时俱到，公之性情、经济俱见于此。"(范廷谋《杜诗直解》七律卷一)

杜甫在推己及人的思想基础上，主张普天下实行仁政，把致君尧舜、济世仁民视为自己的政治理想和人生追求。他信奉孟子之言"尧舜之道，不以仁政，不能平治天下"(《孟子·离娄章句下》)，认为尧舜是以仁德治理天下的典范，因而把推行尧舜之道、仁德之政作为自己的人生理想。

旅食京华时期是杜甫思想开始成熟的时期。他在《奉赠韦左丞丈二十二韵》中第一次明确提出自己的政治理想："致君尧舜上，再使风俗淳。"就是说要将君主辅佐成像尧舜一样的圣君，然后以仁德成风化俗，使社会重现上古浑厚淳朴的风气。杜甫认为，要实行仁政，改造社会，首要的条件是君主贤明，而朝臣的责任是辅佐君主，治国安邦。因此，他在《自京赴奉先县咏怀五百字》中给自己明确了定位："许身一何愚，自比稷与契。"杜甫立志要做稷、契一样的贤臣,辅佐君主,治国安邦,造福人民。

杜甫后来经历了大唐王朝的盛衰变化,思考了其中的经验教训,对致君尧舜政治理想的具体内涵越来越明确,在诗歌中曾多次予以阐发:

得无中夜舞,谁忆大风歌?……君臣重修德,犹足见时和。

——《伤春五首》(其五)(节录)

安得自西极,申命空山东。尽驱诣阙下,士庶塞关中。主将晓逆顺,元元归始终。一朝自罪己,万里车书通。锋镝供锄犁,征戍听所从。冗官各复业,土著还力农。君臣节俭足,朝野欢呼同。中兴似国初,继体如太宗。端拱纳谏诤,和风日冲融。

——《往在》(节录)

吾闻聪明主,治国用轻刑。销兵铸农器,今古岁方宁。文王日俭德,俊乂始盈庭。

——《奉酬薛十二丈判官见赠》(节录)

致君唐虞际,纯朴忆大庭。何时降玺书,用尔为丹青?狱讼永衰息,岂唯偃甲兵!悽恻念诛求,薄敛近休明。

——《同元使君舂陵行》(节录)

无贵贱不悲,无富贫亦足。

——《写怀二首》其一(节录)

天下郡国向万城,无有一城无甲兵。焉得铸甲作农器,一寸荒田牛得耕。牛尽耕,蚕亦成。不劳烈士泪滂沱,男谷女丝行复歌。

——《蚕谷行》

诗人在不同时期、不同场合,反复陈述他的仁政理想,其内涵十分丰富，举其要者有以下几点：

第一，君臣修德，同心协力。君主要励精图治，节俭裕民，重用贤才，听言纳谏。

第二，停息不义战争，恢复农业生产，让百姓过上男耕女织的安乐生活。

第三，减轻赋税徭役，减轻人民负担。慎用刑罚，平息狱讼。均衡贫富，维系社会和谐。

第四，消除藩镇割据，实现国家统一。

第五，中兴大唐王朝，恢复贞观、开元盛世的繁荣局面。

诗人所勾画的仁政理想的美好蓝图，承载着他爱国爱民、忧国忧民的一颗赤子之心，寄托着他期望国家统一富强、人民安居乐业的美好梦想。为了这个理想，他梦寐以求，殚精竭虑，以至于白昼成梦，梦中所想的还是"安得务农息战斗，普天无吏横索钱！"（《昼梦》）可见他对理想追求的痴情程度。他情系国家，心念人民，想国家之所想，急人民之所急，因而他根据当时社会现实和人民大众的迫切需求所提出的种种设想，自然代表了那个年代广大人民改变自己生活处境的良好愿望。

杜甫设计的仁政理想的实施途径是：辅君—济世—仁民，让仁政成为一种朝政行为。他一再呼吁："君臣重修德，犹足见时和。"（《伤春五首》其五）"借问悬车守，何如俭德临？"（《提封》）"不过行俭德，盗贼本王臣。"（《有感五首》其三）他认为仁政的实现，君臣修德、行俭、仁民是关键，仁民方能化俗致和，安邦定国。

杜甫在诗歌创作中，一直高扬仁政理想的旗帜，反复宣扬自己的政治主张，批判与之背道而行的君主昏庸腐化、战乱连年不息、横征暴敛泛滥、藩镇拥军割据等种种不合理现实，为实现自己的政治理想鸣锣开道。

杜甫在现实生活中，一直把实现政治理想作为自己的人生追求，有着强烈的以天下为己任的使命感和责任感。他奔走干谒求人引荐，参加科举考试，向君主献三大礼赋，战乱中着麻鞋见天子，并不只是为了求得一官半职，主要是为了实现自己致君尧舜的理想。正因为如此，他不屑于事务琐碎的官职，而是希望能够登上朝廷要职，直接辅佐君主治国安邦，济世拯民。在他一生中有过两次这样的机会，却都未能很好地如愿以偿。

一次是他身陷安史叛军占领的长安，冒着生命危险跑到凤翔，麻鞋见天子，肃宗授予他一个左拾遗的官职。他感到能在君主身边工作，终于有了机会可以实现致君尧舜的理想，一定要好好履行谏官的职责，为国担当，为民分忧。哪知道上任没有几天，遇到了房琯罢相的事件，他履行谏官之职，为房琯辩护，反对罢相，引起了肃宗勃然大怒，要惩办他。幸得宰相张镐出面营救，才免于治罪。从此肃宗就冷落他，先叫他回家探亲，不久就把他外放了。心想致君尧舜，辅君济世，结果落得一身臊。

另一次是流落成都后期，由于严武等人的推荐，朝廷任命他为检校工部员外郎。他很看好郎官这个职位，因为又可以回到朝廷在君主身边工作了。这时他已五十二岁，身体也不好，还是毅然决定离蜀归朝赴任。可上路之后，病情不断加重，只能在途中滞留。他一直在念念不忘地感叹："通籍恨多病，为郎添薄游。"（《夜雨》）"为郎从白首，卧病数秋天。"（《历历》）"扁舟空老去，无补圣明朝。"（《野望》）他病逝于归途的孤舟之中，归朝履职、辅君济世的愿望，始终未能实现，成了他终身的遗憾。

诗人虽然带着人生的遗憾离开了人间，然而他用仁爱铸就的诗魂，伴随着体现鲜活诗魂的那些忧国忧民的诗篇，却永留人间，流芳百世！

二十二、诗史写照时代

杜甫的诗一向被称为"诗史"。从现存典籍考察,"诗史"之说的文字记载,最早见于晚唐孟棨所撰的《本事诗·高逸第三》:

> 杜逢禄山之难,流离陇蜀,毕陈于诗,推见至隐,殆无遗事,故当时号为"诗史"。

到宋代,有关"诗史"的阐释众说纷纭,其中有几家说法影响比较大:

> 甫又善陈时事,律切精深,至千言不少衰,世号"诗史"。
>
> ——宋祁《新唐书·杜甫传》

> 先生以诗鸣于唐,凡出处去就,动息劳佚,悲欢忧乐,忠愤感激,好贤恶恶,一见于诗。读之可以知其世,学士大夫谓之"诗史"。
>
> ——胡宗愈《成都新刻草堂先生诗碑序》

> 杜诗谓之诗史,以班班可见当时事。至于诗之叙事,亦若史传矣。
>
> ——李复《潏水集》卷五《与侯谟秀才》

孟棨认为杜甫诗当时号为"诗史",是因为他生逢安史之乱,流离陇蜀,记录下全部事情,连十分隐秘的事也不例外。宋祁特别指出杜诗善陈时事、精于声律的特点。胡宗愈进一步阐明了诗史与历史著述的不同之处，在于诗歌是通过个人的亲身经历和主观感受反映现实世界，因而人们可以读其诗而知其世。李复又补充指出诗史在写作上善于叙事、类似史传的特点。综合以上数家的诠释，对"诗史"这个概念内涵的理解，就比较全面和确切了。后人也就在此基础上形成了共识。

杜甫的伟大，在于他以历史见证人的身份，通过自己的亲身经历和主观感受，生动地反映了唐王朝在安史之乱前后那数十年间由盛转衰的历史踪迹，用饱含情思的诗笔给时代写照，为历史留影，因而他的作品一向享有"诗史"的称誉。

安史之乱爆发前十年，即天宝五载至十四载（746—755），杜甫为求职一直生活在长安，广泛接触社会各阶层，对唐王朝的政治局势和社会矛盾逐渐有了深入的了解，因而对社会存在的危机有所察觉，诗歌中也就有所反映。

诗人经常出入于权贵之门，目睹统治阶层骄奢淫逸，任意挥霍从劳动人民那里搜刮来的财物，加剧了社会矛盾，即以自己耳闻目见的事例予以曝光。作于天宝十载（751）的《乐游园歌》，极写乐游节日的繁华，重点披露玄宗及权贵的骄奢："青春波浪芙蓉园，白日雷霆夹城仗。阊阖晴开昳荡荡，曲江翠幕排银榜。拂水低回舞袖翻，缘云清切歌声上。"诗描写玄宗和宫人贵戚从大明宫通过夹城来芙蓉园宴游时，车马仪仗声势浩大，有如白日雷霆之响。曲江边搭起许多豪华幕帐，排列着银色牌匾。他们在里边观看歌舞纵情享乐，只见广场上歌女们舞袖起伏如水波翻动，那清切歌声直上云天。作于天宝十二载（753）的《丽人行》极写杨国忠兄妹宴游曲江的奢华与荒唐，讽刺的锋芒更显尖锐。这班受封赐的皇亲国戚，宴席上摆放着奇珍异品："紫驼之峰出翠釜，水精之盘行素鳞。"她们还不想吃,太监飞马报知皇帝,皇帝立即又派御厨送来别样珍品。杨国忠鞍马姗姗来迟,下马直入锦茵与三夫人欢会。诗人讽刺道:"炙手可热势绝伦,慎莫近前丞相嗔。"对当朝宰相也毫不留情。到天宝十四载(755)十一月初,诗人从长安到奉先探亲时,途经骊山,看到玄宗与杨贵妃正在华清池纵情享乐,他触景抒情,揭露了安史之乱前大唐王朝存在的尖锐社会矛盾:"彤庭所分帛,本自寒女出。鞭挞其夫家,聚敛供城阙。……朱门酒肉臭,路有冻死骨。"(《自京赴奉先县咏怀五百字》)这就为日趋腐败的社会敲响了警钟。

　　唐王朝穷兵黩武,不断进行开边战争,也是引发社会矛盾的重要原因。诗人从不断征兵开边的现象,看到了从此引发的种种社会问题。他在《兵车行》中,通过对出征士兵的访问,对此予以集中的反映:征战长期不断,百姓不堪重负:"道傍过者问行人,行人但云点行频。或从十五北防河,便至四十西营田。去时里正与裹头,归来头白还戍边!边庭流血成海水,武皇开边意未已!"驱使劳动力长期征战,造成对农业生产的严重破坏:"君不见汉家山东二百州,千村万落生荆杞。纵有健妇把锄犁,禾生陇亩无东西。"征战不停而赋税加重,让百姓走投无路:"且如今年冬,未休关西卒。县官急索租,租税从何出?"出征士卒有去无回,造成人们心理产生变态:"信知生男恶,反是生女好;生女犹得嫁比邻,生男埋没随百草!"此诗深刻地反映了开边战争给人民带来的深重灾难。因此,诗人在《前出塞》中就为民请命,强烈反映人民对开边战争的不满:"君已富土境,开边一何多。"将矛头毫不隐讳地直指君王。

　　与穷兵黩武政策直接相关的,就是君王宠信边将,养虎遗患,以致造成安禄山骄恣谋叛,大乱天下。诗人关心时局,洞察现实,于天宝十四载（755）安禄山发动叛乱前夕，写下《后出塞五首》，及时揭露安禄山蓄意叛乱的阴谋：

男儿生世间，及壮当封侯。战伐有功业，焉能守旧丘。召募赴蓟门，军动不可留。千金装马鞭，百金装刀头。闾里送我行，亲戚拥道周。斑白居上列，酒酣进庶羞。少年别有赠，含笑看吴钩。（其一）

朝进东门营，暮上河阳桥。落日照大旗，马鸣风萧萧。平沙列万幕，部伍各见招。中天悬明月，令严夜寂寥。悲笳数声动，壮士惨不骄。借问大将谁？恐是霍嫖姚。（其二）

古人重守边，今人重高勋。岂知英雄主，出师亘长云。六合已一家，四夷且孤军。遂使貔虎士，奋身勇所闻。拔剑击大荒，日收胡马群。誓开玄冥北，持以奉吾君。（其三）

献凯日继踵，两蕃静无虞。渔阳豪侠地，击鼓吹笙竽。云帆转辽海，粳稻来东吴。越罗与楚练，照耀舆台躯。主将位益崇，气骄凌上都。边人不敢议，议者死路衢。（其四）

我本良家子，出师亦多门。将骄益愁思，身贵不足论。跃马二十年，恐辜明主恩。坐见幽州骑，长驱河洛昏。中夜间道归，故里但空村。恶名幸脱免，穷老无儿孙。（其五）

这一组诗，写一个被安禄山招募去的士兵，从慷慨从军到脱身归家的经历，以其所见所闻，揭露安禄山邀功请赏、气骄凌上、蓄意谋反的真相。第一首诗写士兵应募出发，奔赴蓟门，满怀建功立业的壮志豪情。第二首诗写行军途中和沙地宿营的见闻。日暮行军时，只见"落日照大旗，马鸣风萧萧"，飒然一派雄奇的关塞景象。月夜宿营时，只见明月高悬中天，万幕寂寥无声，顿时对主将治军萌生敬畏之心。然而在军中日子一久，真相渐明，原来军中主将别有用心，这位士兵的思想认识发生了根本转变。于是第三首诗就转

二十二、诗史写照时代

入对安禄邀功请赏的揭露：古人注重守边卫国，今人却看重立功封赏。哪知皇上也好大喜功，连续不断出兵开疆拓土。如今天下已统归一家，四外异族都孤军不强。边将就野心勃勃如狼似虎，拼命杀敌以扬名邀功。拔剑征战于塞外荒原，天天俘获成群的胡马显功。主将发誓要开拓北疆，夺来土地奉献给君王。第四首诗，士兵进一步以自己所见的事实，揭露安禄山恃宠骄纵，图谋叛乱：主将接连以凯歌捷报奏闻朝廷，报告奚和契丹两蕃都已平定。渔阳本是豪侠之地，如今鼓乐连天如同节庆。为了准备打仗四处采购物资，渤海源源不断转来载货的大船，运来江南各地的稻米和绸缎，为了笼络人心，奴仆也可穿上亮丽华装。主将加官晋爵，地位步步高升，气势骄横，企图凌驾京城。边地人哪敢随便议论，谁要议论立即叫你丧命。第五首诗，抒写士兵不肯从逆，逃离回家的心理活动：我本是一个良家子弟，从军出征已经多次。眼看主将骄横凌上令人愁思，自身富贵又何足挂齿。南征北战二十年，唯恐辜负明君的恩赐。行见幽州骑兵要长驱中原直下河洛，我当机立断半夜抄小路回家，回到家乡也只剩下一个空荡的村子。总算幸免了从逆的罪名，无依无靠了此余生。

这组诗的抒情主人公是诗人塑造的一个不肯从逆的士兵形象。通过这个人物形象的经历，真实地反映了安禄山叛乱的原始。诗中所写士兵的见闻，皆有根有据，符合事实，许多地方可印证史书记载，有的地方还可补充史载之阙遗。

"安史之乱爆发，使杜诗的创作主题发生重大变化，由对社会危机的揭露转而表现唐王朝及其人民与叛乱者的生死斗争，在诗歌中劝勉人民全力支持平叛战争，并以政论形式直接就战局变化和平叛战略发表政见。"（谢思炜《杜甫诗选·前言》）

从天宝十四载（755）安史之乱爆发，到广德元年（763）安史之乱结束，杜甫作诗三百多首，以忧国忧民的诗笔，写下自己的见闻、感受与思考，全面、深刻地反映这个时期国家和人民反对叛乱的艰难曲折的历程。在安史之乱中，"国家的危机和人民的痛苦通过种种难以想象的、耸人听闻的事实呈现在他的面前。他面对许多残酷的事实，既不遑惑，亦不逃避，而给以严肃的正视。他既有热情的关怀，也能做冷静的观察，洞悉时代的症结和问题的核心所在。……他观察的范围之广，认识之深，并能以高度的艺术手腕把他观察、认识的所得在诗歌里卓越地表达出来，大大超过了在他以前的任何一个诗人"（冯至《"诗史"浅论》，见《杜甫研究论文集》第三辑，第62页）。

战争时局的发展关系着国家的命运，是诗人的首要关切。他对战争局势的变化发展，用诗歌进行了详尽的描绘。战争初期，安史叛军来势汹涌，东京洛阳和西京长安相继陷落。杜甫在投奔凤翔途中被叛军俘获，困居长安半年之久。这期间，他一方面记录铁蹄下长安的悲惨景象，抒写国破家亡的哀伤，写下《哀王孙》《哀江头》《春望》等诗，另一方面他时刻关注前方战局的态势，抒写战事失败的悲痛，写下《悲陈陶》《悲青坂》等诗。

> 孟冬十郡良家子，血作陈陶泽中水。野旷天清无战声，四万义军同日死。群胡归来血洗箭，仍唱胡歌饮都市。都人回面向北啼，日夜更望官军至。
>
> ——《悲陈陶》

杜甫写于至德元年（756）冬的这首诗，把血流成泽的战场和铁蹄下的京城尽收其中，以典型的场景凸显家国的灾难和人民的期望，可视为安史之乱初期唐王朝所面临的严峻形势的一个缩影。诗的前四句写陈陶斜战役的惨败：唐军四万多人一日之间全军覆没，来自西北十郡的平民子弟的鲜血顿时化为陈陶泽中之水，令天地同悲。诗的后四句,从陈陶斜战场掉转笔来写长安:叛军胜利得志归来,身带沾满鲜血的弓箭,在长安街头狂饮高歌,气势张狂不可一世。长安百姓见此情景伤痛难忍,回过头去向着陈陶斜战场,向着肃宗所在的灵武方向,掩面啼哭,日夜盼望官军早日收复长安,救民于水深火热之中。

至德二载(757)九月,唐军收复西京长安,十月又收复东京洛阳。不久,河北大片失地也相继收复,捷报频传,平叛战争形势大好。杜甫为之欢欣鼓舞,先后写了《收京三首》《洗兵马》等诗。他欢呼前方捷报频传,以为胜利指日可待,劝告肃宗不要忘记三年来辛苦奔波,要珍惜如今来之不易的大好局面:"中兴诸将收山东,捷书夜报清昼同。河广传闻一苇过,故危命在破竹中。只残邺城不日得,独任朔方无限功。京师皆骑汗血马,回纥喂肉葡萄宫。已喜皇威清海岱,常思仙仗过崆峒。三年笛里关山月,万国兵前草木风。"(《洗兵马》)

然而由于邺城战役的失败,使战局陡然逆转,以致造成"邺中事反复,死人积如丘"(《遣兴三首》之二)。河北大片地方又被叛军占领。乾元二年(759)九月,史思明复据东京洛阳。杜甫又为此寝食不安,难以忘怀:"万人尚流冗,举目唯蒿莱。至今大河北,化作虎与豺。浩荡想幽蓟,王师安在哉?对食不能餐,我心殊未谐。"(《夏日叹》)"王师未报收东郡,城阙秋生画角哀。"(《野老》)他关心战事发展,期盼唐军胜利,寄希望于名将:"百万传深入,寰区望匪他。司徒(李光弼)下燕赵,收取旧山河。"(《散愁二首》之一)"闻道并州镇,尚书(王思礼)训士齐。几时通蓟北,当日报关西。"(《散愁二首》之二)

广德元年(763)春,唐军相继收复两京,延续八年之久的安史之乱,经过艰难曲折的战斗,终于平定。杜甫闻讯后欣喜若狂,

奋笔直书写下了《闻官军收河南河北》一诗:

  剑外忽传收蓟北,初闻涕泪满衣裳。却看妻子愁何在,漫卷诗书喜欲狂。白日放歌须纵酒,青春作伴好还乡。即从巴峡穿巫峡,便下襄阳向洛阳。

这杜甫"生平第一首快诗"(《读杜心解》卷四),不仅抒写了个人得以回乡的狂喜心情,而且道出了千千万万在战乱中流离失所者得以重返家国的无比喜悦。这是饱经战乱之苦的人们的第一首快诗。这是平定安史之乱战争胜利的一支颂歌。

"杜甫的诗歌真实地反映了帝京的失而复得、得而复失的过程,再现了那个风雨交加的年代,同时也反映诗人面对国家战争局势时波澜起伏的心情。"(吕蔚《安史之乱与盛唐诗人》,第225页)

安史之乱爆发以后,杜甫最为关心的一是国家的局势,再则就是人民在战乱中的生存状态。他用诗歌记录下安史之乱给广大人民带来的巨大灾难,和他们在不合理兵役制度下的痛苦遭遇。

安史之乱给广大人民群众造成了极其惨重的伤亡,人口大量减少,"千家今有百家存"(《白帝》),印证了史书记载的事实。人口的伤亡不仅仅在战场上,如潼关战役"哀哉桃林战,百万化为鱼"(《潼关吏》),邺城战役"积尸草木腥,流血川原丹"(《垂老别》),等等,更主要的是安史叛军对无辜百姓的血腥屠杀。叛军所到之处,"杀戮到鸡狗","几人全性命"(《述怀》),以致造成广大乡村荒无人烟:"久行见空巷,日瘦气惨悽。但对狐与狸,竖毛怒我啼。四邻何所有?一二老寡妻。"(《无家别》)这种种景象惨不忍睹。

  峥嵘赤云西,日脚下平地。柴门鸟雀噪,归客千里至。妻孥怪我在,惊定还拭泪。世乱遭飘荡,生还偶然遂。邻人满墙头,感叹亦歔欷。夜阑更秉烛,相对如梦寐。

——《羌村三首》其一

二十二、诗史写照时代

这首诗是至德二载(757)诗人回鄜州羌村探亲时写的,所到之地尚未为叛军所占领,却仍然可以看到安史叛军的血腥屠杀给人民投下的心理阴影之深:乱离久别,生死未卜,丈夫忽然回家,妻子竟感到惊怪,不敢相信能活着回来,惊定之后才悲喜交集地拭泪。消息不胫而走,引来"邻人满墙头,感叹亦歔欷"。到夜深人静之时,一家人秉烛对坐,仍然仿佛在梦中一样,还不敢完全相信梦寐以求的重逢已成事实。诗人这种对难后余生之人的心理描写,比对血腥屠杀场面的描写更加入木三分。

安史之乱时期,百姓遭遇了更沉重的兵役负担。原先唐朝的"丁中制"规定,十八岁以上为中男,二十三岁成丁。而在安史之乱军情紧急时期,未成丁的中男都在点选之例:"府贴昨夜下,次选中男行。中男绝短小,何以守王城?"(《新安吏》)不仅如此,连那些"暮婚晨告别"的青年,刚从战场败阵回来的士兵,"子孙阵亡尽"的老人,"急应河阳役"的老妇,都得去从军服役。诗人对他们承受的苦难十分同情,一一记录在案,同时他更想到平定叛乱关系国家命运,天下兴亡匹夫有责,因此又忍痛劝勉他们走上前线。诗人在"三吏""三别"中,都交织着这种矛盾心理。其中的《新婚别》最有代表性:

> 兔丝附蓬麻,引蔓故不长,嫁女与征夫,不如弃路傍。结发为君妻,席不暖君床。暮婚晨告别,无乃太匆忙。君行虽不远,守边赴河阳。妾身未分明,何以拜姑嫜?父母养我时,日夜令我藏,生女有所归,鸡狗亦得将。君今往死地,沉痛迫中肠!誓欲随君去,形势反苍黄。勿为新婚念,努力事戎行!妇人在军中,兵气恐不扬。自嗟贫家女,久致罗襦裳;罗襦不复施,对君洗红妆。仰视百鸟飞,大小必双翔。人事多错迕,与君永相望。

这是新婚女子的一席独白,从开始诉说对"暮婚晨告别"的一腔怨愤,而后转变为对从军丈夫的积极鼓励,并以生死不渝的爱情来坚定丈夫的斗志,关键在于她想明白了:只有丈夫努力杀敌,平息叛乱,国泰民安,个人幸福的理想才能实现。这是那个特定时期历史现实的反映,也是诗人思想认识变化过程的反映。这时候诗人是用活生生的事例、自己的思想认识,在劝勉人民为国担当,全力支持平叛战争。

杜甫不仅随着时间的进程,及时地、全方位地用诗歌反映安史之乱前后的社会现实,而且晚年在夔州通过回忆和反省,写了一些长篇排律和联章组诗,更深入地反映安史之乱前后的历史演变,如《夔府书怀四十韵》《诸将五首》《八哀诗》《秋兴八首》和《洞房》八首等。下面我们看看《洞房》八首如何反思安史之乱前后的历史:

洞房环佩冷,玉殿起秋风。秦地应新月,龙池满旧宫。系舟今夜远,清漏往时同。万里黄山北,园陵白露中。

——《洞房》

宿昔青门里,蓬莱仗数移。花娇迎杂树,龙喜出平池。落日留王母,微风倚少儿。宫中行乐秘,少有外人知。

——《宿昔》

能画毛延寿,投壶郭舍人。每蒙天一笑,复似物皆春。政化平如水,皇明断若神。时时用抵戏,亦未杂风尘。

——《能画》

斗鸡初赐锦,舞马解登床。帘下宫人出,楼前御曲长。仙游终一阕,女乐久无香。寂寞骊山道,清秋草木黄。

——《斗鸡》

历历开元事,分明在眼前。无端盗贼起,忽已岁时迁。巫峡西江外,秦城北斗边。为郎从白首,卧病数秋天。

——《历历》

洛阳昔陷没，胡马犯潼关。天子初愁思，都人惨别颜。清笳去宫阙，翠盖出关山。故老仍流涕，龙髯幸再攀。

——《洛阳》

骊山绝望幸，花萼罢登临。地下无朝烛，人间有赐金。鼎湖龙去远，银海雁飞深。万岁蓬莱日，长悬旧羽林。

——《骊山》

提封汉天下，万国尚同心。借问悬车守，何如俭德临。时征俊乂入，莫虑犬羊侵。愿戒兵犹火，恩加四海深。

——《提封》

清人管世铭指出："《洞房》以下八章，皆取篇首二字为题，盖联章也。"(《读雪山房唐诗钞》卷十四《五律凡例》)这八首诗，确实是一个完整的联章组诗。它通过对安史之乱前后长安往事的反思，揭示唐王朝由盛转衰的原因，以及应该从中吸取的教训。八首诗的内容蝉联而下，一环扣一环，构成一个首尾完整的整体。

《洞房》写诗人秋夜舟中见月，感念长安宫掖之凄凉，玄宗陵寝之寂寞，无限悲思寓于言外。此为八诗之缘起。

《宿昔》追叙玄宗生前宠爱杨氏姐妹、恣意行乐之事。青门城外，仙仗数移，写玄宗前往曲江南苑游乐。"三四言花娇而迎仙仗于杂树，龙喜仙仗之至而出平池。"(《杜臆》卷之八)后四句叙女宠："日将落而留连王母，贵妃专宠也。风微起而凭倚少儿，秦虢得幸也。当年恣意行乐，不令人知，今果安在哉？"(《杜诗详注》卷之十七)

《能画》追叙玄宗当年喜好优宠技巧，玩物丧志，而不悉心勤政，以致蒙尘流离："舍人投壶，足动天颜之笑。延寿善画，能令物色生春。此一时适意之事。若使当年政平威断，即时用抵戏，亦何至风尘杂起乎？惜乎明皇之不然也。"(《杜诗详注》卷之十七)

《斗鸡》追叙玄宗当年纵情斗鸡舞马，好生气派，歌舞行乐，亦颇得意,而终于乐极悲来,以至于梨园弟子星散,骊山胜景难再。

《历历》写开元盛事如在眼前,而叛乱忽起,时过境迁。如今自己流落西南,遥望长安,虽有郎官之职,而归朝遥遥无期。此章承前启后。

《洛阳》追叙洛阳陷落之后,潼关失守,玄宗才开始犯愁,于是仓卒离京,西逃出关,幸亏后来终于返回长安。

《骊山》写玄宗死后之悲凉:"明皇崩后,骊山花萼,不复临幸,地下久无朝烛,人间徒有赐金。自此鼎湖龙去,银海雁深,唯留此蓬莱日色,长照陵上羽林耳。寂寞身后,良可叹也。"(《杜诗详注》卷之十七)

《提封》是以上数章之总结,揭明组诗的宗旨:要一统天下,万国需同心,前车之覆,应为后车之鉴。凭险守土,不如俭德临民。用贤辅国,何愁外患之侵?兵勿轻动,恩加四方百姓,则大唐中兴、天下太平有望。

"在八首诗中,诗人所思考的主要问题在于,这场大叛乱何以会发生?他的历史感和责任感,使他在一定程度上摆脱了封建关系的桎梏,而将矛头对准了最高统治者。……杜甫认为,皇帝的荒淫无度,恣意行乐,不修德政,乃是祸乱产生的根本原因。""八首诗于未乱之前,隐隐写出将乱;正乱之时,写出致乱之由;已乱之后,写出弭乱之方。诗中历史过程的开阔,正反映出杜甫胸怀的开阔,而作为文学家的杜甫和作为思想家的杜甫,也就在此时更紧密地结合起来了。"(程千帆等《被开拓的诗世界》,第228—229页)杜甫那些具有"诗史"价值的作品,不仅在于他艺术表现的真切,而且在于思想眼光的深邃,并且二者紧密地结合在一起,形成了沉郁顿挫的风格。

安史之乱平定以后,唐王朝的内忧外患仍然持续不断。杜甫一

二十二、诗史写照时代

如既往关心现实,用诗歌叙写时事。吐蕃、回纥的内侵,各地藩镇的拥兵作乱,都在杜甫后期的诗歌创作中有着深刻的反映,延续着"诗史"的一贯作风。

杜诗给时代写照,为历史留影,并不是简单的生活记录,而是有他自己的思考和判断,倾注了他自己炽热的爱憎感情。例如《兵车行》,记叙咸阳桥边父母、妻子送别征夫的一个场景,不仅如实地反映了唐王朝连年扩边战争带来的一连串严重的社会问题,而且强烈地表达了诗人对穷兵黩武政策的谴责,矛头直指最高统治者:"边庭流血成海水,武皇开边意未已!"诗的最后以抒情作结,"君不见,青海头,古来白骨无人收。新鬼烦冤旧鬼哭,天阴雨湿声啾啾",直接表达了诗人对扩边战争的深恶痛绝。这首诗虽以叙事为体,但自始至终充溢着沉痛的激情、深广的忧愤。诗人在有些作品中干脆采用叙事、言情双轨并联的方式反映现实,如陷贼长安时写的《哀江头》,记叙诗人潜行曲江的所见所思,叙中有情,情中带叙,叙写长安今昔之变化,抒发对唐王朝的盛衰之慨叹。诗以"少陵野老吞声哭,春日潜行曲江曲"开头,即带有难以抑制的感情色彩,接着叙写曲江两岸昔日的繁华和今日的萧条,唐明皇与杨贵妃昔日游苑的欢乐和今日"血污游魂归不得"的悲哀,无不饱含着诗人的深悲巨痛。诗的最后两句"黄昏胡骑尘满城,欲往城南望南北"以神伤意乱、不辨南北的动作,和盘托出诗人心里为国破家亡而撕肝裂肺的哀恸。这样的诗,可以说倾注着诗人的热血和生命。诚如有的学者所说:"杜诗是用生命写出来的。杜诗既是国史,也是自传;既是社会史,也是心灵史。它是一个王朝由强盛到衰败的政治史,一个国家由和平到战乱的战争史,一个民族享受荣光和经历苦难的心灵史,其价值已经远远超过一般意义上的诗歌。"(吴相州《中国诗歌通史·唐五代卷》,第251页)

二十三、诗圣集成启后

在中国诗歌史上,杜甫有着无与伦比的崇高地位,前人或誉之为"集大成",或誉之为"诗圣"。对于杜甫诗歌,最先给予崇高评价的是唐代的元稹。他在《唐检校工部员外郎杜君墓系铭并序》中说:

> 至于子美,盖所谓上薄风骚,下该沈宋,古傍苏李,气夺曹刘,掩颜谢之孤高,杂徐庾之流丽,尽得古今之体势,而兼人人之所独专矣。使仲尼考锻其旨要,尚不知贵,其多乎哉!苟以为能所不能,无可不可,则诗人以来,未有如子美者。

杜甫,字子美。元稹称赞他是一个集古今诗歌之大成、几乎无所不能的人物,并从诗歌发展史的角度肯定其登峰造极的成就。到宋代,杜诗"集大成"之说更为明确。宋祁在《新唐书·杜甫传赞》中说:"至甫,浑涵汪茫,千汇万状,兼古今而有之。"秦观在《韩愈论》中说:"杜子美之于诗,实积众家之长,适当其时而已。……呜呼,杜氏、韩氏,亦集诗文之大成者欤!"

宋代人评论杜诗,有说"圣于诗者",有说"如周公制作",已含有视杜甫为诗国圣人之意,至于明确称誉杜甫为"诗圣",那是

二十三、诗圣集成启后

明代以后的事了。明人王穉登《合刻李杜诗集序》中说:"闻诸言诗者,有云供奉之诗仙,拾遗之诗圣,圣可学,仙不可学。"胡应麟在《少室山房笔丛》中说:"拾遗素称诗圣,又称集大成。"可见当时已流传杜拾遗为诗圣之说。明末《杜臆》一书的作者王嗣奭在他的诗作中一再称杜甫为"诗圣":"青莲号诗仙,我翁号诗圣。"(《梦杜少陵作》)"诗圣神交盖有年。"(《浣花草堂二首》其二)这两首诗见其《密娱斋诗集》,后来为清人仇兆鳌《杜诗详注》收入附编。从上可见,"诗圣"之说至少从明代开始已经广为流传,并且获得人们的广泛认同。

对于杜甫在中国诗歌史上的贡献,宋代作家王禹偁有过很精确的评价:"子美集开诗世界。"(《小畜集》卷九《日长简仲咸》)也就是说,杜甫在中国诗歌史上是一个集成、开来的人物,他在集古今大成的基础上开拓了诗歌创作的新天地,其最重要的意义不在于承前,而在于启后。诚如一位当代学者所言:"杜甫既总结前人的成就而成为集大成的诗人,又在集大成之中开创出新东西,从而对后代许多大诗人产生强烈的影响。这种在诗歌史上的重要性是独一无二的,这也就成为杜甫在中国诗坛占据独特地位的重要因素之一。"(吕正惠《诗圣杜甫》,第3页)杜甫之所以被尊崇为"诗圣",无外于此。

杜甫一生重视读书学习:"读书破万卷,下笔如有神。"(《奉赠韦左丞丈二十二韵》)"觅句新知律,摊书解满床。"(《又示宗武》)他懂得读书是写作的基础,只有博览群书,茹古涵今,才能挥笔自如,写诗作文。他还主张读前人作品,要做到读而能"破",能够推陈出新。杜甫对待文学传统采取这种虚心学习、批判继承的正确态度,是他成为集大成的诗人的先决条件。他对《诗经》以来直至当代的文学都做了全面考察,其诗中论及的就有《诗经》、屈原、宋玉，汉魏乐府，李陵、苏武五言诗，建安诗人曹植、刘桢，正始诗人阮籍、嵇康，南朝诗人陶渊明、谢灵运、谢朓、鲍照、何逊、阴铿、庾信，唐代诗人杜审言、沈佺期、宋之问、初唐四杰、陈子昂、李白、高适、岑参、孟浩然、王维、元结，等等，真可谓做到了"不薄今人爱古人"。他对前人的创作，既能知其长，也能知其短，并能在自己的创作实践中学习借鉴，取长补短，推陈出新。他的《戏为六绝句》比较集中地反映了他对古今文学的清醒认识和正确态度：

　　庾信文章老更成，凌云健笔意纵横。今人嗤点流传赋，不觉前贤畏后生。（其一）

　　杨王卢骆当时体，轻薄为文哂未休。尔曹身与名俱灭，不废江河万古流。（其二）

　　纵使卢王操翰墨，劣于汉魏近风骚。龙文虎骨皆君驭，历块过都见尔曹。（其三）

　　才能应难跨数公，凡今谁是出群雄？或看翡翠兰苕上，未掣鲸鱼碧海中。（其四）

　　不薄今人爱古人，清词丽句必为邻。窃攀屈宋宜方驾，恐与齐梁作后尘。（其五）

　　未及前贤更勿疑，递相祖述复先谁？别裁伪体亲风雅，转益多师是汝师。（其六）

这组诗作于宝应元年（762）诗人居成都草堂时。当时孟浩然、王维已经去世，李白病危当涂，高适、岑参在安史之乱后也基本上停止了歌唱，诗坛比较沉寂，却有一些人讥笑庾信和初唐四杰的诗赋，因而杜甫这组诗的前面四首都是针对疵议前贤的言论而发的。

第一首诗专论庾信。庾信是由梁入北周的诗人，其前期诗歌有宫体绮艳之风，入北朝后饱受异乡流落和思乡之苦，兼受北朝刚健之风影响，诗风大变。因此杜甫认为不应该将庾信和一般齐梁诗人等量齐观，肯定了他晚年诗赋的成就，称赞其诗为"凌云健笔"，达到了诗思纵横自如的境界。他还曾说："庾信平生最萧瑟，暮年诗赋动江关。"（《咏怀古迹五首》其一）其意思基本相同。这首评论庾信的诗表明，杜甫对齐梁诗人也是区别看待的，该肯定的地方还是应该肯定，后生对前贤诗赋的讥嗤是缘于他们知之不多，自以为是，真可谓"后生可畏"了。

第二、三首诗，专论初唐四杰的得失。王勃、杨炯、卢照邻、骆宾王，号称初唐四杰。他们是初唐时代冲决齐梁诗风统治，开始创作风骨和声律并重的唐诗的先驱人物。尽管他们的创作还不完美，不及汉魏作家更接近诗骚之风，但从唐诗的发展过程来看，"王杨卢骆当时体"还是有着不可磨灭的贡献。杜甫把四杰比作奔逸绝尘的骏马，认为他们的才力一般人很难跨越，那些嗤笑他们轻薄为文的人，必定身死名灭，而他们的作品却如江河行地，万古长流。紧接着第四首诗，是杜甫直接对讥笑庾信和四杰的人发问：就创作的才华和能力而言，当今谁能超过这几位先贤呢？写一些文采艳丽之作，那不过是小巫见大巫罢了，值得与雄才大作一比吗？话语之中，明显表达了诗人对文坛现状的不满和自己评价作品高下的标准。

从杜甫对庾信和初唐四杰的实事求是的评论看，他是很懂得前代作家创作甘苦的，因而十分珍惜先贤的劳动成果和历史贡献，绝不能容忍信口雌黄，随意褒贬。他在《偶题》一诗中，曾说出一个诗人学习先辈创作遗产的心得："文章千古事，得失寸心知。作者皆殊列，名声岂浪垂。骚人嗟不见，汉道盛于斯！前辈飞腾入，余波绮丽为。后贤兼旧制，历代各清规。"他认为，文章的得失，有过写作甘苦的人心里最清楚。凡是名垂青史的作家都不是徒有虚名的，他们都在不同位置上为文学发展做出了贡献。一个时代的文学有一个时代的美好规范,后代作家总是在借鉴前代作家作品的基础上进行创作的。

诗人对文学创作规律的认识和自己在文学上的追求,在《戏为六绝句》的五、六两首诗中,做了更为清楚的阐发。

杜甫主张一个诗人要有兼容并蓄的开放胸怀:"不薄今人爱古人,清词丽句必为邻。"不论今人、古人,凡有清词丽句者,都要学习效法。但追求清词丽句时要上攀屈宋,而不取齐梁,避免步齐梁宫体诗人的后尘。他把《楚辞》代表作家屈原、宋玉作为学习诗歌语言艺术的榜样,提倡学习他们风流儒雅的文风。他曾说过:"摇落深知宋玉悲,风流儒雅是吾师。"(《咏怀古迹五首》其二)

杜甫明确宣布自己的创作追求:"别裁伪体亲风雅,转益多师是汝师。"他认为文学创作要在继承的基础上创新,就要祖述前贤,向前人学习,但必须搞清楚以何者为先,要明确首先向谁学习。这就要求我们去伪存真,抛弃那些伪品劣作,向《诗经》里的风、雅作品学习。明确以《诗经》为典范,以继承风雅传统为宗旨之后,还要扩大学习范围,广泛师承前人,一切有一技之长的作家都可以做我们的老师,成为我们学习的对象。

杜甫是这样说的,也是身体力行这样做的。正由于他转益多师地广泛吸取,在继承基础上奋力开拓创新,做到兼备众体而自铸伟辞,终于成为中国古代诗歌的集大成者。

杜甫一生勤奋写作,创作了大量诗歌,流传下来的有1400多首。据浦起龙《读杜心解》统计,现存杜诗1458首,各种诗体兼备,其中五言古诗263首,七言古诗141首,五言律诗630首,七言律诗151首,五言绝句31首,七言绝句107首,五言排律127首,七言排律8首。不仅众体皆备,而且诸体兼擅,都达到很高的水平。其中新题乐府、七言律诗和联章组诗方面的创造性贡献尤为突出。

二十三、诗圣集成启后

杜甫安史之乱前后的创作，开始直面人生，反映现实，引领崇尚浪漫抒情的盛唐诗歌走上致力于观照现实的写实道路，一变先前诗歌以抒情言志为主而成为以描写现实生活为主，扩大了诗歌的题材和功能，以至达到了无事不可言、无意不可达的地步。为了更好地反映现实的需要，他创造了即事名篇的乐府新体式。创作"即事名篇，无复倚傍"的新题乐府，是杜甫对乐府诗的推陈出新，对古诗体裁的一种创造性的发展。"古乐府有固定的题目、本事、曲调、体式、风格等要素，这些要素使古乐府在流传过程中始终保持着相对的稳定性，后人继作虽然各有创新，但都要受到这些要素的制约。因而诗人在创作时自然会感到一种拘束，也难免造成重复，尤其是表达对时政的看法时，古乐府确有诸多不便。"（吴相州《中国诗歌通史：唐五代卷》，第 409 页）杜甫写作乐府诗，既继承汉乐府"缘事而发"的写实传统，又敢于摆脱古乐府旧题的约束，根据写作内容自创新题，立题见义，使题目和内容浑然一体，自成格调。这样就能够更灵活地运用乐府民歌的形式，以纪实性的写法反映现实，刺美时政，突出作者所要表现的主题思想。他写作了《兵车行》《丽人行》《悲陈陶》《悲青坂》《哀王孙》《哀江头》《塞芦子》《留花门》等一系列新题乐府，为乐府诗创作开拓了新局面。杜甫的这一创举，直接引导了中唐时期白居易、元稹等人的新乐府运动。白居易、元稹继承杜诗"善陈时事"、讽谕现实的传统，明确提出作家创作要肩负"救济人病，裨补时阙"的任务，大力倡导"文章合为时而著，歌诗合为事而作"的文学主张（白居易《与元九书》），引领一代时尚潮流，元和中成为海内宗匠。他们创作的新乐府诗，从体制到内容，均得益于杜甫新题乐府的启发和滋养。元稹《乐府序》坦陈了新乐府与杜诗之间的相承关系：

> 自《风》《雅》，至于乐流，莫非讽兴当时之事，以贻后代

之人。沿袭古题,唱和重复,于文或有短长,于义咸为赘剩,尚不如寓意古题,刺美见事,犹有诗人引古以讽之义焉。曹、刘、沈、鲍之徒,时得如此,亦复稀少。近代唯诗人杜甫《悲陈陶》《哀江头》《兵车》《丽人》等,凡所歌行,率皆即事名篇,无复倚傍。予少时与友人乐天、李公垂辈,谓是为当,遂不复拟赋古题。

元稹论述乐府诗的发展过程,强调歌诗讽谕现实的作用和与时变化的重要性,指出写古题不如借古题以讽谕时事,借古题以讽谕时事还不如作新题。他看到杜甫的一些歌行即事名篇,无复倚傍,友人白居易、李绅等人也都认为这样做很好,于是就不再拟作古题乐府,而大力从事新乐府的创作。从此可见杜诗对中唐新乐府运动的引导作用。

杜甫一生写作律诗数量最多,五律、七律、五言排律、七言排律、五言绝句、七言绝句合计有 1041 首。他的律诗的数量,在初盛唐诗人个人律诗创作中雄居第一。在质量上,五律、七律都无人可比。杜甫对律诗的贡献在于:"律诗到了杜甫手中,才最终建立了完美的范式而集其大成,为后世律诗立规矩,开辟道路。从杜甫以后,律诗便成了中国古典诗歌的主要诗体。"(葛景春《李杜之变与唐代文化转型》,第 118 页)

在杜甫的律诗中,历来评论家都认为其在七言律诗上的创造和贡献最为杰出。清代黄子云《野鸥诗的》云:"杜之五律,五七言古,三唐诸家亦各有一二篇可企及,七律则上下千百年无伦比,其意之精密,法之变化,句之沉雄,字之整练,气之浩瀚,神之摇曳,非一时笔舌所能罄。"(丁福保编《清诗话》,第 850 页)

杜甫对七律的贡献,首先是他扩大了七律的写作题材,提高了七律的表现力。七律是唐代新兴的格律诗,由杜审言、沈佺期、宋之间创作而初步定型。但在初唐时期，七律多为唱和、应制之作，缺乏现实内容。杜甫在入蜀以后，大量写作律诗，以七律反映时事，抒写怀抱，以至于日常生活、风土人情、文物古迹，无不入诗，扩大了诗歌的表现力，全面开辟了律诗的境界。从他所写的诗题，如《闻官军收河南河北》《又呈吴郎》《示獠奴阿段》《晓发公安》《冬至》《小寒食舟中作》《秋兴八首》《诸将五首》《咏怀古迹五首》等等，就可以看出诗人七律题材之广泛、功能之全面。有时候甚至在一首诗（如《登楼》）里，就包含言时事、写景物、怀古、议论等各种因素，视通八极，心接千载，把丰富的思想内容熔铸在严整的格律之中。

　　杜甫的七律不仅题材广泛，而且技艺高超，达到出神入化、登峰造极的境地。他自己说："晚节渐于诗律细。"（《遣闷戏呈路十九曹长》）的确，他后期在七律的用字、造句、属对、调声、谋篇、运笔等各个方面，做了大量的探索和大胆的创新，把古典诗歌对声韵、意境的审美追求推向极致。"他于法度中求变化，纵横变化中自有法度，使二者达到完美统一。"（张忠纲《杜甫诗·杜诗的文学成就》）

　　　　风急天高猿啸哀，渚清沙白鸟飞回。无边落木萧萧下，不尽长江滚滚来。万里悲秋常作客，百年多病独登台。艰难苦恨繁霜鬓，潦倒新亭浊酒杯。

　　　　　　　　　　　　　　　　　　——《登高》

　　这首诗为大历二年（767）秋作者在夔州作。前四句写景，为登高所见，极力渲染夔州山川暮秋的肃杀气氛，所写的风急、天高、猿啸、渚清、沙白、鸟飞，萧萧落木一望无际，滚滚长江不见尽头，远近并举，声色俱在，境界极其阔大悲凉。后四句转入抒情，抒写万里作客、百年多病的悲苦，其中既有羁旅思乡之愁、老病孤独之悲，又有人生艰难、志业无成的慨叹，其感情极其深沉浑厚。全诗情景悲凉，意脉流转自然，意境浑然一体。诗的语言精美练达而富有变化，对仗工整而如天设地造，十分自然，丝毫没有刻意雕琢的痕迹。此诗八句皆对，如首联不仅上下句对，而且句中自对：上句"天"对"风"、"高"对"急"，下句"沙"对"渚"、"白"对"清"，读起来很有节奏感。前人说此诗"一篇之中，句句皆律，一句之中，字字皆律"，诚非虚言，称誉它为"古今七言律第一"（胡应麟《诗薮》内编卷五），亦不为过。

联章组诗的形式为杜甫所独创。他为了表达比较丰富复杂的思想感情，把几首律诗合为一组，可以弥补律诗篇幅有限、容量不足的缺憾，大为扩展律诗的功能。杜甫采用了五律联章和七律联章的方式，来加大律诗的内容含量。他的五律联章《秦州杂诗二十首》和七律联章《秋兴八首》《诸将五首》《咏怀古迹五首》等，都是内容丰富、结构严谨的组诗。《秋兴八首》更被历代诗家称为杜甫七律中最为杰出的作品。

《秋兴八首》是杜甫在夔州所作的七律联章组诗。当时他身处夔州，遥望长安，因秋感兴，一气贯注写了八首诗，联章而下，环环相扣，总为一体，构成一支内涵丰富、首尾完整的交响曲。

　　玉露凋伤枫树林，巫山巫峡气萧森。江间波浪兼天涌，塞上风云接地阴。丛菊两开他日泪，孤舟一系故园心。寒衣处处催刀尺，白帝城高急暮砧。（其一）

　　夔府孤城落日斜，每依南斗望京华。听猿实下三声泪，奉使虚随八月槎。画省香炉违伏枕，山楼粉堞隐悲笳。请看石上藤萝月，已映洲前芦荻花。（其二）

　　千家山郭静朝晖，日日江楼坐翠微。信宿渔人还泛泛，清秋燕子故飞飞。匡衡抗疏功名薄，刘向传经心事违。同学少年多不贱，五陵衣马自轻肥。（其三）

二十三、诗圣集成启后

闻道长安似弈棋,百年世事不胜悲。王侯第宅皆新主,文武衣冠异昔时。直北关山金鼓振,征西车马羽书迟。鱼龙寂寞秋江冷,故国平居有所思。(其四)

蓬莱宫阙对南山,承露金茎霄汉间。西望瑶池降王母,东来紫气满函关。云移雉尾开宫扇,日绕龙鳞识圣颜。一卧沧江惊岁晚,几回青琐点朝班。(其五)

瞿唐峡口曲江头,万里风烟接素秋。花萼夹城通御气,芙蓉小苑入边愁。珠帘绣柱围黄鹄,锦缆牙樯起白鸥。回首可怜歌舞地,秦中自古帝王州。(其六)

昆明池水汉时功,武帝旌旗在眼中。织女机丝虚夜月,石鲸鳞甲动秋风。波漂菰米沉云黑,露冷莲房坠粉红。关塞极天唯鸟道,江湖满地一渔翁。(其七)

昆吾御宿自逶迤,紫阁峰阴入渼陂。香稻啄余鹦鹉粒,碧梧栖老凤凰枝。佳人拾翠春相问,仙侣同舟晚更移。彩笔昔曾干气象,白头吟望苦低垂。(其八)

这组诗作于大历元年(766)秋。诗人在夔州城的西阁里,遥望长安,思念故国,抚今追昔,思绪万千,写下了这组诗。诗人充分利用组诗和律诗的特点,将思念故国的情思反复变化、不断延展,犹如交响乐中的主旋律徐徐展开。

第一首是组诗的序曲,描写巫山巫峡一片凄凉、肃杀的秋景,渲染天地间阴沉萧森、动荡不安的气氛,为作者抒情提供背景氛围,为整个组诗定下基本情调,"丛菊两开他日泪,孤舟一系故园心"。一个因连年漂泊、思归故国而流泪的诗人进入画面,于是开启了第二、三首遥望长安的抒怀。

第二首写诗人身在夔州,心向长安,翘首北望,从黄昏坐到深宵,长夜不寐,思绪难以平静:想到无法如期奉命归朝,听巫峡猿鸣之声不禁潸然泪下。没能回尚书省供职只因卧病在床，山楼里传来隐约的悲笳声令人更增愁思。

第三首是第二首的延续，写诗人清晨独坐江楼仍想望长安，只见夔州的千家城郭沐浴在朝晖之中，渔人仍在江上泛舟捕鱼，燕子依旧在水上掠飞，感叹自己一生总是事与愿违：既不能如匡衡扶君建立功业，也不能像刘向授徒传习儒业。遥想长安同学少年大多飞黄腾达，肥马轻裘，就让他们自享其乐吧，我倒并不羡慕。

诗人并没有局限于感叹个人的遭际，第四首就转入家国之思：听说当前长安局势混乱，如同弈棋一样反复不定，真令人不胜伤悲。朝廷已经今非昔比，王侯宅第都换了新主，文臣武将也不同往时。更令人关切的是，北方战乱尚未平息，西方强寇仍在猖獗。这一切使诗人深感国运大非昔比，不禁令人怀念故国升平年代的那些盛事。这样就引起以下四首对往昔长安的回忆。

第五首回忆开元天宝盛世长安宫殿的巍峨壮丽，早朝场面的庄严肃穆，以及自己曾随百官上朝朝见天子的荣耀。感叹当前自己病卧沧江，不知何时能回到朝廷再列朝班？

第六首回忆昔日帝王游乐之地曲江池的繁华。帝王通过御道到芙蓉苑尽情游乐，不问朝政，引来了无穷的边愁战乱，昔日曲江的楼阁之盛、画船之美，都一笔勾煞，以致断送了一个"自古帝王州"。诗人在无限惋惜之中，含有对帝王的斥责之意。

第七首回忆长安昆明池的景况。诗人以汉喻唐，慨叹帝王辛苦建立的武功伟业，如今在昆明池旁仅留下织女、牵牛和石鲸等遗物供人凭吊。池中的植物，波漂菰米，露冷莲蓬，也都冷落凋零。慨叹自己身处夔州，离长安山高路远，道路不通，回长安恐无希望。

第八首回忆自己当年在长安的渼陂之游：通过昆吾和御宿即可到达渼陂，渼陂壮观阔大，可将整个紫阁峰的倒影纳入湖中。渼陂有香稻、碧梧，往昔的美好风物令人怀恋。想当年佳人游春拾翠羽相互馈赠，仙侣同舟游湖到晚间还不愿分离。更难忘当年在长安他的诗赋也曾惊动朝野，可如今已经满头白发，只有忽而吟望长安，忽而低头沉思，真是苦不胜言。

这组诗，"从整体看来，从诗人身在的夔州，联想到长安，由暮年漂泊，羁旅江上，面对满目萧条景色而引起国家以及个人身世的感叹。以对长安盛世胜事的追忆而归结到诗人现实的孤寂处境，抒发国运的由盛到衰、今昔对比的哀愁。这种忧思不能仅仅看作他个人一时一地的偶然触发，而是自经丧乱以来，特别是入蜀七年来，忧国伤世感情集中的表现"（冯钟芸《杜甫〈秋兴〉八首的艺术特点》，见《杜甫研究论文集》三辑，第264页）。

这组诗，情深意浓，音情顿挫，充分彰显了杜诗沉郁顿挫的艺术风格。沉郁顿挫是杜甫后期诗歌的主体风格。在这组诗中，诗人遥望长安，忧念家国盛衰，感慨个人身世，感情深厚沉重，却没有呼天喊地，而是以委婉含蓄的口吻徐徐道来。组诗的章法技巧灵活多变，有壮丽飞动的描绘，也有清丽雅致的抒写，有慷慨悲愤的宣泄，也有轻快欢乐的抒情，抑扬顿挫，开阖有度，每一首都以自己独特的姿态，为演绎望长安、思故国的主旋律而呈巧献技。诗的语言声韵也抑扬顿挫，绚丽多彩，楚楚动人，令人百读而不厌。

这组诗，在表现方法上另辟蹊径，自呈异彩。与作者许多作品以写实为主不同，他在这组诗中刻意创造一些色彩斑斓的意象，含蓄蕴藉地传达自己的情思。诗中所表现的一些境界，往往既非写实，亦非比喻，而是以一些事物的意象表现一种感情的境界。如首章"江间波浪兼天涌，塞上风云接地阴"两句，写波浪滔天、风云匝地的景象，不可视为单纯写景，也不是比喻，而是一种意象境界，是诗人对当时动荡不安国家形势的一种感悟和认识。又如第八章"香稻啄余鹦鹉粒,碧梧栖老凤凰枝"两句,写回忆中的渼陂风物之美,以香稻、碧梧这样丰美安适的意象,传达作者对昔日京华安乐治平景象的怀恋之情,让人寻味再三。

关于《秋兴八首》的艺术成就及其对中国诗歌发展的意义,叶嘉莹先生曾做过这样精辟的论述:

> 这八首诗,无论以内容言,以技巧言,都显示出杜甫的七律已经进入一种更为精醇的艺术境界。先就内容来看,杜甫在这些诗中所表现的情意,已经不是一种单纯的现实之情意,而是一种经过艺术化了的情意。……这种情意,已经不再被现实的一事一物所局限,正如同蜂之酿蜜,虽然确实自百花采得,却已经并不受百花中任何一种花朵的局限了。如果我可以妄拟两个名称加以区分的话,我以为拘于一事一物的感情,可称之为"现实的感情";而经过综合酝酿以后的一种感情之境界,则可称之为"意象化之感情"。杜甫在这些诗中所表现的,就已经不再是"现实的感情",而是一种经过酝酿的"意象化之感情"了。
>
> 再就技巧来看,杜甫在这些诗中所表现的成就,有两点可注意之处:其一是句法的突破传统,其二是意象的超越现实。有了这两种运用的技巧,才真正挣脱了格律的压束,使格律完全成为被驱使的工具,而无须以破坏格律的形式,求得变化与解脱了。因此七律诗才得以真正发展臻于极致,此种诗体才真正在诗坛上奠定了其地位与价值。杜甫所尝试的这两种表现的方法,对中国旧诗的传统而言,原是一种开拓与革新,却完全得到了成功,那是因为杜甫所开辟的途径,乃是完全适合于七律一体的正确可行的途径。
>
> 杜甫在《秋兴》八章所表现的句法之突破传统与意象之超

越现实的这两点成就，并不是无意的偶然，而是透过其深厚的体验及功力，与其均衡的感性及知性以后的产物，在这种演进的过程中，带有浓重的反省的意味。他所指示给我们的，乃是中国旧诗歌欲求新发展的一条极可开拓的新途径。(《杜甫秋兴八首集说·论杜甫七律之演进及其承先启后之成就（代序）》)

杜甫是一位以写实著称的诗人，其新题乐府"三吏""三别"等众多写实作品，直接导引了中唐新乐府运动，影响后代的现实主义创作。他晚年所作的《秋兴八首》中，以一些事物的意象表现主观感情的成功探索，也直接影响了晚唐李商隐等人的诗歌创作。他对后来诗歌的影响，远不止于此，清叶燮《原诗》指出："自甫以后，在唐如韩愈、李贺之奇崛，刘禹锡、杜牧之雄杰，刘长卿之流利，温庭筠、李商隐之轻艳；以至宋、金、元、明之诗家，称巨擘者无虑数十百人，各自炫奇翻异，而甫无一不为之开先。"（第一卷内篇上）

杜甫对后代的启迪和影响是多方面的，也是十分深远的。正如当代杜甫研究著名学者张忠纲教授所说："作为世界文化名人的杜甫，对中国文学产生了广泛而深刻的影响。可以说，杜甫之后中国诗坛上的杰出诗人，几乎没有一个不是受杜甫影响的。历代诗人无不推尊杜甫，学习杜甫。杜甫是我国优秀传统文化的典型代表。他的诗歌，堪称中国古典诗歌的范本；他的人格，堪称中华民族文人品格的楷模；他的思想，堪称中华民族传统思想的精华。诗圣杜甫那种'忧国忧民无已时，君圣民安死方休'的崇高精神，在其后一千多年的历史中，特别是中华民族国难深重、危亡在即的关键时刻，不知影响和鼓舞了多少仁人志士，为民族的振兴、国家的强盛、人民的幸福而英勇献身！"（张忠纲等编选《杜甫集》前言）

诗圣杜甫是永垂不朽的，他的影响将会持续千秋万代。

参考书目

萧涤非主编：《杜甫全集校注》，人民文学出版社，2014年。
谢思炜校注：《杜甫集校注》，上海古籍出版社，2015年。
林继中辑校：《杜诗赵次公先后解辑校》，上海古籍出版社，2012年。
王嗣奭：《杜臆》，中华书局，1963年。
钱谦益笺注：《钱注杜诗》，中华书局，1958年。
仇兆鳌注：《杜诗详注》，中华书局，2015年。
杨伦笺注：《杜诗镜铨》，上海古籍出版社，1998年。
（清）浦起龙：《读杜心解》，中华书局，1961年。
萧涤非选注：《杜甫诗选注》，人民文学出版社，1979年。
邓魁英、聂石樵选注：《杜甫选集》，上海古籍出版社，2012年。
葛景春注评：《杜甫诗选》，中州古籍出版社，2011年。
谢思炜评注：《杜甫诗选》，人民文学出版社，2016年。
张忠纲、孙微编选：《杜甫集》，凤凰出版社，2011年。
张忠纲选注：《杜甫诗》，中华书局，2013年。
葛晓音：《杜甫诗选评》，上海古籍出版社，2011年。

倪其兴、吴鸥译注：《杜甫诗选译》，凤凰出版社，2011年。
周蒙、冯宇：《杜甫诗选读》，黑龙江人民出版社，1980年。
李谊注释：《杜甫草堂诗注》，四川人民出版社，1982年。
袁慧光编注：《杜甫湘中诗集注》，岳麓书社，2010年。
闻一多：《唐诗杂论》，古籍出版社，1957年。
陈尚君：《唐代文学丛考》，中国社会科学出版社，1997年。
程千帆、莫砺锋、张宏生：《被开拓的诗世界》，上海古籍出版社，1990年。
叶嘉莹：《说杜甫诗》，中华书局，2015年。
叶嘉莹：《杜甫秋兴八首集说》，北京大学出版社，2014年。
莫砺锋：《杜甫诗歌讲演录》，广西师范大学出版社，2007年。
金启华：《杜甫诗论丛》，上海古籍出版社，1985年。
吕正惠：《诗圣杜甫》，三联书店，2015年。
林继中：《杜诗学论薮》，上海古籍出版社，2015年。
温虎林：《杜甫陇蜀道诗歌研究》，中国社会科学出版社，2015年。
刘跃进主编：《杜甫与秦陇文化》，中国社会科学出版社，2018年。
葛景春：《李杜之变与唐代文化转型》，大象出版社，2009年。
王志清：《唐诗十家精讲》，商务印书馆，2013年。
袁行霈、丁放：《盛唐诗坛研究》，北京大学出版社，2012年。
余恕诚：《唐诗风貌》，中华书局，2010年。
沈松勤、胡可先、陶然：《唐诗研究》，浙江大学出版社，2011年。
罗时进：《唐诗演进论》，江苏古籍出版社，2001年。
吕蔚：《安史之乱与盛唐诗人》，中华书局，2010年。

章培恒、骆玉明主编：《中国文学史新著》，复旦大学出版社、上海文艺出版社，2007年。

吴相州：《中国诗歌史：唐五代卷》，人民文学出版社，2012年。

胡秀春：《唐代叙事诗研究》，人民出版社，2013年。

王佺：《唐代干谒与文学》，中华书局，2011年。

韩立新：《唐代干谒诗中的士人形象研究》，人民出版社，2015年。

华文轩编：《杜甫卷：唐宋之部》，中华书局，1964年。

冀勤编著：《金元明人论杜甫》，商务印书馆，2014年。

《杜甫研究论文集：一辑》，中华书局，1962年。

《杜甫研究论文集：二辑》，中华书局，1963年。

《杜甫研究论文集：三辑》，中华书局，1963年。

冯至：《杜甫传》，人民文学出版社，1957年。

朱东润：《杜甫叙论》，人民文学出版社，1981年。

陈贻焮：《杜甫评传》上卷，上海古籍出版社，1982年。

陈贻焮：《杜甫评传》中卷，上海古籍出版社，1988年。

陈贻焮：《杜甫评传》下卷，上海古籍出版社，1988年。

莫砺锋：《杜甫评传》，南京大学出版社，2009年。

洪业：《中国最伟大的诗人杜甫》，上海古籍出版社，2015年。

金启华、胡问涛：《杜甫评传》，陕西人民出版社，1984年。

四川省文史研究馆编：《杜甫年谱》，四川人民出版社，1981年。

山东大学《杜甫全集》校注组：《访古学诗万古行》，人民文学出版社，1982年。

康震：《康震说诗圣杜甫》，中华书局，2010年。

《杜甫诗歌鉴赏辞典》，上海辞书出版社，2013年。

马玮主编：《杜甫》（诗词赏析），商务印书馆，2014年。
周啸天主编：《唐诗鉴赏辞典》，商务印书馆，2012年。
张国举主编：《唐诗精华注译评》，长春出版社，2010年。
安旗、薛天纬等笺注：《李白全集编年笺注》，中华书局，2015年。
孙钦善校注：《高适集校注》，上海古籍出版社，2014年。
（后晋）刘昫等：《旧唐书》，中华书局，1986年。
（宋）欧阳修、宋祁：《新唐书》，中华书局，1986年。
（宋）司马光编著：《资治通鉴》，中华书局，1982年。

后 记

  有一次我在一位按摩师那里理疗,相互攀谈多了,他对我的治学情况也就有了一些了解,就对我说:"你做了一辈子学问,写的书只给少数人看,能不能写一些大家都可以看的书?"他的话给了我一个启发。我就想,如今年纪大了,做艰苦深入的研究精力有些不济,倒可以做一些国学的普及工作,写一点雅俗共赏的读物。于是我在完成《李白资料汇编》之后,打算写一本李白传记时,就把目标定位在写一本雅俗共赏的传记。《李太白诗传》出版之后,果然有不少读者,巴蜀书社还一再重印,据说还发送到农家书屋,这就为我抓紧写这本《杜甫诗传》增添了动力。

  为何采用诗传的体式?我在《李太白诗传》后记中曾经说过:"写诗人传记,我认为应该着重反映诗人的心路历程,而通过作品解读来展示诗人的思想性格和情感世界,比较容易接近当年的真实状况,也比较容易深入展开诗人的内心活动,活现人物的个性风貌,从而可以避免人物传记概念化、空泛化的弊病。"文人雅士出身的诗人,极少有惊心动魄的业绩,他们的灵魂、他们的血肉、他们的业绩,都在他们的作品之中。通过对作品准确的解读,最能反映他们的真实面目。

  撰写杜甫诗传,为什么要突出他忧国忧民的思想情怀?因为这

后 记

是我读杜甫诗集最为突出的感受。我很同意张忠纲教授的看法："他继承和发扬了孟子的'大丈夫'精神，以天下为己任，忧国忧民，爱国爱民。杜甫忠君，但并非愚忠，他身历玄、肃、代三朝，对三代皇帝都有所讽谕和批评。杜甫崇高而深挚的爱国主义精神，深沉的忧国忧民的忧患意识，像一条红线贯穿于他坎坷的一生及其全部创作中。而他最可宝贵的，就是身处逆境，却情系国家，心想人民，一颗爱国爱民、忧国忧民的赤子之心，从没有停止过跳动。"（《杜甫集》前言）这是杜甫之所以异常伟大、杜诗之所以感人至深的主要原因。我认为，大力弘扬杜甫自觉地为国担当、为民分忧的忧国忧民精神，在当今依然具有重要的现实意义。

历来出版的杜甫传记已经不少，其中并不缺乏鸿构佳作，为何要再写一本？那是因为有一个问题牵涉到对杜甫后期思想行为的理解，我以为需要重新解读，以恢复历史的本来面目。这个问题并不是我发现的，而是复旦大学陈尚君教授首先发现并做了充分论证的。那就是杜甫为何离蜀的问题。陈尚君早在20世纪80年代就发表了《杜甫为郎离蜀考》《杜甫离蜀后之行止原因新考》（收入《唐代文学丛考》一书中），对杜甫离蜀是为赴任工部员外郎一事做了详细的论证。对此，傅璇琮先生在该书序文中予以充分肯定：

> 本书中《杜甫为郎离蜀考》《杜甫离蜀后之行止原因新考》两篇，考察杜甫后期的行止、思想及诗歌风格，可以说是发前人所未发，是建国以来研究杜甫生平创作最值得玩味之文。过去一般认为杜甫在成都依严武幕，严武奏请杜甫为节度参谋、检校尚书工部员外郎；后严武卒，杜甫无所依靠，即离蜀东下。这几乎已成为定论。尚君同志经过文献资料对比、分析，认为杜甫于永泰元年离开成都草堂携家东下，时严武尚未去世；杜甫只是在途中才闻严武死讯，因此他之离蜀与严武之卒

无关。而杜甫在严武幕时仅为节度参谋,并不带郎职,只是在他离幕后,严武奏请朝廷任命他为检校工部员外郎,并召他赴京。杜甫是带着返回长安、效忠朝廷之心离蜀东下的。考出这一点,对了解杜甫后期在夔州、江陵、湘中的思想与创作风格,十分重要,即使人换一新的视角。

傅先生概括了陈尚君这两篇文章的主要贡献,肯定其拨乱反正、一新耳目的价值。袁行霈先生也认为陈尚君的文章"证据丰富,论证细密,可以信从"(《盛唐诗坛研究》,第276页)。事实上,我们翻阅杜甫诗集,有许多作品可以印证陈尚君之说。杜甫离蜀后病滞途中,有两大心事一直牵挂于心:一件是关心时局变化,不时忧国忧民;另一件就是想归朝履职,实现人生理想。他在诗中有数十处写到自己离蜀是为了归朝履职,并为因病滞留途中不能回朝而感到焦急,感到遗憾。如:"尚想趋朝廷,毫发裨社稷"(《客堂》),"心虽在朝谒,力与愿矛盾"(《赠郑十八贲》),"通籍恨多病,为郎添薄游"(《夜雨》),"为郎从白首,卧病数秋天"(《历历》),"扁舟空老去,无补圣明朝"(《野望》),等等。在著名的联章组诗《秋兴八首》中,甚至反复念及此事:"画省香炉违伏枕,山楼粉堞隐悲笳。"(其二)"一卧沧江惊岁晚,几回青琐点朝班。"(其五)念念不忘回到尚书省供职,参加朝见天子的朝班。但是这个问题似乎并没有引起杜诗研究学界充分重视,连后出的一些传记中依然沿用旧说。我写这本杜甫传记,就是依据陈尚君教授的研究成果,用作品具体演绎杜甫后期的思想和行止,凸显杜甫始终坚守扶君济世理想的本来面目。这可以说是这本杜甫诗传的新意所在。

杜甫一生的主导思想是什么?对这个问题目前学术界有不同看法:一种意见认为"他终生服膺且视为安身立命之所的则为儒家思想"(莫砺锋《杜甫评传》,第278页),"他的积极入世的儒家思想

后 记

至死不衰"（张忠纲《杜甫集》前言）；另一种意见认为"安史之乱之前，杜甫以儒家思想占上风；而安史之乱之后，以佛道思想占上风"（胡可先《杜诗学引论》，第259页）。我是力主前一种观点的，认为杜甫一生儒家思想始终占主导地位。这并不是说，杜甫思想上没有产生过入世与出世的矛盾，也不否认他身陷困境、心情苦闷时曾经短暂接纳过佛道思想以求释怀，但他致君尧舜、扶君济世的人生理想并不曾改变，他关切现实、忧国忧民的家国情怀始终如一。他虽然有时为国家命运悲伤，为自己处境哀痛，但他并不悲观绝望，到晚年他仍坚信自己能够老当益壮，有所作为："落日心犹壮，秋风病欲苏。古来存老马，不必取长途。"（《江汉》）入世报国，百折不挠，坚贞不移，这是一部杜诗所反映出来的不争的事实。杜甫为郎离蜀，一直念念不忘归朝履职，正是由于他认定这是自己报效国家、实现人生理想的唯一可行之路。因此在这个问题上明辨事实真相，对厘清杜甫后期的思想有着至关重要的意义。

写作诗人的诗传，我以为要在传主诗作的解读方面下深入浅出的功夫，着重阐发在简练、含蓄诗句中所包含的思想感情意蕴，展示诗人的心路历程，而不能像一般诗文赏析那样过多作艺术技巧的赏析，以免游离为诗人立传的宗旨。对于诗文的典故词语，主要是阐明其内涵，而不宜详作训解诠释，以免横生枝节，影响传记的完整和文字的流畅。

本书所引杜甫诗文及其编年，以萧涤非主编、张忠纲终审统稿的《杜甫全集校注》为依据，其他一些不常见的评论也都转引自此书。此书是杜诗注释的集成性著作，较为翔实可信。至于对于诗文的具体解读，则在此书的基础上，参取古今各方家之长，运以己意，力求切合杜甫当时的所思所想，为丰富诗人形象增光添彩。

写雅俗共赏的传记，需要尽量反映前人已取得的研究成果。因此本书汲取前人研究成果的地方很多。对前人成果一般参考引用的，列入参考书目；引用论断性原文的，另行注明出处。在此一并致以谢忱。

我对于杜甫，谈不上有多少深入的研究，但爱读杜诗已有五六十年之久了。20世纪60年代初，我在北大古典文献专业攻读研究生学位，导师魏建功先生要我们阅读的主要是先秦两汉的古籍文献，而我在私下却喜欢唐诗，尤爱读杜诗。当时手头经常看的是一套萧涤非先生的《杜甫研究》（下册是诗选），还有从琉璃厂旧书店买来的一套线装本《杜诗镜诠》。毕业后到中华书局文学组当编辑，分配给我的任务是编李白、杜甫研究资料汇编，天天接触的都是有关李杜的资料，似乎与李杜结下了不解之缘。"文化大革命"之后，我调到广西大学中文系任教，主要从事中国文学史唐宋一段的教学工作，李杜当然亦是重点。70年代末，我想编注一本杜甫诗选，就趁着到四川开学术会的机会，背着一部排印本《杜诗镜诠》寻访杜甫的足迹，到成都、灌县、三台、射洪、阆中、奉节等地做了一次调查访问。这些访问的部分收获，写成了《访蜀读杜札记》，发表在上海古籍出版社出版的《中华文史论丛》1980年第4辑。一次开唐代文学研讨会，复旦大学王运熙教授还对我说起这篇文章，给予了充分肯定。后来由于工作变化，也就没有很多时间和精力继续研究杜诗了，但对杜诗的爱好并没有舍弃。如今写这本《杜甫诗传》，算是自己数十年来对杜诗未了之情的一个了结吧。

斗转星移，岁月荏苒，不知不觉自己已经年逾八旬。老伴去世，空巢独居，并没有停止自己逐梦之旅的脚步。近两年来，朝朝暮暮手捧杜诗，与诗圣为伴，领略其忧国忧民的家国情怀，欣赏其下笔如神的高超诗艺，写下自己的心得体会，成了人生一件聊可欣慰之事。我愿以此书与广大读者分享诗圣留传千古的精神财富。

2018年10月于宁波